高等职业教育智慧旅游系列教材

# 旅游大数据基础与应用

LÜYOU DASHUJU JICHU YU YINGYONG

主 编 马卫 肖伟

新形态教材

本书另配教学课件、
案例配套数据、代码以及
操作视频等资源

中国教育出版传媒集团
高等教育出版社·北京

## 内容提要

本书是高等职业教育智慧旅游系列教材之一。

本书依据旅游行业及大数据技术相关岗位的技能需求，遵循高职技术技能人才成长规律精心设计内容，分为理论篇、技术篇和实战篇三个部分，包括了数据采集、清洗、存储、分析及可视化等教学项目。从理论深度、技术操作到实际案例应用全方位培养学生的技术技能。每个项目细分为具体任务，任务设计遵循从职业能力目标设定到典型工作任务讲解的流程。大部分任务包括引例、准备、执行、小结、拓展和测试环节，确保学生不仅能理解理论和技术，还能通过实践活动深化知识应用，全面提升解决实际问题的能力。为了利教便学，部分学习资源以二维码的形式提供在相关内容旁，可扫码获取。此外，本书另配有丰富的教学资源以支持教学实践，包括教学课件、案例配套数据、案例配套代码以及操作视频等，供教师教学使用。

本书可作为高等职业本科院校、高等职业专科院校旅游大类专业相关课程教材，也可作为旅游行业从业人员的参考用书。

**图书在版编目(CIP)数据**

旅游大数据基础与应用 / 马卫，肖伟主编. -- 北京 ：高等教育出版社，2025. 8. -- ISBN 978-7-04-065457-8

Ⅰ. F59-39

中国国家版本馆 CIP 数据核字第 20253YA513 号

策划编辑 毕颖娟　责任编辑 毕颖娟　封面设计 张文豪　责任印制 高忠富

| | | | |
|---|---|---|---|
| 出版发行 | 高等教育出版社 | 网　　址 | http://www.hep.edu.cn |
| 社　　址 | 北京市西城区德外大街 4 号 | | http://www.hep.com.cn |
| 邮政编码 | 100120 | 网上订购 | http://www.hepmall.com.cn |
| 印　　刷 | 上海新艺印刷有限公司 | | http://www.hepmall.com |
| 开　　本 | 787 mm×1092 mm　1/16 | | http://www.hepmall.cn |
| 印　　张 | 18.25 | | |
| 字　　数 | 279 千字 | 版　　次 | 2025 年 8 月第 1 版 |
| 购书热线 | 010－58581118 | 印　　次 | 2025 年 8 月第 1 次印刷 |
| 咨询电话 | 400－810－0598 | 定　　价 | 42.00 元 |



**物 料 号**　65457-00

# 前言

本书是基于对当前旅游行业大数据应用趋势的深入分析和对高职教育需求的准确把握进行编写的。在数字化转型的大背景下，大数据已成为推动产业升级和行业发展的重要力量。本书旨在填补学术与实践之间的鸿沟，通过系统化的知识结构，为高职院校学生提供一条清晰的学习路径。本书的编写不仅响应了国家“十四五”期间对大数据人才培养的战略规划，也体现了教育部门对高职教育改革的重视。期望本书能够为旅游行业的人才培养和创新发展作出贡献。

本书涵盖从基础理论到数据采集、清洗、分析、决策管理的全流程，形成一个全面且深入的内容体系。本书内容分为三大部分：理论篇、技术篇和实战篇，从理论深度、技术操作到实际案例应用全方位引导性培养学生的专业技术技能。在理论篇中，介绍了大数据的基本概念、重要性、来源及其对旅游市场趋势的影响，并介绍了数据在各种旅游业务场景中的应用以及相关的法律法规。技术篇聚焦于旅游大数据的技术实现，涵盖数据采集、清洗、存储、分析和可视化。实战篇则将理论和技术应用于具体案例，展示如何通过大数据分析来优化资源配置、市场营销策略，评估旅游评论，以及提升旅游品牌的市场竞争力等。

本书为高等职业院校学生量身定制，理论的深入程度和技术的复杂性更加适应其学习需求和职业准备，更加注重基础知识的教授和实际技能的培养。通过提供基础的旅游大数据概念解析、直观的技术操作示例，帮助学生建立起对旅游大数据的全面认知，并提升其实际应用能力。本书紧跟国内外旅游大数据最新政策和法规，结合旅游行业实际案例进行分析，不仅强调了合规性指导，更促进了理论与实践的有机结合。除了硬技能的培养外，本书还注重提升学生的软技能，如数据批判性思维、数据伦理和团队协作，以培养具备责任意识和全面职业技能的旅游大数据专业人才。

本书由南京旅游职业学院马卫、南京旅游职业学院肖伟任主编，江苏旅游职业学院周丽、南京旅游职业学院霍立、南京旅游职业学院李微微、江苏旅游职业学院仇善梁、江苏集萃智能制造技术研究所有限公司骆敏舟、苏州信息职业技术学院陈亚萍、常州工业职业技术学院许艳、海鳗（北京）数据技术有限公司阿孜古丽·阿布都外力任副主编，南京旅游职业学院杨辉、裴荣康、缪则林、焦孟雪参与了本书的编写。

为了利教便学，部分学习资源以二维码的形式提供在相关内容旁，可扫码获取。此外，本书另配有丰富的教学资源以支持教学实践，包括教学课件、案例配套数据、案例配套代码以及操作视频等，供教师教学使用。

在本书的编写过程中，我们得到了业界专家的悉心指导和同行的大力支持，包括海鳗（北京）数据技术有限公司、江苏集萃智能制造技术研究所有限公司、京东集团、北京云迹科技股份有限公司、南京嘉环科技股份有限公司、江苏旅游职业学院、河北旅游职业学院、苏州信息职业技术学院等。在此，我们对他们的无私帮助表示诚挚的感谢。同时，我们也期待读者的反馈与建议，以不断提升本书的学术价值和实践指导性。

限于水平，书中疏漏之处在所难免，恳请读者批评指正。

编　者

2025 年 6 月

# 目录

**理论篇**

**项目一　旅游大数据认知** 003

职业能力目标 / 典型工作任务 003

任务一　了解大数据理论 004

任务二　掌握旅游大数据特征 015

任务三　熟悉旅游大数据伦理与政策法规 027

**项目二　旅游大数据应用** 035

职业能力目标 / 典型工作任务 035

任务一　应用大数据技术改进旅游与酒店业 037

任务二　应对大数据在旅游与酒店业中的挑战 047

**技术篇**

**项目三　旅游大数据采集与存储** 055

职业能力目标 / 典型工作任务 055

任务一　采集旅游大数据 056

任务二　清洗旅游大数据 073

任务三　存储旅游大数据 086

**项目四　旅游大数据挖掘与分析** 094

职业能力目标 / 典型工作任务 094

任务一　认识大数据模型 095

任务二　分析旅游大数据 101

**项目五　旅游大数据可视化** 113

职业能力目标 / 典型工作任务 113

任务一　制作 Excel 数据可视化 115

任务二　创建 BI 数据可视化 131

任务三　设计 ECharts 数据可视化 152

任务四　设计 Python 数据可视化 166

## 实战篇

项目六 旅游消费行为分析 175
职业能力目标 / 典型工作任务 175
任务一 采集并清洗旅游游记数据 176
任务二 分析旅游者消费行为 197

项目七 旅游客流趋势分析 221
职业能力目标 / 典型工作任务 221
任务一 分析旅游客流时间分布特征 222
任务二 分析旅游客流空间分布特征 237

项目八 旅游评论情感分析 246
职业能力目标 / 典型工作任务 246
任务一 旅游评论数据预处理与分析 247
任务二 旅游评论数据情感预测 259

主要参考文献 280

# 资源导航


利用八爪鱼数据采集工具进行数据获取实操说明 067
使用 Power Query 进行数据清洗实操说明 081
旅游大数据挖掘与分析实操说明 104
月度游客流量分析实操说明 125
高峰期游客来源地分析实操说明 127
日期性趋势分析实操说明 139
游客来源地评估实操说明 143
消费模式分析实操说明 145
连云港旅游数据仪表板制作实操说明 148
用户行为数据转化分析实操说明 156
使用 Python 分析游客访问量数据实操说明 167
自定义规则采集实操说明 179
用户生成内容数据预处理实操说明 185
旅游者基本特征实操说明 198
旅游者决策行为实操说明 207
南京市旅游流年内分布特征分析实操说明 224
南京市旅游流季节分布特征分析实操说明 230
南京市旅游流客源地分布特征分析实操说明 237
南京市旅游流空间分布特征分析实操说明 241
旅游评论数据预处理与分析实操说明 249
旅游评论数据情感预测实操说明 262

技术篇

实践篇

# 理论篇

# 项目一

## 旅游大数据认知

笔记

### 职业能力目标

1. 能够理解大数据的基本概念、原理和应用领域，掌握旅游大数据的定义、内涵及其在旅游业中的重要作用。

2. 能够运用所学知识，分析旅游大数据的特征、价值及其在旅游业中的应用场景，能够识别旅游大数据在业务决策、市场分析和游客服务等方面的潜力。

3. 能够熟悉旅游大数据相关的政策法规，理解政策法规对旅游大数据应用的影响和限制，具备合规使用旅游大数据的意识和能力。

4. 能够具备一定的隐私保护和数据伦理意识，对旅游大数据使用过程中涉及的法律、道德和隐私问题有一定的认知。

### 典型工作任务

1. 了解大数据理论，学习大数据的基本概念、发展历程和核心技术，探讨大数据在各行各业的应用案例，特别是与旅游业的结合点。

2. 掌握旅游大数据内涵，分析旅游大数据的构成和来源，探讨旅游大数据在提升旅游服务质量、优化旅游资源配置等方面的作用。

3. 掌握旅游大数据特征，利用这些特征挖掘旅游大数据的潜在价值。

4. 收集并整理国内外关于旅游大数据的政策法规，熟悉旅游企业和个人在使用旅游大数据时应遵守的法律法规和伦理规范。

笔记

# 任务一 了解大数据理论

## 任务引例

**利用人工智能“解锁”世界音乐**

音乐元数据公司（Gracenote）收到来自苹果公司的神秘忠告，建议其购买更多的服务器。Gracenote 公司听从其建议，采购服务器后，苹果公司推出数字媒体播放应用程序（iTunes）和数字多媒体播放器（iPod），Gracenote 从而成为了元数据的帝国。

整理过歌单的人都知道，好的歌单往往有一种贯穿始终的情感。那就是为什么 Gracenote 公司的音乐数据专家已经早早地将音乐按照心情和感情区分。稍有不同的是，Gracenote 的团队不是把数据库里面 1 亿首歌逐个听下来，而是教计算机去探测情感，使用机器学习和人工智能去判断一首歌的风格是梦幻还是忧郁，又或者是有着淡淡的忧愁。Gracenote 公司的音乐总经理在最近的一次采访中说道，“机器学习是我们的一个战略优势”。现在，更多的传统算法发展成先进的神经网络，音乐产业也正在越来越多地依靠人工智能，Gracenote 公司就是最好的例子。

Gracenote 公司不断地去搜寻新歌来训练，他们目前的状态是“我们的数据可以处理地球上每一张最新的专辑”。这就不能仅仅依靠人工，还要靠人工智能和机器试听这样的技术。

（案例来源：腾讯云社区专栏，经编者编写）

通过上例可以看出，随着信息时代的深入发展，大数据已经渗透到我们生活的方方面面，成为推动社会进步和发展的重要力量。大数据不仅仅意味

笔记

着巨大的数据量，更代表着数据处理和分析能力发生了质的飞跃。本任务将深入探讨数据、信息、大数据、安全、隐私、共享、开放、云计算、物联网、人工智能和区块链等概念，以期更好地理解大数据的基础理论。

## 任务准备

### 一、数据与信息

数据是原始的、未经加工的符号集合，可以是数字、文字、图像、声音等。而信息则是对数据进行加工、解释后得到的有意义的内容。在大数据的语境下，数据是信息的源泉，信息是数据的价值体现。只有经过处理和分析的数据才能转化为有价值的信息，进而为决策提供支持。

数据与信息之间是相互联系的。数据是反映客观事物属性的记录，是信息的具体表现形式。数据经过加工处理之后，就成为信息；而信息需要经过数字化转变成数据才能存储和传输。数据和信息是有区别的，从信息论的观点来看，描述信源的数据是信息和数据冗余之和。数据是数据采集时获取的，信息则是从采集的数据中获取的有价值内容。由此可见，信息可以简单地理解为数据中包含的有价值的内容。也可以说数据在未被接收对象获取前可以称为数据，一旦被对象获取，即可称为信息，如图 1-1 所示。

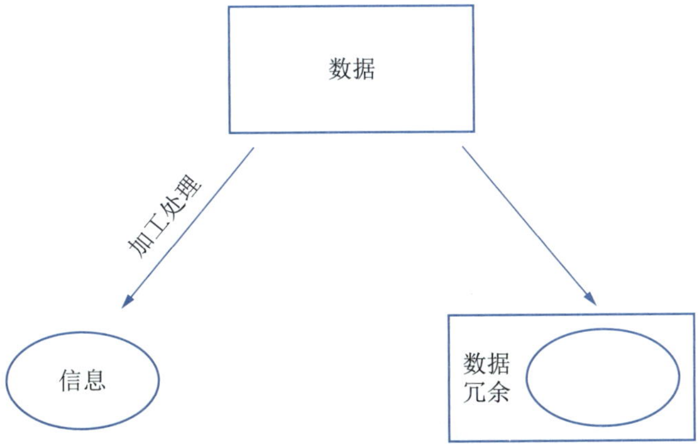


图 1-1　数据与信息的关系

### 二、大数据定义

对于大数据（Big Data），研究机构高德纳（Gartner）给出了这样的定义：

笔记

大数据是需要新的模式处理才能具有更强的决策力、洞察发现力和流程优化能力，从而适应海量、高增长率和多样化的信息资产。麦肯锡全球研究给出的定义是：一种规模大到在获取、存储、管理、分析方面大大超出了传统数据库软件工具能力范围的数据集合。大数据技术的战略意义不在于掌握庞大的数据信息，而在于对这些含有意义的数据进行专业化处理。换言之，如果把大数据比作一种产业，那么这种产业实现盈利的关键，在于提高对数据的“加工能力”，通过“加工”实现数据的“增值”。

处理大数据需要专门的技术，才能在可接受的时间内高效处理海量数据。适用于大数据的技术，包括大规模并行处理（Massively Parallel Processing，简称 MPP）数据库、数据挖掘、分布式文件系统、分布式数据库、云计算平台、互联网和可扩展的存储系统。

数据单位从小到大排列如下：位（bit）、字节（byte）、千字节（kilobyte，简称 KB）、兆字节（megabyte，简称 MB）、吉字节（gigaByte，简称 GB）、太字节（teraByte，简称 TB）、拍字节（petaByte，简称 PB）、艾字节（exaByte，简称 EB）、泽字节（zettaByte，简称 ZB）、尧字节（yottaByte，简称 YB）、珀字节（brontByte，简称 BB）、诺字节（nonaByte，简称 NB）、刀字节（doggaByte，简称 DB）。

大数据包括结构化、半结构化和非结构化数据，非结构化数据越来越成为数据的主要部分。据互联网数据中心（Internet Data Center，简称 IDC）的调查报告显示：企业中 80% 的数据是非结构化数据，这些数据每年按指数增长 60%。大数据就是互联网发展到现今阶段的一种表象或特征，在以云计算为代表的技术创新大幕的衬托下，这些原本看起来很难收集和使用的数据开始容易被利用起来了，通过各行各业的不断创新，大数据逐步为人类创造更多的价值。想要系统地认知大数据，必须要全面而细致地分解它，可从三个层面来看：

第一层面是理论。理论是认知的必经途径，也是被广泛认同和传播的基线。具体可以从大数据的特征定义理解行业对大数据的整体描绘和定性；从对大数据价值的探讨来深入解析大数据的珍贵所在；洞悉大数据的发展趋势；从大数据隐私这个特别而重要的视角审视人和数据之间的长久博弈。

笔记

第二层面是技术。技术是大数据价值体现的手段和前进的基石。具体可以从云计算、分布式处理技术、存储技术和感知技术的发展来说明大数据从采集、处理、存储到形成结果的整个过程。

第三层面是实践。实践是大数据的最终价值体现。具体可以从互联网的大数据、政府的大数据、企业的大数据和个人的大数据四个方面来描绘大数据已经展现的美好景象及即将实现的蓝图。

## 三、大数据安全与隐私保护

随着大数据的广泛应用，数据安全问题日益凸显。大数据的安全挑战主要来自以下几个方面：❶ 数据泄露风险增加，由于数据量巨大且往往分散存储，一旦发生泄露将造成严重后果；❷ 数据篡改和破坏风险上升，恶意攻击者可能通过篡改或破坏数据来达到非法的企图；❸ 隐私泄露风险加剧，大数据的挖掘和分析可能导致商业秘密和个人隐私的泄露。因此，加强大数据的安全管理和技术防护至关重要。

### （一）大数据安全

大数据安全，是指通过一系列技术手段和管理措施，确保大数据在采集、存储、处理、分析和应用过程中的机密性、完整性和可用性得到保护，防止数据泄露、篡改和非法访问等安全事件的发生，从而保障大数据的合法使用和价值发挥。

#### 1. 技术层面

在技术层面，需要加强数据加密保护，包括对数据进行加密，无论是在传输过程中还是在存储时，以防止数据泄露和非法访问。同时，使用安全的数据存储和备份方案，确保数据的完整性和可靠性。此外，采用访问控制措施，如角色权限管理和双因素验证，以限制对数据的访问权限，防止未经授权的人员访问敏感数据。

#### 2. 管理层面

在管理层面，应建立完善的数据安全管理机制，包括制定数据安全管理政策，明确数据的使用、存储和销毁规范。同时，定期对数据安全进行检查和评估，及时发现并处理潜在的安全风险。此外，加强员工的数据安全意识培训，确保他们了解并遵守数据安全规定。

笔记

3. 法律层面

在法律层面，应遵守相关的数据保护法律法规，包括确保数据的合法收集和使用，以及保护个人隐私和数据权益。同时，建立数据泄露应急响应机制，以应对可能发生的数据安全事件。

## （二）大数据隐私保护

《中华人民共和国数据安全法》(以下简称《数据安全法》) 第三十八条规定，“国家机关为履行法定职责的需要收集、使用数据，应当在其履行法定职责的范围内依照法律、行政法规规定的条件和程序进行；对在履行职责中知悉的个人隐私、个人信息、商业秘密、保密商务信息等数据应当依法予以保密，不得泄露或者非法向他人提供。”

随着科技的迅猛发展和数字化的全面深入，我们正处于一个数据无处不在、信息高速流动的时代。然而，这种进步并非毫无代价，个人隐私泄露的风险日益加剧，使得隐私保护成为社会各界共同关注的焦点。在此背景下，我国对于个人隐私保护的一系列相关法律法规也随之出台并完善，例如《数据安全法》等，规则的建立与完善代表着保护隐私的法律框架逐渐清晰，同时也为个人信息提供了坚实的法律保障。

在数字时代，隐私保护的任务迫切需要法律与技术的双重加持。必须致力于不断完善法律法规体系，以提升监管的水平和效率，从而确保每一位公民的隐私权得到切实保障。与此同时，推动技术创新和应用的发展也至关重要，这将为隐私保护提供更加坚实有力的技术支持。

除了上述提到的法律和技术层面的努力，还需要在公众教育和意识提升方面下功夫。加强隐私保护教育，提高公众对隐私泄露风险的认知，培养大家在日常生活中自觉维护个人隐私的习惯。同时，鼓励社会各界共同参与隐私保护的讨论和建设，形成多元化的合作机制，共同应对数字时代隐私保护的各种挑战。

除此之外，企业作为数字时代的重要参与者，应建立严格的隐私保护政策和措施，确保在收集、存储和使用个人信息时遵守法律法规，并主动接受监管和社会的监督，承担起保护用户隐私的责任。只有企业、政府、公众等各方共同努力，我们才能在数字时代中建立起一个全面、有效的隐私保护体系，让每个人都能安心享受数字技术带来的便利与福祉。

### （三）典型案例

#### 1. 蒂森克虏伯数据盗窃事件

蒂森克虏伯公司（ThyssenKrupp）是德国的一个大型制造商和服务提供商。2016年年底，该公司的一些关键信息遭到盗窃，涉及德国及其他数个国家的制造和工业网络。该事件中主要的攻击手段是利用计算机病毒（类似“勒索软件”）来获取公司的敏感数据。

#### 2. 美国行政管理与预算局数据泄露事件

美国行政管理与预算局（Office of Management and Budget，简称OMB）是美国联邦政府的一个部门，负责监督和监管联邦政府的业务。在最近的一次窃取事件中，该局的大量数据被泄露，包括大量的个人身份信息和敏感政府文件。

## 四、大数据开放与共享

大数据的开放与共享是推动数据流通和价值释放的重要途径，但也面临着数据安全、隐私保护和利益分配等挑战。因此，需要建立合理的共享机制，确保数据的合法、安全和有效流通，以使其社会与经济效益最大化。

### （一）大数据开放

#### 1. 狭义的数据开放

狭义数据的主体是政府和科研机构，即把非涉密的政府数据和科研数据公开。但是数据开放不等于信息公开，数据不等于信息。数据开放应该是一种主动和免费的开放，而不是经常被探讨的“申请信息公开”。

#### 2. 大数据基础设施的开放

有了大数据思维，企业就会希望加快建设平台，投资相关的硬件和软件。但是如何存储—处理并结合云计算对企业是个挑战。因此基础设施的开放对很多无力建设自己平台的中小企业来说非常重要。一些拥有庞大平台的企业，如谷歌、亚马逊已经开始积极尝试，提供基础数据处理和分析平台。

#### 3. 大数据价值挖掘能力的开放

当我们在挖掘数据的时候，最主要的是在业务中体现其价值。但大数据具有非常明显的两面性，某些大数据是十分重要且有价值的，但绝大多数部门离散的数据是无用的。这让挖掘大数据一方面可以产生高价值，但也可能

笔记

给企业带来沉重的负担。

### （二）大数据共享

“数据是数字经济时代的石油”，现实中大数据应用的成功案例非常多，包括产品的精准营销、服务的个性化方案以及信用风险的有效评估等。大数据分析可以帮助提高经济效率，改善用户体验，扩大经营规模，促进经济与社会的创新与发展。大数据已经成为当前经济中十分重要的生产要素。到目前为止，大数据多是在大科技公司平台上产生的，因而大科技公司是大数据分析的主要实践者。如果大数据可以共享，大数据分析的红利就会更大。基于这个考虑，最近几年政府在一些领域推动数据共享。设立大数据征信公司的目的，也是为了让更多的商业银行利用大数据进行信用风险评估。但作为特殊的生产要素，并非所有的大数据都是可以拿出来共享的。在这个前提下，如何达成数据共享的效果，确实需要做创新性的思考。大数据共享主要有以下三种方式。

#### 1. 外部协同共享

外部协同共享通常用于政务数据的共享，旨在解决部门间信息孤岛问题，通过建设数据高速公路，实现跨部门数据的有效流通。这种方式有助于提高政府服务效率和透明度，促进政策制定的科学性和精准性。

#### 2. 数据共享伙伴关系

数据共享伙伴关系模型中，组织之间建立合作伙伴关系，共享数据资源。这种方式适用于需要长期合作且彼此信任的组织之间，可以实现资源的优化配置和共同利益的最大化。

#### 3. 开放数据平台

通过建立开放的数据平台，允许用户上传和下载数据，这种方式鼓励数据的开放和透明，有助于推动科研创新和商业发展。

## 五、大数据与新兴技术融合

### （一）云计算

云计算作为一种新型的计算模式，为大数据提供了强大的存储和计算能力支持。云计算的弹性扩展、按需付费等特点使得大数据处理更加高效、灵活和经济。同时，云计算也为大数据提供了丰富的服务和应用平台，促进了

笔记

大数据的普及和应用。未来，随着云计算技术的不断发展和完善，其与大数据的融合发展将更加紧密和深入。

### （二）物联网

物联网是通过互联网将物体与物体、物体与人进行连接和通信的网络。物联网的发展产生了海量的数据，这些数据为大数据提供了丰富的数据源。同时，大数据的处理和分析能力也为物联网提供了智能化的支持。通过大数据技术，可以对物联网产生的数据进行实时处理和分析，提取有价值的信息，为决策提供支持。未来，物联网与大数据的相互促进将推动社会的智能化发展。

### （三）人工智能

人工智能是模拟人类智能的一种技术，它可以从数据中学习并做出决策。大数据为人工智能提供了丰富的学习样本和训练数据，使得人工智能的应用更加广泛和深入。同时，人工智能也为大数据提供了智能化的处理和分析能力，提高了大数据的价值和效率。未来，人工智能与大数据的深度融合将推动社会的智能化和智慧化发展。

### （四）区块链

区块链是一种去中心化的数据库技术，它可以保证数据的完整性和不可篡改性。区块链与大数据的结合应用可以解决大数据的安全和隐私问题。通过区块链技术，可以对大数据进行加密和验证，确保数据的真实性和安全性。同时，区块链的分布式存储和智能合约等功能也可以为大数据提供更加灵活和高效的处理方式。未来，随着区块链技术的不断发展和完善，其与大数据的结合应用将更加广泛和深入。

大数据作为信息时代的产物，已经成为推动社会进步和发展的重要力量。然而，大数据的发展也面临诸多挑战和问题，如安全、伦理、隐私等。为了实现大数据的可持续发展和应用创新，需要加强基础理论研究和技术创新，建立完善的法律法规和标准体系，推动大数据的共享和开放，以及加强与其他技术的融合发展。

综上所述，大数据已经成为现代社会不可或缺的一部分。从基础的数据处理到复杂的信息提取，从共享开放到安全隐私保护，从云计算到人工智能

笔记

应用，大数据涉及的领域广泛而深入。在实践中，我们需要不断地探索和完善大数据的基础理论，以更好地应对大数据带来的挑战和机遇。未来，随着技术的不断进步和应用场景的不断拓展，大数据将为我们的生活带来更多便利和惊喜。

## 任务小结

本任务以认知大数据理论为切入点，从五个方面对大数据的定义、特征、应用领域等进行了讲述，本任务知识点总结如图 1-2 所示。

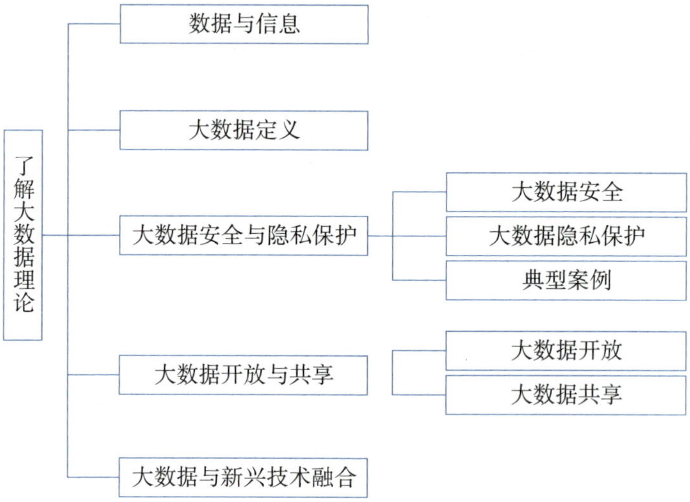


图 1-2　项目一任务一小结

## 任务拓展

某世界著名信息科技公司暴露了一起灾难性的数据泄露事件，即该信息科技公司雇用私人调查员，以跟踪该信息科技公司董事会成员和记者的通信。该事件被曝光在新闻媒体上，引起了严重的舆论和法律后果。这起事件的主题之一是数据安全，涉及在追踪电话记录方面的不当方法。在追踪通信时，该信息科技公司采用的方式是利用社交工程技术来获取目标个人的敏感信息，如电话号码、出生日期等，并且在查询电话号码时，该信息科技公司使用的方法侵犯了该电话的隐私权。

请通过网络等途径了解数据安全的相关法律法规，并进行交流讨论。

笔记

## 任务测试

### 一、判断题

1. 信息数据是原始的、未经加工的符号集合，可以是数字、文字、图像、声音等。（　）

2. 数据和信息是相同的，都是可以存储和传输的信息。（　）

3. 大数据是一种规模大到在采集、存储、管理、分析方面大大超出了传统数据库软件工具能力范围的数据集合。（　）

4. 数据的最小基本存储单位是 bit。（　）

5. 物联网是通过互联网将物体与物体、物体与人进行连接和通信的网络。物联网的发展产生了海量的数据，这些数据为大数据提供了丰富的数据源。（　）

### 二、单项选择题

1. 数据存储中 1GB=（　）MB。

A. 8　　B. 1024　　C. 1048576　　D. 8192

2. 在数字时代的背景下，隐私保护的任务迫切需要（　）与技术的双重加持。

A. 法律　　B. 道德　　C. 教育　　D. 培训

3. 下列各项中，不属于隐私保护的主要措施是（　）。

A. 完善法律法规体系

B. 推动技术创新和应用

C. 提高公众对隐私泄露风险的认知

D. 企业严格保密技术，减少外部监督

4. 随着个人数据使用的增长，消费者对（　）方面的保密关切也随之增长。

A. 网络速度　　B. 购物体验

C. 隐私和个人信息　　D. 社交媒体互动

笔记

5. 大数据的共享和开放对推动数据流通和价值释放的意义体现在(　　)。

A. 阻碍不同领域之间的交叉融合和创新发展

B. 加剧了数据安全、隐私保护等挑战

C. 无需建立任何机制，数据自然能够合法、安全、有效流通

D. 是推动数据流通和价值释放的重要途径，但需要建立合理的共享和开放机制

笔记

# 任务二
# 掌握旅游大数据特征

## 任务引例

**大数据实时监控系统调节城市景点游客流量**

在当今的旅游行业中，实时数据的运用已成为优化游客体验和管理资源的关键。一家专注于旅游分析的科技公司开发了一个基于大数据的实时监控系统，旨在帮助地区文旅相关部门优化游客流量并提升游客体验。该系统利用来自多个数据源的信息，包括地理信息系统（Geographic Information System，简称 GIS）、社交媒体数据、手机位置服务和景点入场票务系统。通过实时收集和分析这些数据，系统能够监控城市内各大旅游景点的实时人流量。例如，如果某个景点的实时数据显示游客数量迅速增加，系统会自动推送通知给文旅中心和景点运营团队，可以采取措施如增加公交服务、优化人流分布或临时调整开放时间，以避免过度拥挤。系统处理的数据包括数百万个数据点，来源广泛，数据量庞大。同时数据的实时更新和处理能力也展示了大数据技术在旅游领域应用的实时性特征，这对于应对快速变化的旅游场景尤为关键。

（案例来源：中国旅游报，经编者编写）

此案例显示了大数据在实时监控和管理大规模游客流量中的应用，帮助地区文旅部门和旅游业者更有效地管理资源，提升游客满意度。同时，这也体现了旅游大数据在处理速度和数据量上的关键特征，对于提升旅游管理的现代化水平具有重要价值。本任务将介绍旅游大数据的主要特征，讲解大数据的内涵、种类、来源、特征和影响等概念，以期更好地帮助学生理解旅游

笔记

大数据的基础理论。

## 任务准备

在当今的信息时代，大数据技术已成为旅游业创新和优化的关键驱动力。随着技术的进步和数据采集方式的多样化，旅游大数据不仅在规模上呈现爆炸性增长，其复杂性和应用潜力也在不断扩展。

### 一、旅游大数据的内涵

旅游大数据，是指通过各种渠道（如互联网、移动设备、社交媒体、旅游管理系统等）收集到的海量数据，这些数据能够反映游客行为、旅游资源利用、市场趋势等信息。旅游大数据包括结构化数据（如预订信息、交易记录）和非结构化数据（如评论、图片、视频等），通过先进的数据技术和分析方法，可以为行业提供全面、实时、精准的洞察，推动旅游业的智能化、个性化、精细化发展。

### 二、旅游大数据的种类

旅游大数据可以从不同的角度进行分类。

#### （一）从数据来源分类

从数据来源看，旅游大数据可以分为内部数据和外部数据。

1. 内部数据

内部数据是指旅游企业内部的业务数据和管理数据。包括旅游企业的预订系统、客户关系管理（Customer Relationship Management，简称 CRM）系统、酒店管理系统、餐饮管理系统等数据源。这些数据源记录了企业的业务运作情况和游客的行为数据，是进行大数据分析的重要基础。

2. 外部数据

外部数据包括政府部门的旅游报告、第三方研究机构的调查数据、社交媒体上的评论和分享等。这些数据提供了丰富的游客需求和行为信息。

公开数据属于外部数据，是指可以从互联网上获取的数据，如天气预报、交通信息等。这些数据通过各种方式被收集和整理，形成了丰富的旅游大数据资源。

笔记

### （二）从数据性质分类

从数据性质看，旅游大数据可以分为结构化数据和非结构化数据。

#### 1. 结构化数据

结构化数据是指具有固定格式和有限长度的数据，如数据库中的数据、报表等。在旅游业中，结构化数据包括旅游企业的预订数据、财务数据等。

#### 2. 非结构化数据

非结构化数据是指没有固定格式或长度的数据，如文本、图片、视频等。在旅游业中，非结构化数据包括游客的评论、反馈、社交媒体上的分享等。

### （三）从数据归属分类

从数据归属看，旅游大数据可以分为游客行为数据、景区流量数据、酒店预订数据和餐饮消费数据。

#### 1. 游客行为数据

游客行为数据是反映游客需求和行为模式的重要数据，包括游客的搜索记录、浏览记录、预订记录、行程安排等数据。通过对这些数据的分析，可以了解游客的兴趣爱好、消费习惯等信息，为游客的个性化服务提供支持。

#### 2. 景区流量数据

景区流量数据是反映景区客流量和游览情况的重要数据，包括景区的日客流量、各时间段客流量、游客停留时间等数据。通过对这些数据的分析，可以了解景区的承载能力和游览情况等信息，为优化景区管理和服务提供支持。

#### 3. 酒店预订数据

酒店预订数据是反映酒店入住情况和预订情况的重要数据，包括酒店的入住率、预订率、平均入住时间等数据。通过对这些数据的分析，可以了解酒店的入住情况和预订趋势，为酒店的管理和营销提供支持。

#### 4. 餐饮消费数据

餐饮消费数据是反映游客餐饮消费习惯和口味的重要数据，包括餐厅的客流量、菜品销售情况、消费者点评等数据。通过对这些数据的分析，可以了解游客的餐饮需求和口味偏好等信息，为餐厅的管理和菜品创新提供支持。

## 三、旅游大数据的特征

国际商业机器公司（International Business Machines Corporation，简称

笔记

IBM）提出了大数据的5V特性：Volume（大量性）、Velocity（高速性）、Variety（多样性）、Value（价值性）和Veracity（真实性）。旅游大数据除了具有一般特征外，还有预测性特征。

## （一）大量性

随着旅游业的快速发展和互联网技术的广泛应用，旅游大数据呈现出海量增长的特点。这些数据涵盖了从旅游路线、景点评价到酒店预订、航班信息等各个方面。

### 1. 用户行为数据

当游客使用在线旅游平台预订机票、酒店、景点门票等服务时，每一次点击、浏览、搜索、购买等行为都会产生数据。这些行为数据不仅数量庞大，而且实时更新。例如，一个大型的在线旅游平台每天可能会处理上百万次的用户请求，产生数以亿计的行为数据记录。

### 2. 地理位置数据

当游客使用导航、定位等服务时，他们的位置信息也会被记录下来。这些地理位置数据同样具有大量性，因为每天都有大量的游客在使用这些服务。此外，这些地理位置数据还可以与其他数据（如用户行为数据、社交媒体数据等）进行关联分析，以揭示游客的旅游习惯、偏好等信息。

### 3. 社交媒体数据

旅游相关的讨论、分享、评价等内容在社交媒体上非常活跃。这些社交媒体数据不仅数量庞大，而且形式多样（如文本、图片、视频等）。通过对这些社交媒体数据的挖掘和分析，旅游企业可以了解游客的需求、意见和反馈，从而优化产品和服务。

### 4. 旅游行业内部数据

旅游企业（如航空公司、酒店、景点等）在日常运营中也会产生大量的数据。例如，航空公司每天可能会处理数十万次航班信息、乘客信息等；酒店可能会记录每一个房间的预订情况、入住情况等。这些数据不仅数量庞大，而且对于旅游企业来说具有重要的商业价值。

## （二）高速性

在信息化时代，人们获取和分享信息的方式越来越便捷。因此，旅游大数

笔记

据的高速性不仅体现在数据的生成速度上，也体现在数据的传播和处理速度上。

1. 数据的实时生成和传输

在旅游行业中，各种数据如游客的行程安排、酒店预订、景点游览等都在不断地产生和更新。这些数据需要以极快的速度被传输到数据中心进行处理和分析。通过高速的数据传输技术，旅游企业可以确保数据的实时性和准确性，从而及时获取最新的市场信息和客户需求。

2. 数据的处理和分析

由于旅游行业的特殊性，数据量的增长非常迅速，而且数据种类繁多、结构复杂。因此，旅游企业需要采用高性能的计算机集群和大数据处理技术，对海量数据进行快速处理和分析。这种高速的数据处理能力可以帮助旅游企业迅速发现市场趋势、预测游客需求，从而优化产品和服务，提升竞争力。

3. 数据的应用

通过对海量数据的快速处理和分析，旅游企业可以获取丰富的洞察和预测结果。这些结果需要以极快的速度被应用到实际业务中，以指导企业的决策和运营。例如，旅游企业可以根据实时数据分析结果调整酒店房间的定价策略、优化旅游路线的规划等。这种快速的数据应用能力可以帮助旅游企业抓住市场机遇，提升运营效率和服务质量。

## （三）多样性

由于旅游涉及的领域广泛，因此旅游大数据具有多样性。

1. 数据来源多样

旅游大数据的来源非常广泛。这包括旅游景区的门禁系统、酒店预订系统、航空公司的航班管理系统、在线旅游平台、社交媒体等。每个来源都会产生不同类型的数据，如结构化数据（如数据库中的交易记录）、半结构化数据（如网页上的文本和图片）和非结构化数据（如社交媒体上的用户评论和图片）。

2. 数据形式多样

旅游大数据包括文本、图像、音频、视频等多种数据形式。这些不同形式的数据可以提供更加全面和丰富的信息，帮助旅游企业更深入地了解市场和客户。例如，文本数据可以用于情感分析，了解游客对旅游产品和服务的

笔记

评价；图像和视频数据可以用于识别游客的行为模式和旅游景点的特征。

3. 数据内容多样

旅游大数据涵盖了游客的行程安排、消费记录、兴趣爱好、社交互动等多个方面。这些数据不仅可以帮助旅游企业了解游客的需求和偏好，还可以揭示旅游市场的趋势和变化。例如，通过分析游客的消费记录，企业可以发现哪些旅游产品和服务受欢迎，从而调整产品策略；通过分析游客的社交互动，企业可以了解游客的旅游体验和情感变化，从而提高服务质量。

## （四）价值性

尽管并非所有的数据都有用，但旅游大数据中蕴藏着丰富的价值，通过数据整理和清洗、数据挖掘，可以更好地了解游客的需求和行为模式，从而优化旅游产品和提升服务质量。

1. 市场洞察和决策支持

通过对大数据的分析，企业可以深入了解旅游市场的趋势、游客的偏好和行为模式，从而制定出更加精准和有效的市场策略。例如，企业可以根据游客的搜索和预订数据预测某个旅游目的地的热度，从而提前调整资源分配和定价策略。这种基于数据的决策支持能够帮助企业抓住市场机遇，提高市场竞争力。

2. 提升客户体验和优化服务

通过对游客的行为和反馈数据的分析，企业可以了解游客的需求和期望，从而提供更加个性化和贴心的服务。例如，企业可以根据游客的喜好推荐适合他们的旅游产品和服务，或者根据游客的反馈及时调整服务流程和标准。这种以数据为驱动的服务优化能够提升游客的满意度和忠诚度，为企业带来持续的业务增长。

3. 风险管理和应急响应

通过对旅游活动中可能存在的风险和问题的分析，企业可以提前制订风险管理计划和应急预案，从而确保游客的安全和旅游的顺利进行。例如，企业可以通过分析历史数据预测某个旅游景点的游客流量，从而提前安排安保人员和志愿者进行疏导和管理。这种基于数据的风险管理和应急响应能够降低企业的运营风险和提高服务质量。

笔记

### （五）真实性

在旅游大数据应用中，数据真实性直接影响分析结果与决策有效性。因数据来源广、生成场景复杂，真实性存在差异，需通过技术与验证机制甄别校准。

#### 1. 用户生成内容的真实性差异

游客在社交及旅游评价平台发布的内容，是重要数据但真实性参差不齐。部分游客会因情绪夸大体验，还存在商家刷好评、对手抹黑的情况。例如某景区点评区可能有大量重复五星好评或极端差评。企业需通过文本分析、用户画像比对等识别虚假评价，提炼有效反馈。

#### 2. 企业运营数据的真实性保障

旅游企业的入住率、航班准点率等内部运营数据，因关联业务流程和财务核算，真实性较高。如航空公司票务系统记录航班座位销售，酒店管理系统追踪客房预订、退房信息，数据经严格校验误差低。

#### 3. 第三方平台数据的交叉验证

气象、交通、政务等第三方平台提供的旅游相关数据，具有权威性和真实性。可与企业内部数据、用户生成数据交叉验证，提升整体可信度。例如景区实时承载量数据，与导航平台位置数据、社交平台拥挤度反馈结合，能更准确判断人流，为分流提供依据。

#### 4. 传感器与物联网数据的客观真实性

景区、酒店等场所的传感器自动采集的数据，客观真实性高。如景区闸机记录实时入园人数，客房能耗传感器反馈水电使用情况，交通枢纽摄像头统计客流量。这些无需人工干预的数据，避免人为失真，为精细化管理提供可靠基础。

### （六）预测性

基于对历史数据的分析，旅游大数据还具有预测性。通过对游客流量、酒店入住率等数据的分析，可以预测未来的趋势和热点，为旅游业的发展提供决策支持。

#### 1. 预测市场趋势

通过分析历史数据和当前的市场动态，企业可以预测未来的旅游需求、

笔记

热门目的地、旅游季节的流量变化等。这些预测结果可以为企业制定市场策略、调整产品定价、优化资源配置等提供有力支持。例如，如果预测到某个目的地在即将到来的旅游旺季将迎来大量游客，企业可以提前增加酒店房间、导游服务等资源，以满足游客的需求。

2. 预测游客行为

通过分析游客的搜索记录、浏览行为、预订数据等，企业可以了解游客的偏好、兴趣和行为模式，从而预测他们的未来行为。这种预测可以帮助企业为游客提供更加精准和个性化的服务。例如，如果预测到某位游客对自然风光感兴趣，企业可以向他推荐相关的旅游线路和景点，提高游客的满意度和忠诚度。

3. 风险管理和应急响应

通过分析历史数据和实时监测数据，企业可以预测可能出现的旅游风险和问题，从而提前制定应对措施和预案。例如，如果预测到某个景点在即将到来的节假日期间可能出现游客拥堵和安全事故，企业可以提前加强安保措施、优化游客流线等，确保游客的安全和旅游的顺利进行。

## 四、大数据对旅游业的影响

### （一）提升旅游服务体验

通过收集和分析海量旅游数据，可以更好地理解游客的需求和行为模式。分析游客的行为数据，旅游企业可以提供更加精准和个性化的服务，提升游客的旅游体验。例如，根据游客的历史搜索记录和浏览行为，推荐合适的旅游路线和产品，提供更加贴心的旅游服务。所以，大数据的应用可以帮助旅游业更好地理解游客的需求和行为，提供更个性化、更高效、更安全的服务，可以通过个性化推荐、优化旅游规划、提高旅游安全、增强旅游体验、提升旅游效率等从而提升游客的旅游体验。

### （二）优化旅游资源分配

通过大数据分析，旅游企业可以更加合理地分配旅游资源，提高资源的使用效率。例如，通过分析游客的流量和消费习惯，合理安排景区内的设施和服务，优化游客的游览体验。同时，旅游企业也可以根据大数据分析结果，制定更加科学的营销策略和推广方式，提高营销效果。大数据通过预测需求、实时监控、优化定价、提高资源利用效率、跨部门协同以及关注环境可持续性等多个方面，可以有效地优化旅游资源的分配，提高旅游业的整体效率和游客的满意度。

### （三）增强旅游的安全性

大数据可以帮助旅游企业及时发现和处理各种安全问题，保障游客的人身和财产安全。例如，通过分析社交媒体和投诉平台的数据，及时发现和处理旅游景区的安全隐患和服务问题，保障游客的安全和权益。大数据通过风险预测与预警、实时监控与应急响应、游客行为分析与安全提示以及优化旅游设施与安全措施等方式，可以显著增强旅游的安全性，保障游客的生命财产安全。

### （四）创新旅游业务模式

大数据技术的应用使得旅游业出现了许多新的业务模式，如在线旅游平台、智能旅游等。这些新业务模式不仅简化了旅游流程，提高了服务效率，还为旅游企业带来了更多的商业机会。通过深度挖掘和分析数据，旅游企业能够更精准地理解游客需求，优化产品和服务，实现业务模式的创新和升级。大数据通过定制化服务、智慧旅游、数据驱动的营销、共享经济模式、跨界合作与产业融合以及预测性分析与决策支持等方式，为旅游业务模式带来了丰富的创新机会和广阔的发展空间。这些创新不仅提高了游客的旅行体验，也推动了旅游业的持续发展和升级。

### （五）提升旅游服务质量

大数据在提升旅游服务质量方面扮演着关键的角色。通过对旅游大数据的分析，可以发现旅游服务中的问题和不足，进而优化服务流程，提升服务质量。通过收集和分析大量的旅游数据，企业可以更准确地了解游客的需求和期望，从而提供更加精准、个性化的服务。同时，大数据还可以帮助旅游企业预测未来的市场需求和趋势，提前做好准备。大数据通过个性化服务体验、精准营销和推广、优化服务流程和效率、提升客户关怀和满意度、风险管理和应急响应以及创新服务模式和产品等方式，能够显著提升旅游服务质量。这些创新和改进不仅提高了游客的满意度和忠诚度，也增强了旅游企业的竞争力和市场地位。

笔记

## 任务小结

本任务介绍了旅游大数据的内涵、种类、特征以及影响。通过具体的案例分析，展示了如何有效利用大数据技术在旅游行业中驱动创新和优化服务。本任务知识点总结如图 1-3 所示。

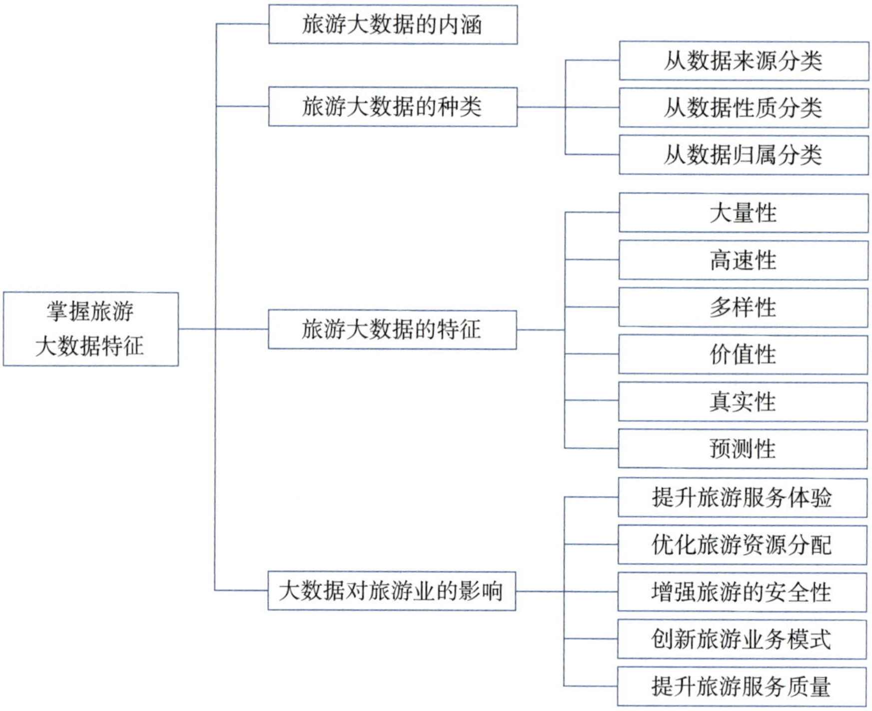


图 1-3　项目一任务二小结

## 任务拓展

（1）某著名的年度音乐节在海滨城市举办，吸引了数以万计的游客。为了改善游客体验并提升未来活动的组织效率，主办方决定使用大数据来深入了解、分析游客的行为和偏好。数据收集来源于：❶ 在线票务系统，包括购票时间、票种类别、购买者地理位置等信息。❷ 移动应用系统，包括音乐节的官方应用记录了用户在场地内访问的舞台、停留时间、消费行为等。❸ 社交媒体和在线评价系统，包括监测相关的社交媒体发帖和在线评价，收集游客的反馈、图片和视频等内容。

请你从旅游大数据的五个关键特征角度分析上述案例，提出自己的见解

笔记

和建议；并分析如何利用这些数据特征优化音乐节的组织和游客体验。

（2）贵州省文旅厅官方网站公布了“2023 年贵州省智慧旅游典型案例”名单，指出作为数字时代的旅游方式，智慧旅游是将物联网、云计算、第五代移动通信技术（5th Generation Mobile Communication Technology，简称 5G）等新技术引入旅游体验、产业发展、服务管理等环节，不断满足人民日益增长的美好生活需要。通过“线上种草、线下拔草”打破时空限制，让旅游决策效率大大提高，虚拟现实技术则让游客获得沉浸式互动体验。

除了让老景区焕发新活力，智慧旅游所带来的沉浸式体验也让红色文旅绽放光芒。贵州“红飘带”（长征文化数字展示项目）集合人工智能（Artificial Intelligence，简称 AI）虚拟交互、全维度机械运动、虚拟现实技术、三维声场等最新科技手段，数字化再现了长征之路，给予游客沉浸式的体验。

请通过网络等途径了解大数据在红色旅游宣传推广中的优秀案例，并作宣讲。

## 任务测试

### 一、判断题

1. 在数字时代，大数据已经成为旅游业决策的重要依据，它深度改变了行业运营模式并提升了消费者的旅游体验，同时也为旅游行业带来了前所未有的机遇与挑战，催生了全新的旅游业态。（　　）

2. 大数据可以通过综合分析多维度信息来预测旅游活动中的安全风险，并及时向相关方发送预警信息，以便他们采取相应的对策。（　　）

3. 大数据适合为旅游企业提供战略规划和决策支持，不适合做预测分析。（　　）

4. 旅游大数据的预测性不能帮助企业预测游客行为，因此无法为游客提供精准和个性化的服务。（　　）

5. 在处理旅游大数据时，数据的“速度”特征仅指数据的生成速度，不包括数据的传输和处理速度。（　　）

笔记

6. 价值密度是指从大数据中提取有用信息的难度和处理数据所需的资源量。（　　）

7. 大数据的“大量性”仅仅指数据的数量庞大，而不涉及数据的复杂性和多样性。（　　）

## 二、单项选择题

1. 下列关于大数据对旅游影响的说法中，不正确的是（　　）。

A. 大数据可以帮助旅游企业提升游客的旅游服务体验

B. 大数据不能用于优化旅游规划，因为数据过于复杂且难以分析

C. 通过分析游客行为，大数据可以帮助提高旅游安全

D. 大数据可以帮助提升旅游效率，例如通过实时分析交通流量来避免拥堵

2. 下列关于大数据优化旅游资源分配的说法中，不正确的是（　　）。

A. 大数据可以通过分析历史数据预测未来游客流量，帮助景点提前调配资源

B. 大数据无法实时监测旅游景区的游客流量和交通状况，因此不能用于动态调整资源分配

C. 通过大数据分析游客的消费习惯和价格敏感度，可以为旅游景点提供定价策略建议

D. 大数据平台可以集成不同旅游部门和企业的数据，促进跨部门协同合作，提高资源利用率

3. 下列各项中，不属于旅游大数据的特殊性的是（　　）。

A. 多源数据　　B. 关联性　　C. 决策性　　D. 预测性

4. 非结构化旅游大数据不包括（　　）。

A. 财务数据　　B. 游客的评论

C. 社交媒体的分享数量　　D. 游客的满意度

5. 下列各项中，不属于旅游大数据的特性的是（　　）。

A. 大量性　　B. 高速性　　C. 价值性　　D. 风险性

6. 旅游大数据的（　　）特征涉及数据量的庞大和处理的挑战。

A. 高速性　　B. 多样性　　C. 价值性　　D. 大量性

7. 在旅游大数据分析中，实时处理和更新数据主要关联到（　　）特征。

A. 高速性　　B. 多样性　　C. 价值性　　D. 大量性

# 任务三
# 熟悉旅游大数据伦理与政策法规

笔记

## 任务引例

**某票务网站“撞库”事件**

某票务网站因账号信息泄露遭到“撞库”，使用户个人信息被窃取，间接导致全国多地39名用户受骗，损失金额达147.42万元，单人受骗金额最高近10万元。事件的起因是黑客获取了其他网站泄露的账户信息，随后利用这些信息尝试对该票务网站的用户账户进行登录（这一过程称为“撞库”攻击）。黑客的目的是找到那些在不同平台使用相同登录凭证的用户账户，以便未经授权地获取访问权限。一旦成功登录，黑客便能进行一系列非法操作，如购买票务后再转卖以牟取非法利益。

数据泄露事件带来的后果极为严重，尤其是当涉及大量用户和包含密码等敏感信息时，信息的泄露极大地增加了账户被非法访问的风险，因为许多人习惯使用固定密码。一旦一处密码泄露，不法分子可能利用这些信息进行欺诈或非法借贷。此外，详尽的个人信息泄露还可能被黑市交易者用来精准定位特定群体。例如，将20至35岁女性用户的数据出售给化妆品和母婴产品公司进行定向营销，这可能导致用户遭受不必要的营销打扰和隐私侵犯。

这些案例反映了在大数据时代，企业和组织在收集、处理和利用个人数据时面临的伦理挑战。隐私保护、数据安全、透明度、算法公平性和责任等问题是大数据应用中必须认真考虑的伦理原则。这些事件也促使政府、行业和社会加强对大数据应用的监管和指导，如加强数据保护法规、推动算法透明度和公平性的倡议等。

（案例来源：央视网，经编者编写）

笔记

以上案例提醒我们，在利用大数据的便利和优势的同时，必须采取措施保护个人隐私，确保数据使用的合法性、道德性和公平性，防止数据滥用和算法偏见，以促进大数据技术的健康和可持续发展。本任务将介绍旅游大数据的伦理与政策法规等，以期更好地理解旅游大数据的基础理论。

## 任务准备

### 一、大数据伦理的概念

大数据伦理，是指在收集、处理、分析和使用大数据过程中所遵循的道德准则和原则。随着技术的发展，尤其是信息技术、大数据已经成为了商业、政府决策、科研等领域不可或缺的一部分，因此，大数据伦理问题也随之凸显。大数据伦理主要关注如何在利用大数据的便利和优势的同时，保护个人隐私、数据安全，以及确保数据在使用过程中公平、透明和负责任。其涉及的主要概念包括：

（1）隐私保护。在数据的收集和使用过程中保护个人隐私，避免未经授权的数据访问和泄露。

（2）数据安全。确保数据在存储、处理和传输过程中的安全，防止数据被恶意访问或篡改。

（3）数据的公平使用。避免在数据收集、分析和应用过程中出现偏见和歧视，确保数据使用过程的公平性。

（4）透明度和问责制。在数据的收集和使用过程中，对数据来源、处理方法和使用目的保持透明，对可能产生的影响负责。

（5）数据的合法性和道德性。确保在数据的收集和使用过程遵守相关法律法规，并符合社会道德标准。

（6）数据主权和控制权。尊重数据主体对其个人数据的控制权，包括同意其数据被收集、知悉数据如何被使用以及请求删除个人数据的权利。

（7）可持续发展。在使用大数据支持决策和创新的同时，考虑其对社会、经济和环境的长远影响，促进可持续发展。大数据伦理的目标是平衡数据的利用与个人权利的保护之间的关系，确保技术进步带来的益处能够在不损害

笔记

个人和社会利益的前提下最大化。随着技术的发展和数据量的增加，大数据伦理将是一个动态发展和不断适应新挑战的领域。

## 二、旅游大数据的伦理问题

旅游业作为一个信息密集型的行业，深度依赖于数据和信息的收集、处理与分析来提升旅游体验和服务的个性化水平。从旅行规划的初期阶段到旅行结束后的体验分享，旅游者与数据的互动贯穿整个旅游过程。为了获得更贴合个人需求的服务，旅游者经常需要提供大量个人信息，包括但不限于位置信息、兴趣爱好、消费习惯等。旅游者在陌生环境下面对不确定情况时，往往会牺牲一定的隐私以换取更优质的服务和体验。然而，信息技术的广泛应用，如自助值机的生物信息采集、景区的人脸识别技术、视频监控系统以及基于AI的个人助理程序等，虽然在提升旅游体验方面发挥着重要作用，却也在无形中收集了大量旅游者信息，增加了隐私泄露和数据安全的风险。这些实践不仅涉及对个人隐私保护的伦理考量，也对旅游业者在数据收集与处理过程中的透明度、数据使用目的和安全保护措施提出了更高要求。因此，旅游业界需要在技术创新和个人隐私保护之间找到平衡点，确保旅游者的信息安全，同时提供更加个性化且安全的旅游服务和体验。旅游大数据的广泛应用在为旅游业带来巨大的经济效益和服务创新的同时，也引发了一系列深刻的伦理问题。当前，业界和学界高度关注的大数据伦理挑战涵盖了多个方面，包括隐私泄露、数据安全、数字鸿沟、数据独裁、数据失信、身份盗窃、数据泄露、数字差距、数据垄断、数据专制、算法偏见、数据访问和可用性、数据伪造、信息过载、知识产权侵权，以及数据预测对个人自由意志的影响等问题。这些议题不仅关系到技术和管理层面，也触及法律、道德和社会伦理的深层次问题，呼吁业界和学界共同探讨解决方案。下面主要围绕隐私泄露、数据安全、数字鸿沟、数据独裁和数据失信五个方面，介绍旅游大数据中的伦理问题。

### （一）隐私泄露

隐私泄露，是指个人信息在没有经数据主体同意的情况下被收集、使用或公开。在旅游大数据的背景下，旅游平台通过分析用户的浏览历史、购买记录、位置数据等信息，提供个性化的旅游产品和服务。然而，这种数据的

笔记

收集和分析过程往往涉及对用户隐私的侵犯。例如，未经用户明确同意，就追踪其位置信息以推荐附近的旅游景点或服务，这种做法侵犯了用户的隐私权。此外，一旦这些敏感信息被不当管理或泄露，将给用户造成严重的隐私风险，如身份盗窃、财产损失等。

### （二）数据安全

数据安全问题涉及旅游大数据在收集、存储、处理和传输过程中的保护措施，以防止数据被非法访问、篡改或泄露。随着旅游业对大数据依赖程度的增加，数据安全成为了一个不容忽视的问题。数据泄露事件频发，不仅损害消费者权益，还可能导致企业声誉和经济损失。这要求旅游企业必须加强数据加密、访问控制、安全审计等措施，确保数据的安全。

### （三）数字鸿沟

数字鸿沟，指的是在数字资源的获取和使用方面，不同群体之间存在的差异。在旅游大数据的应用中，这种差异可能导致服务不公平。一方面，那些拥有更多数字资源和技能的用户能够更好地利用大数据服务，享受更优质的旅游体验；而另一方面，缺乏这些资源和技能的用户，则可能无法充分享受这些服务带来的好处。这种数字鸿沟不仅体现在个人层面，也体现在地域层面，即发达地区与欠发达地区在旅游大数据应用上的差距。缩小数字鸿沟，需要政府、企业和社会共同努力，提高公众的数字素养，推动技术普及和应用。

### （四）数据独裁

数据独裁，反映了在旅游大数据的应用过程中，数据控制权和话语权集中在少数大型平台手中的问题。这些平台通过控制大量的用户数据，不仅能够影响消费者的决策，还能对市场竞争造成影响，甚至垄断市场。这种数据独裁可能导致市场不公平竞争，限制中小旅游企业的发展空间，也可能损害消费者的利益。因此，打破数据独裁，促进数据共享和开放，建立公平竞争的市场环境，是旅游大数据发展中亟待解决的问题。

### （五）数据失信

数据失信，指的是在旅游大数据的收集、使用过程中，企业或机构未能遵守诚信原则，导致数据被滥用或误用的现象。例如，旅游平台未经用户同

笔记

意收集其数据，或将数据用于未告知用户的其他目的，甚至将数据错误地分析或解读，这些都属于数据失信行为。数据失信不仅侵犯了用户的权益，还会损害企业的信誉和用户的信任，影响旅游大数据的健康发展。

## 三、旅游大数据的政策法规

旅游大数据的政策法规涉及数据保护和隐私权、信息安全和行业监管等多个方面，这些政策法规旨在平衡旅游业的技术创新与个人隐私权的保护、数据的安全与公平使用之间的关系。

### （一）数据保护法律和隐私权规定

数据保护和隐私权是旅游大数据政策法规的核心内容，旨在保护消费者的个人信息不被未经授权地收集、使用或泄露。不同国家和地区根据其法律体系和文化背景，制定了不同的数据保护法律和隐私权规定。

#### 1. 欧盟通用数据保护条例

通用数据保护条例（General Data Protection Regulation，简称 GDPR），为欧洲联盟的条例，前身是欧盟在 1995 年制定的《计算机数据保护法》。GDPR 是一项具有广泛影响的数据保护法规，适用于所有在欧盟境内处理个人数据的组织，包括旅游企业。GDPR 强调数据主体的权利，包括访问权、更正权、删除权（被遗忘的权利）和数据携带权等。旅游企业必须确保其数据处理活动的透明性，且在收集和使用数据时获得明确的同意。

#### 2. 美国加州消费者隐私法案

加州消费者隐私法案（California Consumer Privacy Act，简称 CCPA），为加州消费者提供了类似于 GDPR 的数据保护权利，要求企业在收集消费者个人信息时提供明确的通知，并允许消费者拒绝其个人信息被出售。尽管 CCPA 主要适用于加州，但它也影响了在加州拥有消费者的全球旅游企业。

### （二）信息安全法规

信息安全法规要求旅游企业采取适当的技术和组织措施，保护存储和处理的数据免受未经授权的访问、泄露或破坏。这包括定期进行安全评估、加密传输和存储个人数据、实施访问控制等。

中国的网络安全法强调个人信息保护和网络安全，要求网络运营者收集

笔记

和使用个人信息时必须遵循合法性、正当性和必要性的原则，且须事先获得数据主体的同意。此外，网络安全法还要求关键信息基础设施运营者提高数据安全保护水平，应对网络安全风险和威胁。

### （三）行业监管政策法规

行业监管政策法规旨在促进旅游市场的公平竞争，防止数据垄断和不公平的市场行为。这包括对旅游平台的市场地位、数据收集和使用行为进行监管，以确保消费者权益得到保护。

虽然欧盟数字市场法案（Digital Markets Act, 简称 DMA）是针对数字市场的广泛监管措施，但它对于旅游平台等数字服务提供商也具有重要意义。DMA 旨在限制大型平台公司的市场力量，促进数据共享和公平竞争，确保中小企业和创新型公司在数字领域的机会。

### （四）数据伦理和透明度

除了具体的法律法规之外，数据伦理和透明度也是旅游大数据政策法规关注的重点。这涉及企业在数据收集和使用过程中应遵循的道德标准，包括尊重用户的知情权和选择权、确保数据使用的正当性和公平性，以及在数据处理活动中保持高度的透明度。

旅游大数据的政策法规是一个不断发展的领域，随着技术的进步和社会对数据隐私和安全关注的增加，相关的法律法规也在不断更新和完善。旅游企业需要密切关注这些变化，确保其业务操作符合最新的法律要求，同时也要积极采纳数据伦理的最佳实践，以建立消费者的信任和维护品牌声誉。在数据驱动的旅游行业中，只有通过负责任地收集、使用和保护数据，才能实现可持续发展。

## 任务小结

本任务以介绍旅游大数据伦理与政策法规为重点，从三个方面对研究旅游大数据伦理与政策法规进行了讲述，本任务知识点总结如图 1-4 所示。

笔记

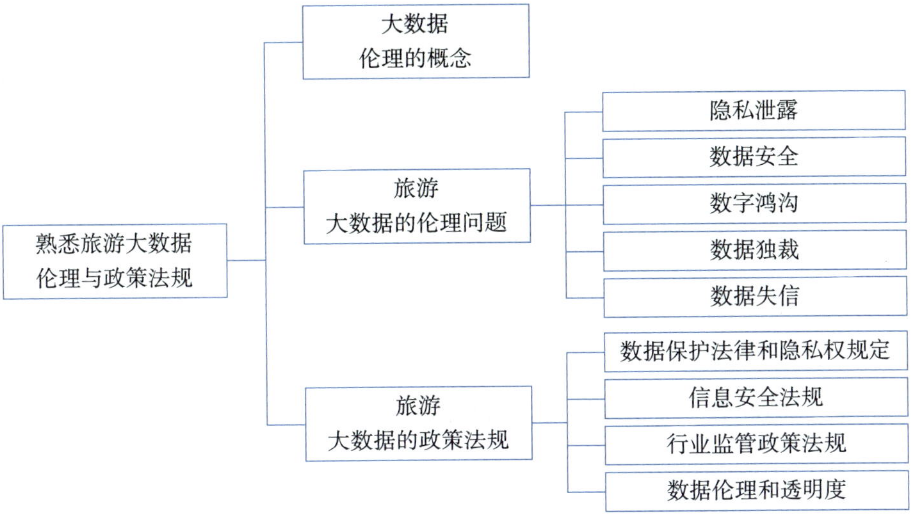


图 1-4　项目一任务三小结

## 任务拓展

随着大数据在旅游业中的广泛应用，如何在发挥其经济效益的同时，保护消费者的隐私权和数据安全成为一个亟须解决的问题。本任务要求熟悉现行的数据保护法规，如欧盟的通用数据保护条例（GDPR）和美国加州消费者隐私法案（CCPA），梳理并总结 GDPR 和 CCPA 中关于数据收集、处理和使用的关键要求，特别是对旅游企业的具体影响，探讨它们在旅游业中的实际应用，并借鉴这些成熟的法规模式。

## 任务测试

### 一、判断题

1. 欧盟的通用数据保护条例（GDPR）适用于所有在欧盟境内处理个人数据的组织，包括旅游企业。（　　）

2. 根据中国的网络安全法，网络运营者在未获得数据主体同意的情况下，可以自由收集和使用个人信息。（　　）

3. 旅游大数据的政策法规只涉及数据保护和隐私权，不包括信息安全和行业监管。（　　）

笔记

4. 数据伦理和透明度不是旅游大数据政策法规关注的重点。（　　）

5. 美国加州消费者隐私法案（CCPA）仅适用于加州的消费者，不影响其他州的企业。（　　）

## 二、单项选择题

1. GDPR 强调的数据主体权利是（　　）。

A. 只有访问权

B. 只有更正权

C. 包括访问权、更正权、删除权和数据携带权

D. 仅包括数据携带权

2. 下列各项中，不属于大数据伦理中关注的主要概念的是（　　）。

A. 隐私保护　　B. 数据安全

C. 透明度和问责制　　D. 高效数据销毁

3. 下列法规中要求企业在收集消费者个人信息时提供明确的通知的是（　　）。

A. GDPR　　B. CCPA　　C. 网络安全法　　D. 旅游法

4. 数据独裁反映的问题是（　　）。

A. 数据集中控制　　B. 数据泄露　　C. 数据安全　　D. 数据删除

5. 根据 GDPR，数据主体强调的是（　　）。

A. 删除权　　B. 数据携带权　　C. 更正权　　D. 所有上述

6. 下列各项中，不属于大数据伦理问题的是（　　）。

A. 数据独裁　　B. 数据泄露　　C. 透明度缺失　　D. 数据处理效率

7. 在旅游业中，数字鸿沟反映的是（　　）。

A. 数据安全　　B. 不平等的数据访问

C. 信息过载　　D. 算法偏见

8. 下列法规中对信息安全提出要求的是（　　）。

A. GDPR　　B. CCPA

C. 中国网络安全法　　D. 旅游法

9. 下列情形中，属于数据伦理问题的是（　　）。

A. 数据泄露　　B. 高效的数据处理

C. 快速的数据删除　　D. 全面的数据分析

# 项目二

# 旅游大数据应用

笔记

## 职业能力目标

1. 能够理解大数据技术在旅游与酒店业中应用的背景和重要性，具有分析和解释大数据发展趋势的能力。

2. 能够理解旅游客户行为模式和偏好，了解消费者行为分析和业务决策支持的要求。

3. 能够理解大数据技术和工具在旅游和酒店业务中的应用潜力，包括数据收集、处理、分析和应用的整个流程。

4. 能够了解利用大数据分析识别旅游业务挑战和问题的基本要求，具有提出基于数据解决方案的能力。

## 典型工作任务

1. 胜任旅游数据分析师岗位，利用大数据分析工具和算法，分析旅游行业的市场数据，识别趋势和模式，为企业提供市场预测报告，支持战略决策，完成旅游市场趋势预测工作。

2. 胜任旅游在线平台运营专员岗位，通过分析在线旅游平台的用户行为数据，优化网站布局和服务推荐算法，提高用户体验和转化率，完成在线旅游平台数据优化工作。

3. 胜任酒店营销经理岗位，基于大数据分析结果，设计和实施针对性的营销活动和策略，提升酒店品牌知名度和市场份额，完成酒店市场营销策略

笔记

的数据支持工作。

4. 胜任旅游客户关系管理专家岗位，通过分析客户数据，识别客户需求和偏好，设计个性化的服务和营销方案，增强客户满意度和忠诚度，完成客户满意度的提升工作。

笔记

# 任务一 应用大数据技术改进旅游与酒店业

## 任务引例

**个性化推荐：OTA平台大数据应用案例**

在旅游和酒店预订业务中，大数据的应用已经成为不可或缺的一部分，特别是对于像艺龙和携程这样的在线旅游代理（Online Travel Agency，简称OTA）平台。这些公司通过分析累积多年的大量用户数据，能够提供高度个性化的服务，从而显著提高用户满意度和转化率。

以艺龙为例，该平台深挖用户搜索和预订历史数据，发现用户输入“北京酒店”和“北京住宿”时往往反映了不同的消费偏好。基于这种洞察，艺龙对其推荐算法进行了优化，以确保能够针对不同的搜索关键词提供符合用户预期的酒店选项。当用户搜索“北京酒店”时，平台倾向于推荐中高端酒店，而搜索“北京住宿”的用户则更多地看到经济型酒店的推荐。这种细致的差异化服务，使得艺龙能够更精确地满足用户的具体需求，提高用户体验和满意度。

同样，携程通过实施“千人千面”的策略，在其网站和App中为用户展示定制化的内容。携程利用用户的搜索历史、预订记录和行为偏好来调整推荐算法，确保用户在访问携程平台时都能看到最相关、最感兴趣的旅游产品和服务。这不仅提升了用户的购买意愿，也大大增加了平台的用户黏性。

（案例来源：百度文库，经编者编写）

笔记

通过以上案例，可以看出这些策略的背后，都是对大数据的深入分析和应用。OTA 平台通过收集和分析用户数据，不断优化其服务和产品，以提供更个性化、更符合用户需求的旅游预订体验。这种基于数据驱动的服务模式，不仅为用户带来了便利，也为 OTA 平台本身创造了巨大的商业价值。本任务将介绍大数据的应用背景、大数据分析在旅游与酒店业中的具体应用等，以期更好地理解旅游大数据的应用现状。

## 任务准备

### 一、大数据的应用背景

在大数据时代，数据被认为是一种有价值的“新石油”，并且它的应用已经渗透到了各个领域，包括医疗健康、金融服务、制造业、旅游与酒店业等，如表 2-1 所示。

表 2-1　大数据在各个领域的应用情况

| 领　域 | 应　用　情　况 |
| --- | --- |
| 医疗健康 | 用于疾病预测和预防、个性化医疗、药物开发、健康监测和管理 |
| 金融服务 | 用于信用评分、风险管理、高频交易、欺诈检测、客户数据管理 |
| 零售 | 用于顾客行为分析、库存管理、需求预测、个性化营销、价格优化 |
| 交通物流 | 用于流量管理、路线规划、货物追踪、供应链管理、车辆维护预测 |
| 教育 | 用于学习行为分析、课程优化、学生表现预测、资源分配、个性化学习计划 |
| 政府 | 用于公共安全、城市规划、资源管理、交通监控、选民行为分析、政策决策支持 |
| 能源 | 用于消耗预测、资源分配、维护调度、环境监控、可再生能源管理 |
| 制造业 | 用于生产优化、质量控制、设备维护预测、库存管理、供应链效率提升 |
| 旅游与酒店业 | 用于客户行为分析、市场趋势预测、个性化服务、价格动态调整、在线评价分析 |
| 科研 | 用于数据密集型研究、模式识别、实验数据分析、科学发现、计算资源管理 |

通过大数据挖掘和分析，旅游企业可以更精确地进行市场预测、客户需求分析、定制化产品和服务、提高客户满意度以及增强企业的竞争力。酒店企业也可以通过大数据分析客户行为、偏好、需求和反馈，制定更有针对性

笔记

的策略以提高客户体验和忠诚度，从而促进业务发展。

## 二、大数据分析在旅游业中的具体应用

### （一）大数据分析对旅游市场的预测

旅游市场是一个庞大而复杂的市场，影响因素多，如宏观经济环境、政策法规、季节性变化等。因此，对于旅游市场的预测一直是研究人员和旅游企业关注的焦点。随着大数据技术的不断发展和应用，大数据分析在旅游市场预测中扮演着越来越重要的角色。

对于旅游市场的预测，需要大量的数据作为基础。这些数据包括宏观经济数据、旅游行业数据、人口统计数据等。这些数据可以通过各种途径获得，如政府机构、旅游企业、新闻媒体等。通过对这些数据进行收集和整理，可以建立起一个较为完整的市场数据框架，为后续的数据分析提供基础。

### （二）大数据分析在在线旅游平台和旅游体验中的应用

随着互联网和移动设备的普及，在线旅游平台已经成为旅游者预订机票、酒店、景点门票等信息的重要途径。大数据技术在在线旅游平台中的应用，不仅可以提高平台的服务质量和用户体验，还可以为旅游企业提供更加准确和智能的市场预测和营销策略。大数据在在线旅游平台中的应用主要包括以下几个方面。

#### 1. 用户数据分析

在线旅游平台可以通过大数据技术对用户数据进行分析，了解用户的需求和行为，为用户提供更加个性化的服务和推荐。例如，平台可以通过分析用户的历史预订记录、搜索关键词、浏览历史等信息，预测用户的旅游需求，并提供相应的推荐产品和服务。

#### 2. 商家数据分析

在线旅游平台可以通过大数据技术对商家数据进行分析，了解商家的运营情况和用户需求，为商家提供更加精准的营销策略和推广方案。例如，平台可以通过分析商家的销售数据、用户评价等信息，为商家提供有针对性的推广方案，以提高商家的知名度和销售额。

#### 3. 旅游路线规划和推荐

大数据技术可以通过分析用户的历史搜索记录、预订行为等信息，为用

笔记

户提供个性化的旅游路线规划和推荐。例如，平台可以通过分析用户的搜索记录和预订行为，预测用户的旅游偏好和需求，为用户提供相应的旅游路线规划和推荐，以提高用户的满意度和体验。

4. 旅游投诉管理和处理

大数据技术可以通过分析用户的历史投诉记录、评价等信息，识别出用户投诉的热点问题和高发区域，为旅游企业提供有针对性的解决方案和改进建议。例如，平台可以通过分析用户的投诉数据，为旅游企业提供有针对性的解决方案，以减少用户的投诉数量和提高游客的满意度。

5. 旅游数据分析和预测

大数据技术可以通过分析海量的旅游数据，预测未来的旅游发展趋势和用户需求，为旅游企业提供更加准确和智能的市场预测和营销策略。例如，平台可以通过分析历史旅游数据和用户行为数据，预测未来的旅游需求和趋势，并为旅游企业提供更好的市场预测和营销策略。

### （三）大数据分析在旅游服务中的应用

在旅游业中，大数据技术可以为用户提供更加个性化、精准的服务，帮助旅游企业更好地了解用户需求、优化产品和服务，提高旅游业的整体效率和质量。大数据在旅游服务中的应用主要包括以下几个方面。

1. 个性化推荐

在旅游业中，个性化推荐是非常重要的一项服务。大数据技术可以通过分析用户的历史搜索记录、预订行为、偏好等信息，为用户推荐更加符合其需求的旅游产品和服务。例如，在线旅游平台可以通过分析用户的搜索记录和预订行为，为用户推荐更加热门的旅游景点、更加经济实惠的住宿选择等。

2. 旅游路线规划

大数据技术可以通过分析用户的历史搜索记录、浏览行为等信息，为用户提供更加个性化、精准的旅游路线规划服务。例如，在线旅游平台可以通过分析用户的搜索记录和浏览行为，为用户提供更加热门的景点、更加经济实惠的交通方式等。

3. 智能客服

大数据技术可以通过分析用户的咨询、投诉等信息，为旅游企业提供更

笔记

加智能化的客户服务。例如，在线旅游平台可以通过分析用户的咨询和投诉信息，为客服人员提供更加精准的解答建议，提高客服效率和质量。

#### 4. 旅游资源管理

大数据技术可以通过分析历史数据、用户行为等信息，帮助旅游企业更好地了解旅游资源的使用情况，优化旅游资源管理。例如，在线旅游平台可以通过分析用户的预订数据、搜索记录等信息，预测未来的旅游需求，为旅游企业提供更加精准的资源调配建议。

#### 5. 旅游风险管理

大数据技术可以通过分析历史数据、用户行为等信息，帮助旅游企业更好地了解旅游风险，提高旅游风险管理水平。例如，在线旅游平台可以通过分析用户的搜索记录、预订行为等信息，预测未来可能的风险和需求，为旅游企业提供决策参考和风险控制措施。同时，大数据技术也可以帮助旅游企业在应急事件发生时快速响应和处置，减少风险对旅游业的损失。如利用大数据技术对突发事件进行实时监测和预警，及时采取应对措施，保障游客安全和旅游业的稳定发展。

## 三、大数据分析在酒店业中的具体应用

### （一）大数据分析在酒店市场营销中的应用

通过分析海量的数据，酒店市场营销策略可以更加精准地定位目标客户，提高营销效果，提高市场占有率。以下是大数据分析在酒店市场营销中的一些应用。

#### 1. 客户群体分析

采用大数据分析，酒店可以对客户群体进行分类和识别，更好地了解客户需求和偏好，从而制定更加精准的营销策略。例如，酒店可以通过分析客户的历史订单、搜索记录、评论等信息，识别出高价值客户、潜在客户和一般客户，并针对不同的客户群体制定不同的营销策略。

#### 2. 竞争对手分析

借助大数据分析，酒店可以了解竞争对手的营销策略、价格、促销等信息，从而制定更加有效的市场竞争策略。例如，酒店可以通过分析竞争对手的网站、广告、社交媒体等信息，了解竞争对手的定价策略、推广策略等，

笔记

并制定更加有力的市场竞争策略。

3. 市场趋势分析

通过大数据分析，酒店可以了解市场趋势和客户需求的变化，及时调整营销策略，提高市场竞争力。例如，酒店可以通过分析市场数据和用户行为数据，了解最新的旅游趋势和客户需求，从而推出更加符合客户需求的产品和服务。

4. 预订行为分析

利用大数据分析，酒店可以了解客户的预订行为和偏好，从而更好地了解客户需求，提高客户满意度和忠诚度。例如，酒店可以通过分析客户的预订历史、搜索记录、评论等信息，了解客户的喜好和需求，从而为客户提供更加个性化的服务和推荐。

### （二）大数据分析在酒店客房销售中的应用

随着旅游业的蓬勃发展，酒店客房销售和定价的数据处理过程日益复杂。大数据技术的出现为酒店提供了一种新的方法来处理这些数据，从而更好地了解客户需求和市场趋势，从而提高客房销售和定价的准确性和效率。

1. 客户行为分析

客户行为分析，是指通过分析客户在酒店客房销售过程中的行为，以了解客户需求和偏好，并在此基础上进行个性化服务和推荐。大数据技术可以帮助酒店收集和分析客户数据，例如客户预订历史、消费行为、评分和评论等，从而更好地了解客户需求和偏好。这些信息可以被用来提供个性化的客房安排、推荐和优惠，从而提高客户满意度和忠诚度。

2. 客房定价

客房定价是酒店经营中的重要环节，也是酒店利润的主要来源之一。大数据技术可以帮助酒店对市场需求进行预测，从而更好地制定客房定价策略。

（1）实时定价。实时定价是大数据技术在酒店客房定价中的一个重要应用。传统的客房定价通常是在固定时间范围内进行的，例如每天的某个时间段或者按季节定价。但是，随着互联网和移动设备的普及，客户在选择酒店客房时更加灵活，随时可以进行在线预订。大数据技术可以帮助酒店实时收集和分析市场数据，例如客户需求和竞争对手的价格水平等，从而实时调整客房价格，更好地满足市场需求。

笔记

（2）动态定价。动态定价是大数据技术在酒店客房定价中的另一个重要应用。传统的客房定价主要是基于静态的酒店客房成本和收益管理来制定，而大数据技术可以帮助酒店更加实时地了解客房预订情况和客户行为，从而更加灵活地制定客房价格，以满足市场需求和获得最佳收益。例如，当客房预订量上升时，酒店可以调高价格以获得更高的收益，而当客房预订量下降时，则可以降低价格以刺激预订。

3. 客房预订预测

客房预订预测是酒店客房销售中的一个重要环节。大数据技术可以帮助酒店预测客房预订情况，以便更好地安排客房数量和类型。酒店可以收集和分析历史数据，例如节假日预订情况、客户需求和流行趋势等，从而更好地预测未来客房预订情况。这些信息可以帮助酒店制定更好的客房安排策略，从而提高客房预订成功率和利润。

### （三）大数据分析在酒店运营管理中的应用

酒店业广泛应用大数据技术来提升运营效率、改进客户服务、提高营销推广效果等。

1. 客户关系管理

大数据技术可以帮助酒店收集和整合大量的客户数据，酒店通过客户数据分析，进行个性化推荐、定制化服务、优化客户体验等。在酒店运营管理中，客户关系管理的应用可以帮助酒店管理者更好地了解客户需求和喜好，提高客户满意度和忠诚度。比如，通过客户数据分析，酒店可以了解客户的消费习惯和偏好，从而根据客户需求提供个性化的服务和推荐。

2. 营销推广

酒店可以通过大数据分析，了解客户的搜索和购买行为，制定更加精准的营销推广策略。在酒店运营管理中，营销推广的应用可以帮助酒店管理者更加精准地进行营销推广，提高营销推广效果。

3. 运营效率提升

酒店可以通过大数据分析，了解员工工作情况、客户需求、资源利用率等多个方面，从而提高酒店运营效率。在酒店运营管理中，大数据可以帮助酒店管理者更加高效地开展工作，从而提高运营效率和降低成本。比如，通

笔记

过大数据分析，酒店可以了解客房清洁的效率，优化员工排班和工作流程，提高客房清洁效率和降低成本。

4. 风险管理

酒店可以通过大数据分析，了解客户的消费行为、安全隐患等，从而对可能出现的风险进行预判和防范。在酒店运营管理中，大数据分析可以帮助酒店管理者更加有效地进行风险管理和防范。比如，借助大数据分析，酒店可以了解客户的消费行为和安全隐患，对可能出现的风险进行预判和防范，从而确保酒店安全运营。

## 任务小结

本任务从三个方面对应用大数据技术改进旅游与酒店业进行了讲述，本任务知识点总结如图 2-1 所示。

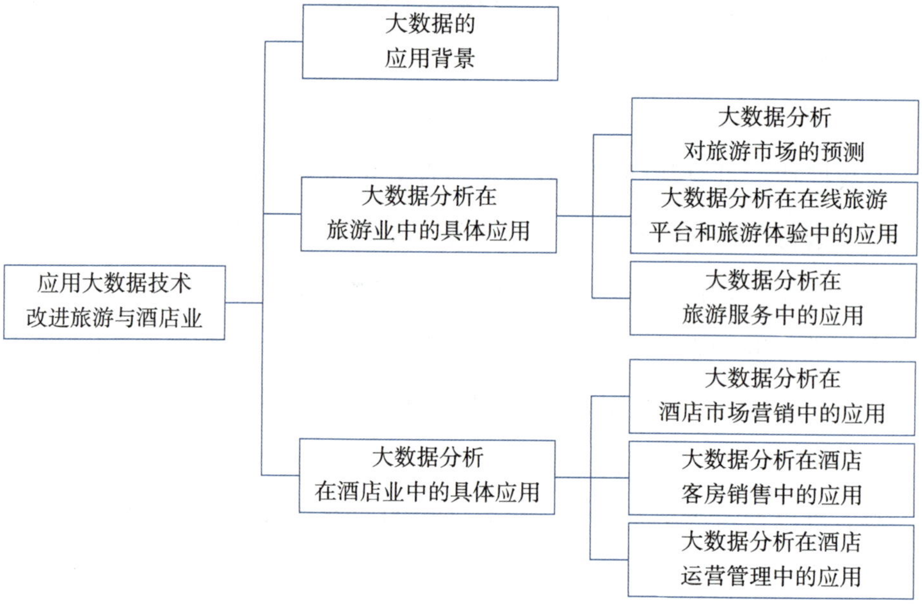


图 2-1　项目二任务一小结

## 任务拓展

专注于全球领先的在线旅游和住宿预订平台，如爱彼迎（AirBed and

笔记

Breakfast，简称 Airbnb），研究其如何利用先进的大数据分析和人工智能技术来革新传统的旅游业模式。通过深入分析这些公司的策略和实践，探讨它们如何优化用户体验和提高运营效率。对 Airbnb 进行案例分析，了解其如何使用用户数据来定制个性化的推荐，以及通过数据分析来优化其价格设置机制，从而在保证利润的同时，提供有竞争力的价格给消费者。并分析 Airbnb 如何利用用户反馈和行为分析来不断改进其平台和服务，以适应不同市场的需求。

## 任务测试

### 一、判断题

1. 大数据在旅游业中的应用可以提高市场预测的准确性。　（　　）

2. 人工智能和大数据在旅游业的应用完全相同，没有区别。　（　　）

3. 大数据技术能够帮助酒店预测客房状况和行李寄存需求。　（　　）

4. 在线旅游平台无法通过大数据技术优化用户的旅游体验。　（　　）

5. 大数据技术的应用仅限于提高旅游业的经济效益，与提升用户满意度无关。　（　　）

6. 大数据技术可以帮助酒店通过历史订单分析，对客户进行分类和识别。　（　　）

7. 大数据应用在酒店行业中，无法提供个性化的客房安排和服务。　（　　）

8. 酒店可以使用大数据分析来优化客房价格和提高市场竞争力。　（　　）

9. 大数据技术的应用仅限于提高酒店的营销策略，对运营管理没有影响。　（　　）

### 二、单项选择题

1. 大数据在旅游和酒店业中的主要作用是（　　）。

A. 减少员工数量　　B. 提高服务质量和客户满意度

C. 降低营业成本　　D. 增加广告投放

2. 下列各项中，不属于大数据在旅游业中应用的是（　　）。

A. 客户行为分析　　B. 物流管理

笔记

C. 旅游路线规划　　D. 旅游市场预测

3. 大数据可以帮助酒店行业优化（　　）。

A. 客房清洁频率　　B. 客户服务策略

C. 价格策略　　D. 所有以上内容

4. 在线旅游平台利用大数据进行个性化服务的依据是（　　）。

A. 政府规定　　B. 用户反馈

C. 用户行为数据　　D. 合作伙伴建议

5. 下列各项中，属于大数据在在线旅游平台上的一个直接应用的是（　　）。

A. 价格比较　　B. 目的地推荐　　C. 酒店设计　　D. 航班安排

6. 下列各项中，不属于大数据在酒店业中应用的是（　　）。

A. 客户满意度提升　　B. 餐饮服务自动化

C. 客户偏好分析　　D. 客房状态预测

7. 下列各项中，不属于大数据在酒店业中应用的是（　　）。

A. 预订行为分析　　B. 客房设计

C. 市场趋势分析　　D. 竞争对手分析

8. 下列各项中，不属于大数据分析在酒店行业中的应用的是（　　）。

A. 风险管理　　B. 营销推广　　C. 智能化服务　　D. 直接销售

9. 大数据帮助酒店业提高营销效果的途径是（　　）。

A. 通过减少数据量　　B. 提高数据分析的精度

C. 通过增加数据处理时间　　D. 降低营销成本

10. 在酒店业中，大数据通常用来分析（　　）。

A. 客户偏好　　B. 政治趋势

C. 竞争对手的法律问题　　D. 全球经济政策

笔记

# 任务二
# 应对大数据在旅游与酒店业中的挑战

## 任务引例

**大数据精准营销与隐私权的双刃剑**

大数据技术的应用正在开启新的商业机会，同时也带来了前所未有的隐私挑战。一家国际知名的零售巨头便是利用大数据分析技术精准定位顾客需求的典范。该公司通过收集和分析顾客的在线购物行为、支付记录以及社交媒体互动数据，建立了一个高度精细化的顾客画像系统。这一系统能够预测顾客的潜在购买需求，从而向他们发送高度个性化的产品推荐和优惠信息。该零售商通过数据分析发现，一位年轻女性顾客最近购买了多种孕妇专用产品，如叶酸补充剂和孕妇装。基于这些信息，系统推断该顾客可能怀孕了。随后，公司便向她发放了婴儿床、婴儿衣服以及其他婴儿用品的优惠券。这一高度个性化的营销策略，不仅提高了顾客的购买率，也提升了顾客对品牌的忠诚度。

然而，这种精准营销的背后，也暴露出大数据应用中的隐私保护问题。在这个案例中，少女的家庭成员通过邮寄到家的婴儿产品优惠券，意外得知了少女的怀孕情况，这引起了公众对于隐私保护和数据安全的广泛讨论。

（案例来源：百度文库，经编者编写）

通过以上案例，可以看出此事件凸显了在利用大数据技术推进商业模式创新的同时，企业也需严格遵守数据保护原则，确保顾客的隐私权不被侵犯，平衡好商业利益与个人隐私之间的界限。本任务将介绍如何应对大数据在旅

笔记

游与酒店业中的挑战，以期更好地应对旅游大数据未来发展的潜在隐患。

## 任务准备

随着互联网技术的发展，大数据为旅游和酒店业带来了前所未有的机遇和挑战。

### 一、数据隐私和安全问题

旅游与酒店业需要收集大量的客户数据，例如个人信息、预订信息、支付信息等。这些信息可能包含敏感数据，如信用卡号码、护照号码等。如果这些数据被黑客或恶意攻击者窃取或滥用，可能会对客户造成重大损失。此外，如果客户的数据被不当地使用或泄露，也会对旅游与酒店企业的声誉和信誉造成负面影响。

### 二、数据收集和管理的成本

为了收集和管理大数据，旅游和酒店企业需要投入大量的资金和资源。这些资金和资源可能包括服务器、存储设备、软件开发和维护等方面。此外，对于一些小型旅游和酒店企业来说，缺乏技术和人力资源可能会限制其收集和管理大数据的能力。

### 三、数据分析和应用的复杂性

旅游与酒店业收集的大量数据需要进行分析和应用才能实现其最大的价值。这需要企业拥有一定的数据分析能力和技术。然而，许多旅游和酒店企业可能缺乏这样的能力和技术，他们可能需要花费大量的时间和资源来培养或雇佣这样的人才。

### 四、数据的可靠性和准确性

在旅游与酒店业中，大数据的可靠性和准确性非常重要。如果企业使用的数据不准确或不可靠，可能会导致不正确的业务决策。为了确保数据的可靠性和准确性，旅游和酒店企业需要采取适当的措施来验证和清理数据。

### 五、数据的多样性和复杂性

在旅游与酒店业中，数据的来源非常多样化和复杂化。这些数据可能来自多个渠道，例如在线预订、社交媒体、客户反馈等。此外，数据的类型也非常

笔记

丰富，包括文本、图片、音频等。为了有效地管理和分析这些多样和复杂的数据，旅游和酒店企业需要采取多种技术手段来处理和分析数据。例如，他们可能需要使用自然语言处理技术来分析客户的评论和反馈，使用图像识别技术来识别客房的清洁程度，使用机器学习技术来预测客户的偏好等。

### 六、数据保留和存储问题

在旅游与酒店业中，数据的保留和存储也是一个重要的问题。根据法律法规和行业标准，旅游和酒店企业需要保留一定期限的客户数据。这需要他们投入大量的资金和资源来确保数据的安全和保密性。此外，随着数据量的不断增长，旅游和酒店企业需要采取适当的措施来扩展存储设备和提高存储效率。

### 七、数据分析和应用的合规性问题

在旅游与酒店业中，大数据的分析和应用也需要遵守法律法规和行业标准。例如，企业需要遵守个人数据保护法规，保护客户的隐私和数据安全。此外，一些敏感的数据可能需要得到客户的明确授权才能使用。为了确保数据分析和应用的合规性，旅游和酒店企业需要制定相应的策略和程序，并确保其员工严格遵守相关规定。

## 任务小结

本任务以应对大数据在旅游与酒店业中的挑战为重点，从七个方面对应对大数据在旅游与酒店业中的挑战进行了讲述，本任务知识点总结如图 2-2 所示。

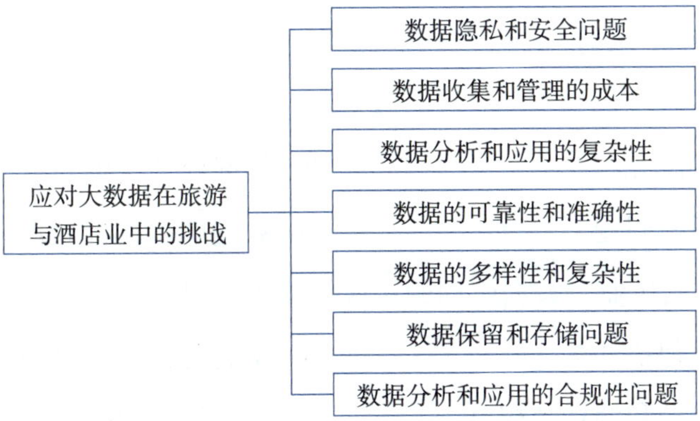


图 2-2 项目二任务二小结

笔记

## 任务拓展

在旅游与酒店业中，大数据技术的应用正带来革命性的变革，提供了前所未有的机遇来优化客户服务、增强市场分析和提升运营效率。然而，这些技术的实施并非没有挑战。数据隐私和安全问题是业界最为关注的问题之一，请你帮助某旅游企业制定一个综合策略来加强这些数据的保护和安全，提升旅游企业客户数据的安全级别，增强客户信任，降低因数据问题带来的法律和信誉风险。

## 任务测试

### 一、判断题

1. 数据隐私和安全是大数据在旅游和酒店业应用中的唯一法律问题。（　　）
2. 大数据可以完全替代传统的客户服务方法。（　　）
3. 旅游与酒店业可以无限期存储客户数据。（　　）
4. 所有旅游与酒店企业都有足够的资源进行大数据分析。（　　）
5. 大数据技术的应用不需要专门的技术支持和维护。（　　）

### 二、单项选择题

1. 大数据分析中面临的主要挑战是（　　）。

A. 选取合适的颜色方案　　B. 提升网页加载速度

C. 确保数据的准确性和可靠性　　D. 选择合适的音乐背景

2. 大数据技术在旅游与酒店业中应用时，不是必须考虑的方面是（　　）。

A. 客户的隐私权　　B. 数据处理速度

C. 音乐版权问题　　D. 数据的多样性处理

3. 旅游与酒店业大数据应用的法律挑战主要是（　　）。

A. 仅数据保护法规　　B. 仅消费者权益保护

C. 数据保护和消费者权益　　D. 无任何法律挑战

笔记

4. 在处理旅游与酒店业的大数据时，尤为重要的技术是（　　）。

A. 自然语言处理　　B. 图像编辑软件

C. 电子邮件自动回复　　D. 虚拟现实技术

5. 在旅游与酒店业中，大数据分析的合规性问题主要需遵守的法律法规是（　　）。

A. 知识产权法　　B. 环境保护法

C. 个人数据保护法规　　D. 商业秘密法

6. 下列各项中，属于大数据在旅游与酒店业中应用的挑战的是（　　）。

A. 提升数据存储设备的物理耐用性

B. 管理和分析多样化和复杂化的数据来源

C. 提高酒店建筑的物理安全

D. 减少环境对酒店业的影响

7. 大数据技术帮助旅游与酒店业解决（　　）。

A. 仅增加销售收入

B. 仅改善客户服务

C. 同时增加销售收入和改善客户服务

D. 减少环境污染

8. 确保大数据分析的准确性的方法是（　　）。

A. 通过随机抽样　　B. 增加数据来源的多样性

C. 进行持续的验证和清理　　D. 减少数据分析的频率

9. 在大数据应用中，企业处理复杂化的数据来源的方法是（　　）。

A. 忽略非结构化数据

B. 仅使用传统数据处理工具

C. 采用多种技术手段处理和分析数据

D. 限制数据来源以简化处理过程

理论篇

实战篇

# 技术篇

# 项目三

## 旅游大数据采集与存储

笔记

### 职业能力目标

1. 能够使用现代工具（如八爪鱼和 Python）从网络资源中有效地采集数据，并掌握基本的数据处理技术，包括数据清洗、转换和预处理。

2. 能够用创造性思维和批判性思维解决在数据采集和处理过程中遇到的问题。

3. 能够用数据分析和办公软件（如 Excel 的 Power Query）进行数据操作。

4. 能够用 Python 进行网络爬虫、数据分析等数据处理。

5. 能够用常见的数据库管理系统，高效、准确地存储旅游大数据，确保数据的完整性和安全性。

### 典型工作任务

1. 胜任旅游数据分析师岗位。从各种来源（如网站、数据库、API 等）采集原始数据，并进行数据清洗和预处理，包括但不限于处理缺失值、错误数据、重复项和其他数据质量问题，以确保数据集的准确性和一致性。

2. 熟悉数据库管理系统和大数据存储解决方案，确保旅游大数据的高效、安全和可靠存储。

笔记

# 任务一 采集旅游大数据

## 任务引例

**采集句容茅山景区的游客体验相关数据**

随着信息技术的发展和旅游业的不断扩大，大量的数据被创造和收集，这些数据成为了旅游业决策支持和创新服务的宝贵资源。因此，掌握如何有效获取旅游大数据是进行数据分析的前提和必要条件。句容茅山，作为江苏省著名的旅游景点，每年吸引着大量国内外游客。然而，随着游客数量的不断增加，如何提升游客满意度、合理引导游客分布，以及优化旅游资源配置成为了景区管理方面临的挑战。为此，句容茅山景区管理方决定利用现代信息技术，特别是通过分析携程等在线旅游平台上的大数据，来深入理解游客需求和行为，从而提供更加个性化和高质量的旅游服务。携程作为中国领先的在线旅游服务平台，拥有大量的用户预订数据、评价反馈和搜索偏好等信息，这些数据对于句容茅山景区来说具有极高的分析和利用价值。

## 任务准备

### 一、数据采集的主要方法

旅游大数据的采集渠道极为广泛，不仅包括了传统旅游企业和机构内部的结构化数据，更有大量来源于互联网、移动互联网以及物联网的半结构化和非结构化数据。这些网络大数据通常以持续的数据流形态迅速生成，具备互动性、动态变化以及即时性等特征，这就对数据采集的实时性提出了更高

笔记

的要求，并且数据量也更为庞大。因此，面对大数据时代的挑战，传统的数据采集手段已经不再适用，需要借助新的技术和工具来应对。

### （一）合作伙伴数据共享

与旅游服务提供商、酒店、航空公司等建立合作关系，实现数据的共享交换。例如，通过网站公开应用程序接口（API）集成，可以实时获取各合作伙伴的预订数据、游客评论和反馈。这种做法不仅提高了数据的获取效率，还能确保数据的实时性和准确性，为后续的数据分析提供高质量的“原材料”。

### （二）ETL流程数据采集

ETL（Extract Transform Load）流程，是数据集成的经典方法，涉及从源数据库提取数据（Extract）、进行必要的数据清洗和转换（Transform）、最后加载到数据仓库或数据湖（Load）中。旅游企业或组织的业务数据大多以关系数据库形式存储于业务数据库中，所以最常见的从业务数据库中提取数据并用于分析的方式就是ETL流程，目的端常为数据仓库，被广泛用于从预订系统、客户关系管理系统等业务数据库中提取数据。这一过程的关键在于保证数据在转换过程中的质量，以及优化加载策略，确保数据仓库能够高效地响应查询请求。目的是将企业中分散、凌乱、标准不统一的数据整合，为后续的数据预处理、数据分析等做好准备，为企业基于数据分析的决策支持提供数据基础。

### （三）互联网数据采集

互联网数据采集主要通过网络爬虫方式实现。网络爬虫是一种按照一定规则自动抓取Web信息的程序或者脚本。网络爬虫可以自动采集所有其能够访问的页面内容，为搜索引擎和数据分析提供数据来源。例如，在通过数据采集平台采集互联网旅游游记数据时，通过爬虫技术可得到数据采集时间、数据发布时间、游记标题、作者名称、浏览人数、游记正文等内容，同时需要遵守网站的爬虫规则，避免侵犯版权。

### （四）移动应用数据采集

开发专属的移动应用程序，通过用户授权同意后，合法收集用户的实时数据，如通过全球定位系统（Global Positioning System，简称GPS）定位信

笔记

息、搜索偏好、预订行为等。这种数据采集方式有助于旅游企业深入理解消费者行为模式，从而提供更加个性化的推荐和服务。

### （五）物联网传感器数据采集

旅游相关企业和机构通过部署物联网设备，如视频监控、人流统计传感器、环境监测设备等，收集关于旅游活动、安全监控和环境变化的数据。这些数据通过设备管理平台实时采集，可用于优化旅游资源配置、提升安全管理水平及增强游客体验。

## 二、数据采集的主要来源

传统的旅游数据来源比较单一，更多地来自旅游企业和组织内部的管理信息系统，如企业 ERP 管理系统、客户关系管理系统、酒店管理系统、旅行社管理信息系统等。大数据时代，互联网、移动互联网和物联网应用的普及使得数据的产生更加多源、大量且复杂。

在旅游行业，数据可以从多种渠道和来源收集。

### （一）在线预订平台

在线预订平台，如携程、美团、Agoda 等，是旅游行业中的重要数据来源。这些平台收集并存储了大量的交易数据，例如：❶ 旅游产品预订量，平台记录每一次的预订详情，包括预订的旅游产品类型（酒店、机票、旅游套餐等）、预订数量、日期和时间等。❷ 用户偏好，即通过分析用户的搜索查询、浏览历史和实际预订行为，可以揭示出用户对旅游目的地、出行时间、预算限制和住宿类型的偏好。❸ 价格敏感度，即通过跟踪不同价格点的预订情况，可以评估消费者对价格变动的敏感度，从而优化定价模型。

### （二）社交媒体平台

社交媒体平台，如微博、抖音、小红书等，是现代旅游行业中不可忽视的数据源泉。这些平台提供了丰富的用户生成内容，例如：❶ 分享和评论，即游客在享受旅游体验时，往往会在社交媒体上分享旅行照片、视频和体验故事。这些内容反映了真实的用户体验和对旅游活动的满意度。❷ 互动数据，即点赞、评论和分享等互动行为，能够说明特定旅游目的地或服务的受欢迎程度，还能反映出市场的即时反馈和趋势。

笔记

### （三）旅游评论网站

旅游评论网站，如大众点评、携程旅行、途牛等，专门收集和展示消费者对旅游服务的评价，例如：❶ 用户评价，即游客在这类网站上发表的评论，为服务质量和游客满意度提供了直接的指标。通过情感分析，可以量化游客的正面或负面体验。❷ 排名信息，许多旅游评论网站会根据用户评分和反馈进行排名，这些排名对于了解行业内各竞争者的表现及市场地位极其有用。

### （四）其他数据源

其他数据源，例如：❶ 官方旅游统计数据，国家或地区的旅游局通常会发布关于旅游业的官方统计数据，包括到访游客数量、旅游消费总额、热门目的地等，这些数据对于理解宏观市场趋势极为重要。❷ 交通数据，来自航空公司、铁路、公交系统的运输数据，提供了关于旅游流动模式、高峰时段和受欢迎的交通方式等信息。❸ 智能设备与物联网，在旅游景点部署的智能设备，如 Wi-Fi 传感器、人流监控设备等，能够提供关于游客流量、停留时间和活动区域的实时数据。

## 三、网络数据采集技术

网络数据采集技术，是指从互联网上获取大量数据的方法。本任务主要介绍两种常见的网络数据采集技术：八爪鱼采集工具和 Python 爬虫技术。

### （一）八爪鱼采集工具

八爪鱼采集工具，是一种可视化的网页数据采集软件。无需编写代码，只需通过简单的界面操作即可实现对网页数据的抓取和处理。八爪鱼提供了丰富的功能，如数据清洗、数据转换等，使得用户可以更方便、快捷地获取所需数据。八爪鱼采集工具的数据采集模式主要有以下三种。

#### 1. 模板采集

使用模板进行数据采集，是由八爪鱼官方提供做好的采集模板，目前已有 300 多个采集模板，涵盖主流网站的采集场景。使用模板采集数据时，只需输入几个参数（网址、关键词、页数等），就可以在几分钟内快速获取目标网站数据。具体操作步骤如下：

（1）在客户端首页【输入框】中，输入目标网站名称，八爪鱼自动寻找

笔记

相关的采集模板如图 3-1 所示。将鼠标移到需要的模板上并单击，可以进入模板详情页面。

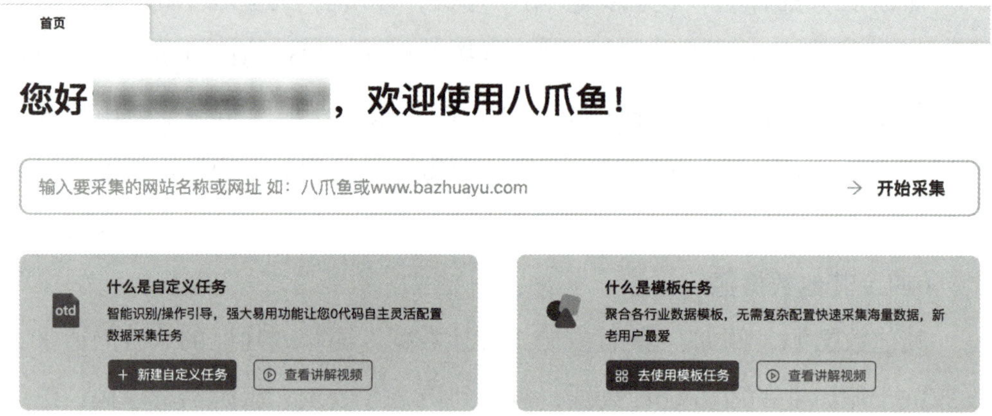


图 3-1　八爪鱼首页图

（2）点击左侧菜单栏中的【模板】，进入采集模板展示页面。可通过【模板类型】【搜索模板】多种方法，寻找目标模板，如图 3-2 所示。

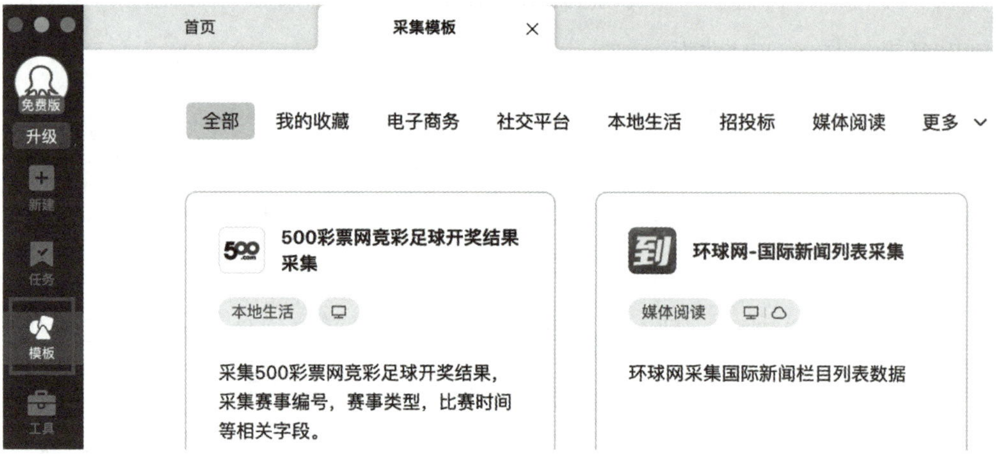


图 3-2　八爪鱼模板页

（3）进入【模板详情】后，仔细阅读【模板介绍】【采集字段预览】【采集参数预览】【示例数据】。确认此模板采集的数据符合需求后，点击【立即使用】，自行【配置参数】，常见的参数有关键词、翻页次数、URL 等，如图 3-3 所示。查看【模板介绍】中的使用方法说明和参数说明，输入格式正确的参数，否则将影响模板的使用。然后点击【启动采集】，选择启动【本地采集】。

笔记

图 3-3　八爪鱼模板任务设置图

（4）数据采集完成以后，以需要的格式导出，如图 3-4 所示。在【我的任务】界面，可以对任务进行多种操作并查看任务采集到的历史数据。

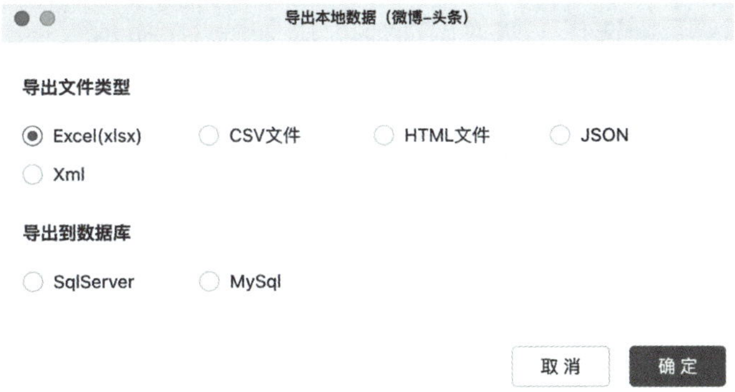


图 3-4　八爪鱼导出数据格式设置图

## 2. 自动识别采集

具体操作步骤如下：

（1）在主页的搜索框内输入要采集的网址，如图 3-5 所示。

（2）进入自定义编辑页面以后，点击右上角黄色提示框内的【自动识别网页内容】。系统会自动的识别网页数据配置采集规则，如图 3-6 所示。

笔记

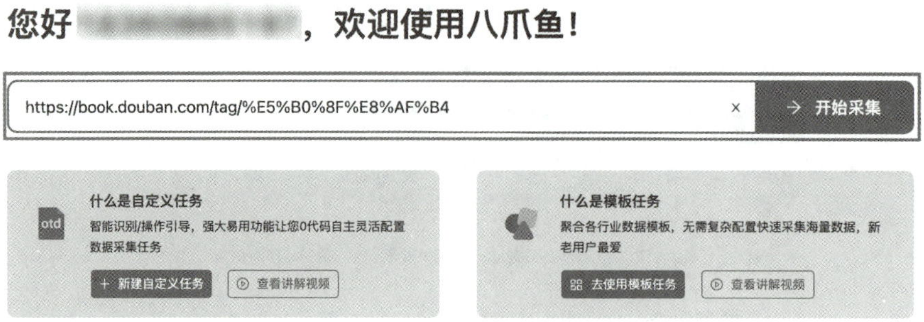


图 3-5 在主页的搜索框内输入要采集的网址

图 3-6 自动识别网页内容

（3）生成预设的采集规则以后，可以观察页面底部的数据字段是否与预期一致，若不一致则选择【切换识别结果】，如图 3-7 所示。

（4）确定好采集字段后，点击【生成采集设置】，可以看到客户端右侧出现采集规则，底部绿色的预选字段变为白色，如图 3-8 所示。点击【采集】，

图 3-7 数据采集设置页面 1

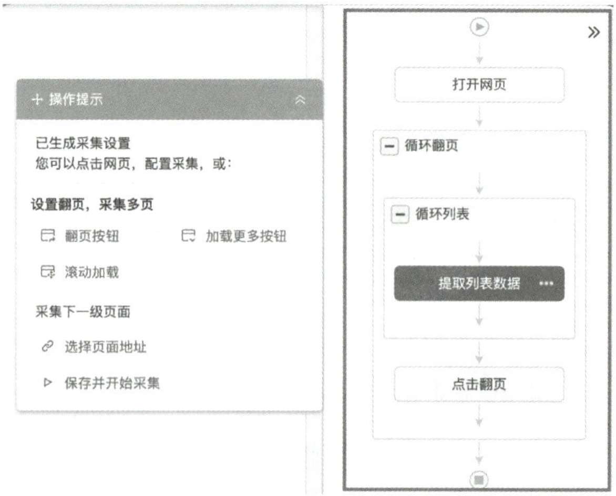


图 3-8 数据采集设置页面 2

笔记

启动采集页面，选择采集的方式，就可以看到采集到的数据了。

3. 自定义配置采集

如果模板采集和自动识别采集都满足不了数据采集需求的时候，就需要使用自定义采集，配置一个个性化的采集规则。具体操作步骤如下：

（1）在主页的搜索框内输入要采集的网址。进入采集页面后，客户端右边规则栏内只有一个打开网页，底部是数据预览区域，目前没有配置规则，因此为空。

（2）选中要采集的元素提取数据，选中图书的标题，观察到网页内选中标题绿色高亮，底下相似的标题显示红色虚线，同时操作提示也发生了变化，出现了【提取数据】和【鼠标操作】两类以及【选中全部相似元素】，如图 3-9 所示。

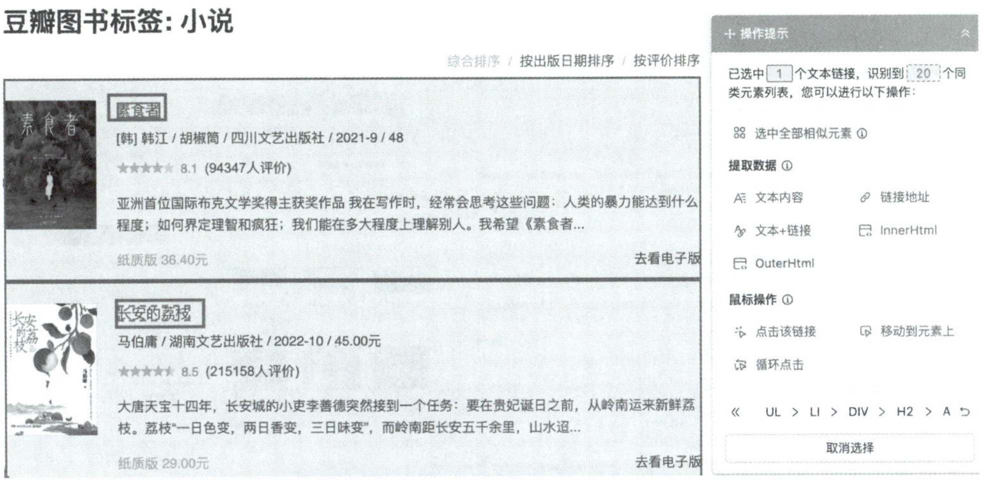


图 3-9　自定义配置任务中数据采集设置页面 1

（3）选择【选中全部相似元素】，可以看到所有红色虚线的都变为绿色，并且底部也出现绿色数据的预选框，如图 3-10 所示。

（4）此时已经选中所有要采集的数据元素，但是还没有明确要采集元素的具体信息，因为网页上的某个元素块可能包含文本信息、链接信息以及网页源代码信息。假定要采集图书标题的文本信息，应选择【文本内容】，此时原本的网页内的选中框已经消失，底部的绿色预选框也变为白色，这意味着已经选择好了要采集的数据，并且已经在右边生成了相对应的规则，同时操作提示是否需要翻页等，这里不需要翻页，修改字段名称点击【采集】即可，如图 3-11 所示。

笔记

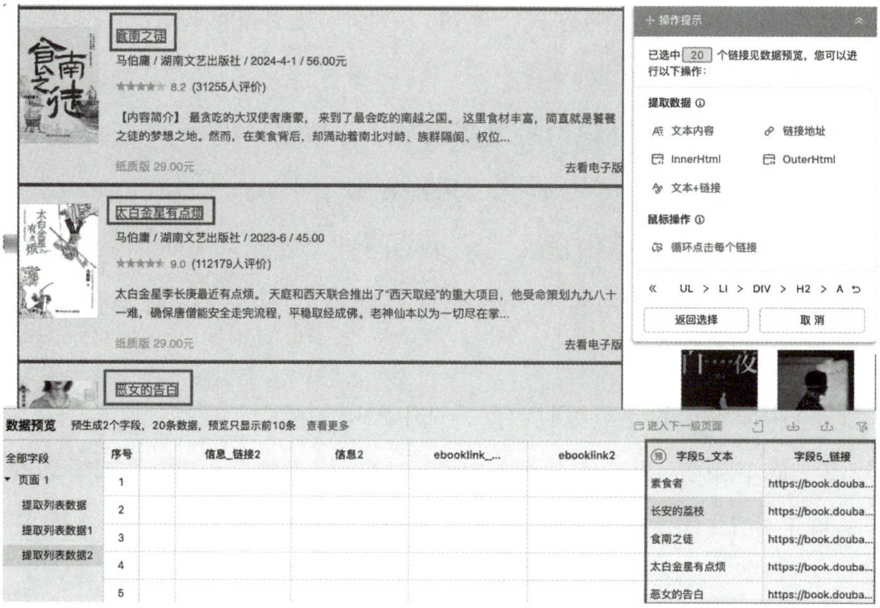


图 3-10　自定义配置任务中数据采集设置页面 2

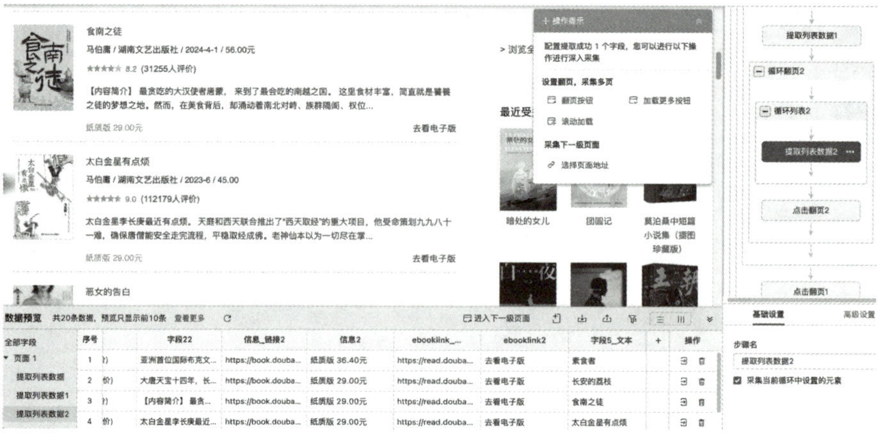

图 3-11　自定义配置任务中数据采集设置页面 3

（5）选中提取列表数据，双击修改字段名，修改为图书名，如图 3-12 所示。修改完成后，点击【采集】，采集结束后将采集到的全部数据导出到本地或者数据库即可。

| 序号 | 图书名 | + | 操作 |
|---|---|---|---|
| 1 | 素食者 | | |
| 2 | 长安的荔枝 | | |
| 3 | 食南之徒 | | |
| 4 | 太白金星有点烦 | | |
| 5 | 恶女的告白 | | |
| 6 | 少年来了 | | |

图 3-12　自定义配置任务中数据采集设置页面 4

笔记

### （二）Python 爬虫技术

Python 是一种高级编程语言，以简洁明了的语法特点著称，适合多种编程范式，包括面向对象、命令式、函数式和程序化编程。

**提示**

在数据采集领域，Python 之所以受到广泛使用，主要得益于以下几点：

（1）丰富的库支持。Python 社区提供了大量的第三方库，特别是在网络数据采集（如 Requests、BeautifulSoup、Scrapy 等）、数据处理（如 Pandas、NumPy）和数据可视化（如 Matplotlib、Seaborn）方面，这些库极大地简化了数据采集和初步分析的过程。

（2）易学易用。Python 以其简单直观的语法和广泛的学习资源而著称，即使是编程新手也能在短时间内上手进行数据采集的相关工作。

（3）跨平台性。Python 是跨平台的编程语言，可以在多种操作系统上运行，如 Windows、Mac OS、Linux 等，这使得使用 Python 开发的数据采集程序更具有灵活性和广泛性。

（4）高效的开发效率。Python 的设计哲学是"用一种方法，最好是只有一种方法来做一件事"，这使得 Python 代码通常比其他语言更加简洁，开发效率更高。

Python 爬虫技术是一种基于 Python 语言的自动化数据采集方法。通过编写特定的脚本，Python 爬虫可以模拟人类用户在浏览器中的操作，如发送请求、解析网页和提取数据等。这种技术具有灵活性高、定制化强的特点，广泛应用于数据挖掘、市场分析等领域。

Python 爬虫架构主要由五个部分组成，分别是调度器、URL 管理器、下载器、解析器、应用程序（爬取的有价值数据），如图 3-13 所示。

（1）调度器，相当于一台电脑的 CPU，主要负责调度 URL 管理器、网页下载器、网页解析器之间的协调工作。

（2）URL 管理器，包括待爬取的 URL 地址和已爬取的 URL 地址，防止重复抓取 URL 和循环抓取 URL。URL 管理器主要通过内存、数据库、缓存

笔记

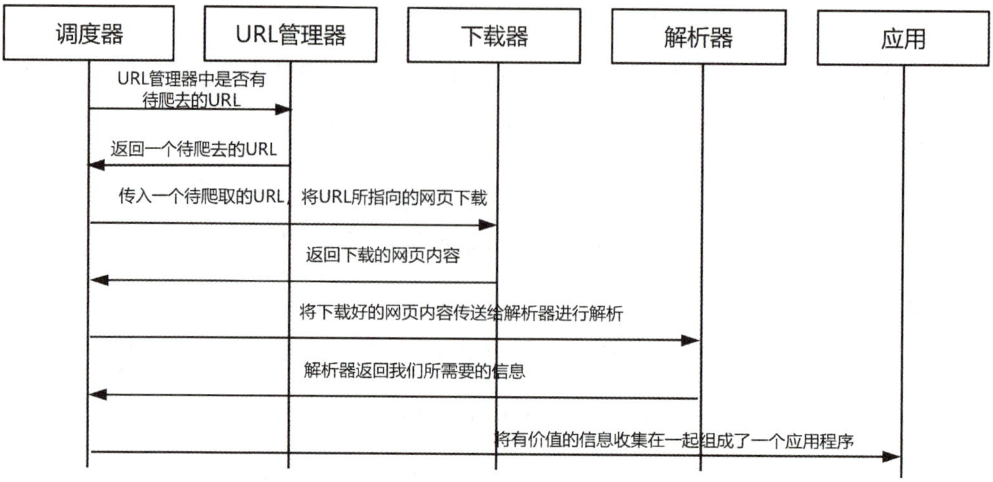


图 3-13　Python 爬虫架构

数据库来实现。

统一资源定位系统（URL）是因特网的万维网服务程序上用于指定信息位置的表示方法，最初是由蒂姆·伯纳斯·李发明用来作为万维网的地址，现在它已经被万维网联盟编制为互联网标准 RFC1738。

（3）下载器，它是爬虫架构中的关键组件，通过传入一个 URL 地址来下载网页，并将网页内容转换为字符串形式以便后续处理。在 Python3.x 中，可以使用 urllib.request 模块来实现网页下载功能，包括处理登录、代理和 cookie 等功能。此外，requests 是一个目前非常流行的第三方库，提供了更简洁和强大的接口，也常用于网页下载。

（4）解析器，将一个网页字符串进行解析，可以按照要求来提取出有用的信息，也可以根据 DOM 树的方式来解析。网页解析器有正则表达式（直观，将网页转成字符串通过模糊匹配的方式来提取有价值的信息，当文档比较复杂的时候，该方法提取数据的时候就会非常的困难）、html.parser（Python 自带的）、BeautifulSoup（第三方插件，可以使用 Python 自带的 html.parser 进行解析，也可以使用 lxml 进行解析，相对于其他几种来说要强大一些）、lxml（第三方插件，可以解析 xml 和 HTML），html.parser 和 BeautifulSoup 以及 lxml 都是以 DOM 树的方式进行解析的。

（5）应用，就是从网页中提取的有用数据组成的一个应用。

笔记

**提示**

统一资源定位系统（URL）是专为标志 Internet 网上资源位置而设置的一种编址方式，平时所说的网页地址指的即是 URL。统一资源定位符，是对可以从互联网上得到的资源的位置和访问方法的一种简洁的表示，是互联网上标准资源的地址。互联网上的每个文件都有一个唯一的 URL，它包含的信息指出文件的位置以及浏览器应该怎么处理它。

以上两种网络数据采集技术各有特点，选择哪种技术取决于具体需求和技术水平。无论是使用 Python 爬虫技术还是八爪鱼采集工具，都能够有效地获取互联网上的数据资源，为后续的数据分析和决策提供支持。

## 任务执行

### 一、利用八爪鱼数据采集工具进行数据采集

要求：使用八爪鱼数据采集工具，利用携程平台采集有关茅山景区的用户评价内容，包括用户 ID、评价等级、评价时间、IP 属地、评价内容。

利用八爪鱼数据采集工具进行数据获取实操说明

【操作步骤】

（1）浏览器打开携程，登录个人账号，搜索“句容茅山”，复制网页链接。

（2）打开八爪鱼数据采集工具，在任务地址中粘贴网页链接，如图 3-14 所示，点击【开始采集】。

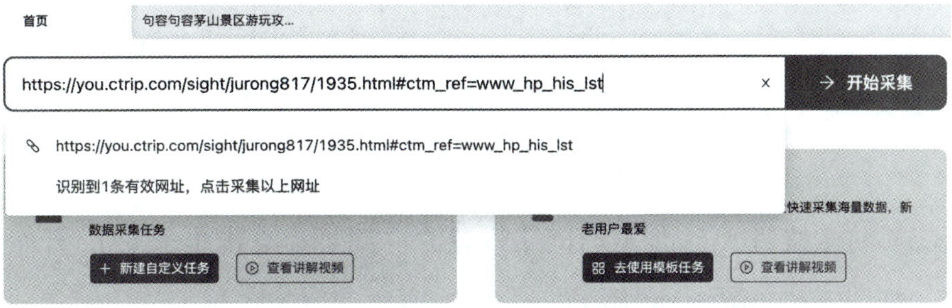


图 3-14　八爪鱼新建数据获取任务输入网页地址

（3）点击需要采集的字段，用户 ID、评价、内容、时间和 IP 等，如

笔记

图 3-15 所示，点击【选中全部相似元素】—【元素中数据内容】。

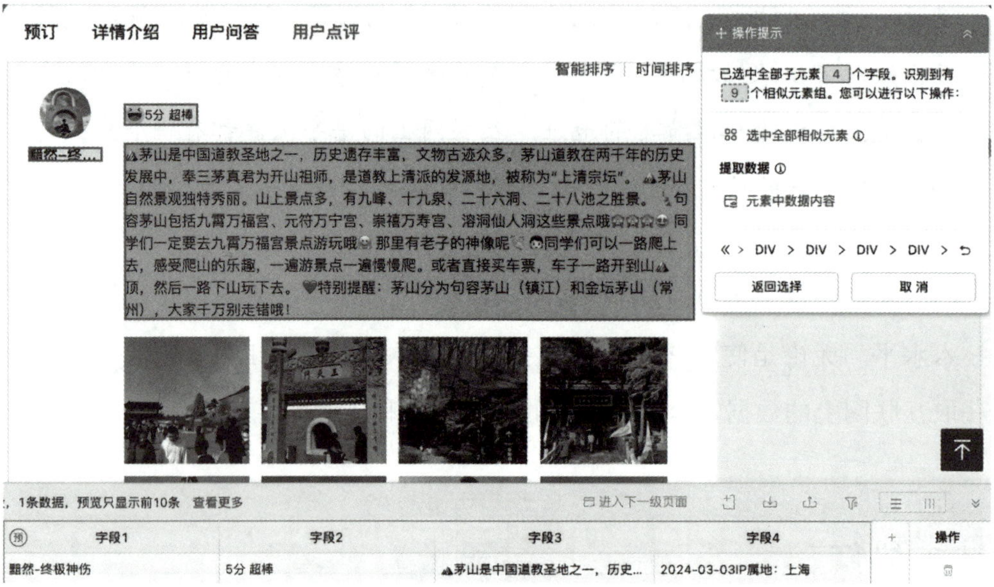


图 3-15　数据采集页面设置 1

（4）点击【下一页】，选中【操作提示】—【鼠标操作】—【循环点击下一页】，如图 3-16 所示。

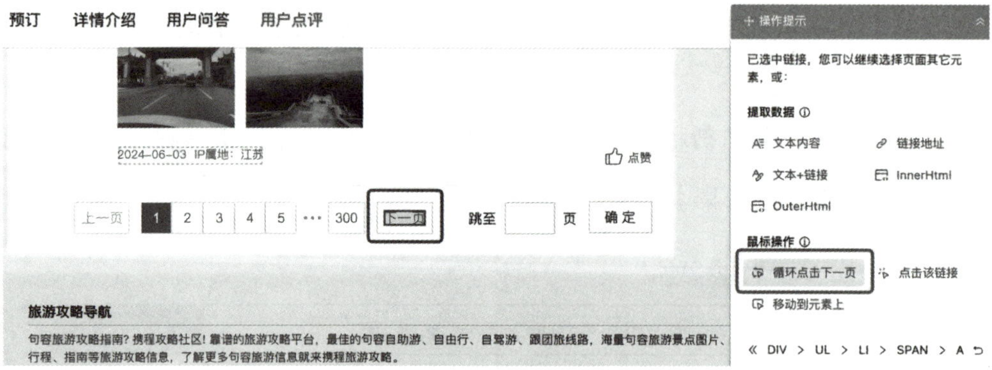


图 3-16　数据采集页面设置 2

（5）将【按钮 Ajax 加载时间】设置为“7 秒”，点击【采集】，开始数据采集，如图 3-17、图 3-18 所示。

笔记

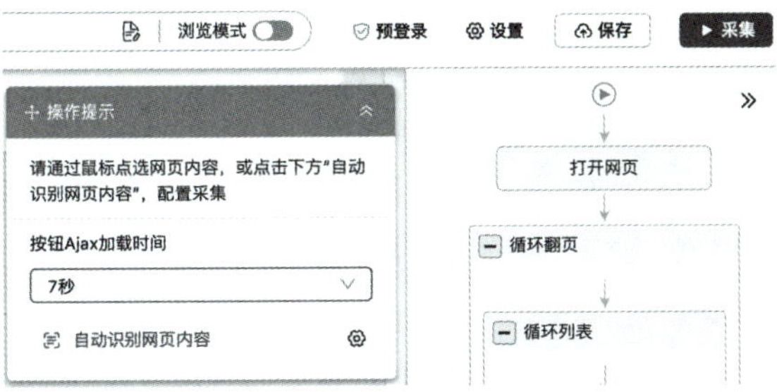


图 3-17　数据采集页面设置 3

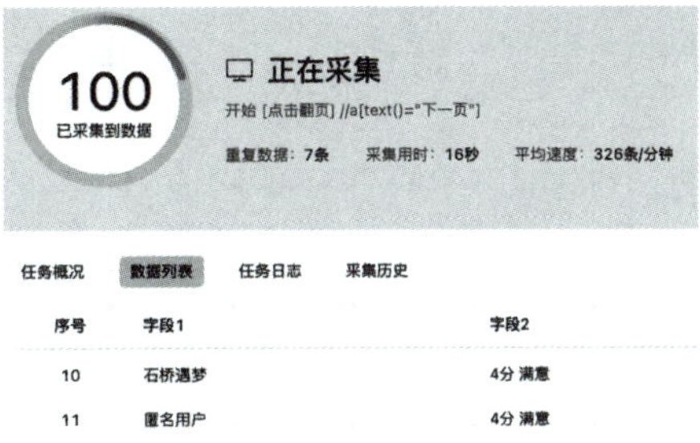


图 3-18　数据采集过程

（6）采集完成后导出去重数据，选择导出文件类型为“Excel（xlsx）”，如图 3-19、图 3-20 所示。

图 3-19　数据采集完成

图 3-20　数据采集完成后选择导出文件类型

## 二、利用 Python 程序设计语言进行数据采集

使用 Python 的 requests 库和 BeautifulSoup 库来爬取网页数据并解析，也可以获取携程平台有关茅山景区的用户评价内容数据。

（1）安装所需库。

配置好 Python 环境后，打开 PyCharm，新建项目后，新建 Python 文件，导入所需要的 requests 库、BeautifulSoup 库和 Pandas 库。

（2）编写代码。

完整代码如下：

```
import requests
from bs4 import BeautifulSoup
import pandas as pd
# 茅山景区在携程平台的 URL（请根据实际情况修改）
url="https://you.ctrip.com/sight/jurong817/1935.html#
ctm_ref=www_hp_his_lst"
```

笔记

```
# 发送请求，获取网页内容
response=requests.get(url)
content=response.text
# 使用 BeautifulSoup 解析网页内容
soup=BeautifulSoup(content,"html.parser")
# 查找用户评价相关内容（请根据实际情况修改）
reviews=soup.find_all("div",class_="comment_ctrip")
# 创建一个空的 DataFrame，用于存储数据
data=pd.DataFrame(columns=["num","userid","opinion",
"text","date","IP"])
# 遍历评论，提取所需信息并添加到 DataFrame 中（请根据实际情况
修改）
for review in reviews:
    num=review.find("span",class_="name").text
    userid=review.find("span",class_="rating").text
    opinion=review.find("span",class_="time").text
    text=review.find("span",class_="ip_location").text
    date=review.find("div",class_="e_comment_
content").text
    IP=""  # IP 地址需要额外处理，这里暂时设为空字符串
    data=data.append({"num": num,"userid": userid,"opinion":
opinion,"text": text,"date": date,"IP": IP},ignore_
index=True)
# 将数据保存到 Excel 文件中（请根据实际情况修改）
data.to_Excel("maoshan_reviews.xlsx",index=False)
```

笔记

## 任务小结

本任务介绍了采集旅游大数据的两种方法。利用八爪鱼工具，通过简单的界面操作抓取网页数据和采用Python编程方法，使用requests库和BeautifulSoup库高效地从网站中提取所需信息。这两种方法的结合不仅提高了数据采集的效率和灵活性，而且确保了数据来源的多样性和数据的可靠性，为深入分析提供了坚实的数据基础。本任务的知识点总结如图3-21所示。

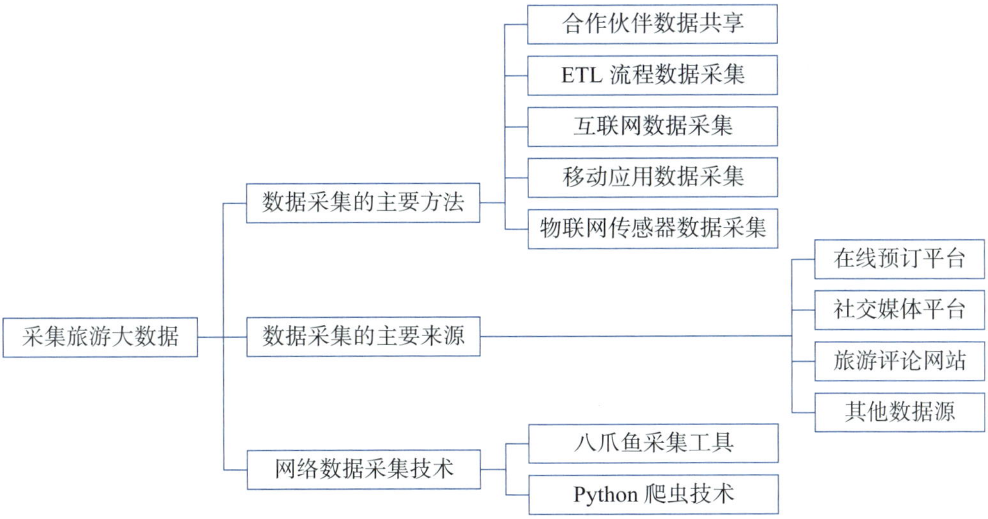


图3-21　项目三任务一小结

## 任务拓展

用八爪鱼数据采集工具进行数据采集，如果目标网站需要用户名和密码，并且需要的信息是登录后才能看到的，就必须先登录后再进行采集。

在客户端首页，输入登录网址，打开网页后，点击【浏览模式】按钮，进入浏览器模式，如图3-22所示。在浏览器模式下，和用普通浏览器访问网页完全一样：只可浏览网页数据，不可配置规则。如需编辑规则，再次点击【浏览模式】按钮，关闭浏览器模式。

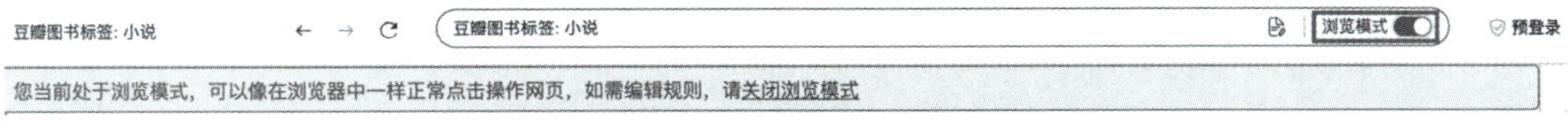


图3-22　八爪鱼浏览模式

笔记

## 任务测试

使用八爪鱼采集工具，采集南京牛首山在携程上的用户评论数据。具体要求如下：

（1）确定目标网站：携程网。

（2）定位目标页面：搜索南京牛首山的相关酒店或景点，进入其详细页面。

（3）设置抓取规则：选择“评论”选项卡，并设置抓取规则以提取评论内容、评分、评论时间等信息。

（4）导出数据：将抓取到的数据导出为 csv 格式文件。

笔记

# 任务二
# 清洗旅游大数据

## 任务引例

**清洗句容茅山景区的游客体验数据**

使用 Power Query 这一强大的数据清洗工具，对从携程平台获取的有关茅山景区的用户评价内容进行细致的预处理。Power Query 是 Excel 中的一款非常实用的数据连接与清洗工具，能够轻松地实现数据的导入、转换和整理，为后续的数据分析工作奠定坚实的基础。

任务要求：

（1）数据导入：将任务一中收集到的茅山景区用户评价数据导入 Power Query 中。包括游客的评分、评论内容、评价时间等关键信息。

（2）数据清洗：使用 Power Query 的多种功能，对数据进行必要的清洗操作。例如，可能需要去除或替换掉一些特殊字符，处理空值，转换数据类型，以及合并或拆分某些列。

（3）数据整理：确保数据按照规定的格式进行组织，比如将日期格式统一，将评分转换为适合分析的数值格式等。

（4）数据输出：完成上述步骤后，将清洗和整理好的数据输出到 Excel 中，以便进行后续的数据分析和可视化工作。

## 任务准备

数据预处理是确保数据质量和准确性的关键步骤，包括数据清洗、整合、

笔记

转换和规约等。良好的数据预处理不仅能提升数据质量，还能确保分析结果的准确性和可靠性。

## 一、Power Query 数据预处理

Power Query（简称 PQ），作为 Excel 的一个插件，提供了一种用户友好的图形界面，使得数据的导入、转换和清洗变得简单直观。用户可以通过点击和拖拽操作来加载、合并和重塑数据，而无需编写复杂的代码。它支持多种数据源，包括数据库、网站以及各类文件格式。Power Query 处理数据主要有三个阶段：数据获取/采集（数据查询）、数据清洗（处理）、数据上载。其中，最重要的是数据清洗，主要包括数据的增、删、查、改、排序、筛选、透视、逆透视等。

### （一）Power Query 数据获取/采集

进入 PQ 界面有直接启动和导入数据两种主要的方式。

（1）直接启动。打开 Excel，选择【数据】选项卡—【获取数据】—【启动 Power Query 编辑器】，如图 3-23 所示。

图 3-23　启动 PQ 的过程

（2）导入数据。选择【数据】选项卡—【获取数据】—【来自文件】或【来自数据库】，如图 3-24 所示。

笔记

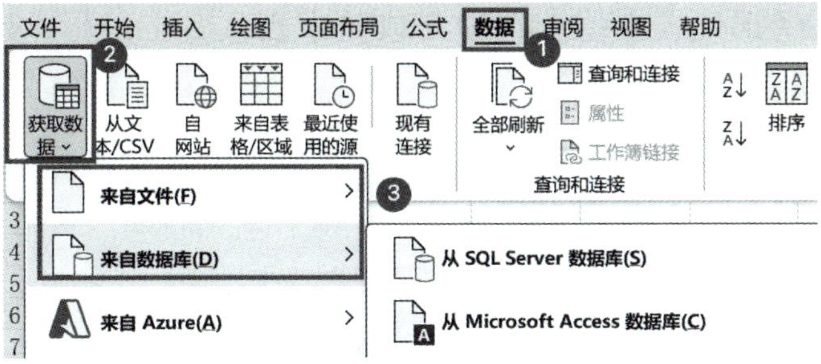


图 3-24　PQ 导入数据的过程

**提示**

常用的数据导入方式有本地文件导入、网站数据导入和数据库导入。

本地文件导入。格式有 txt、csv、xlsx 等。

网站数据导入。通过链接网站地址，获取对应的数据内容。

数据库导入。通过链接各种数据库，直接获取对应的数据内容。

### （二）Power Query 数据清洗

常用的数据清洗操作简列如下：

（1）更改数据类型。在 PQ 编辑器中，可以通过两种方式来更改数据类型。一种是选中存在问题的列，选择【转换】—【数据类型】，然后从列表中选择正确的数据类型，如图 3-25 所示；另一种方法是选择列标题旁的数据类型图标，然后从列表中选择正确的数据类型。

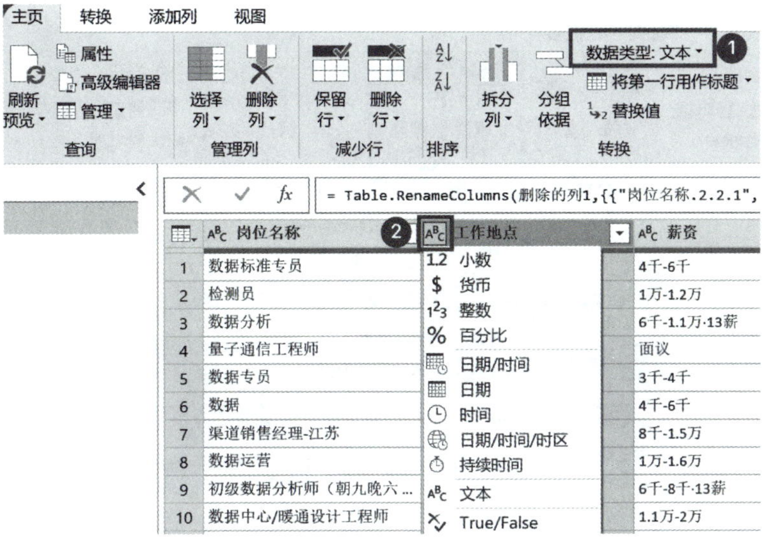


图 3-25　PQ 更改数据类型

笔记

（2）删除错误值、空值。选中列或整个表，右击鼠标，选择【删除错误】，如图 3-26 所示。

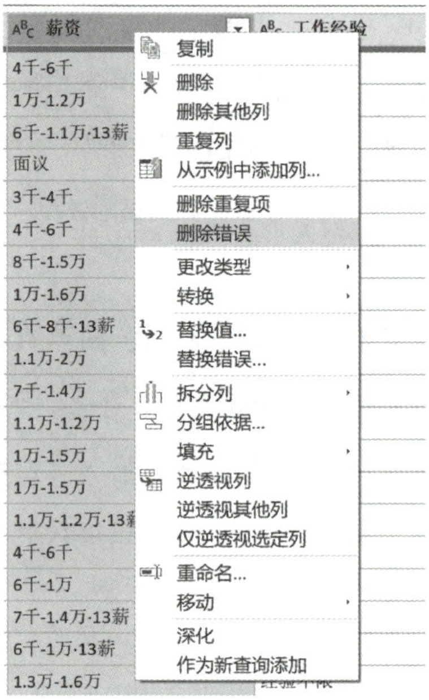


图 3-26　PQ 删除错误值

（3）删除重复项。在 PQ 编辑器中，可以通过两种方式来删除重复项。一种是选择需要删除的内容，选择【减少行】—【删除行】，然后从列表中选择【删除重复项】；另一种方法是，选择需要删除的内容，右击鼠标选择【删除重复项】，如图 3-27 所示。

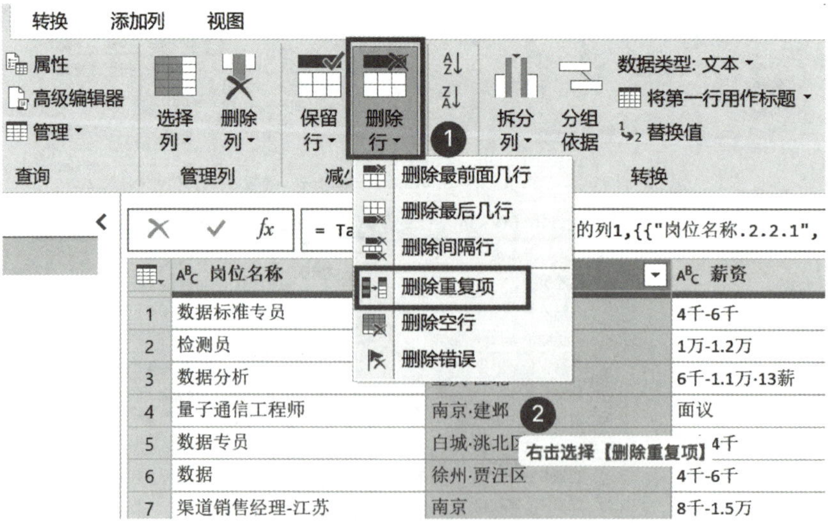


图 3-27　PQ 删除重复项

笔记

（4）填充。选择需要填充的列，选择【转换】—【填充】—【向上】或【向下】，如图 3-28 所示。

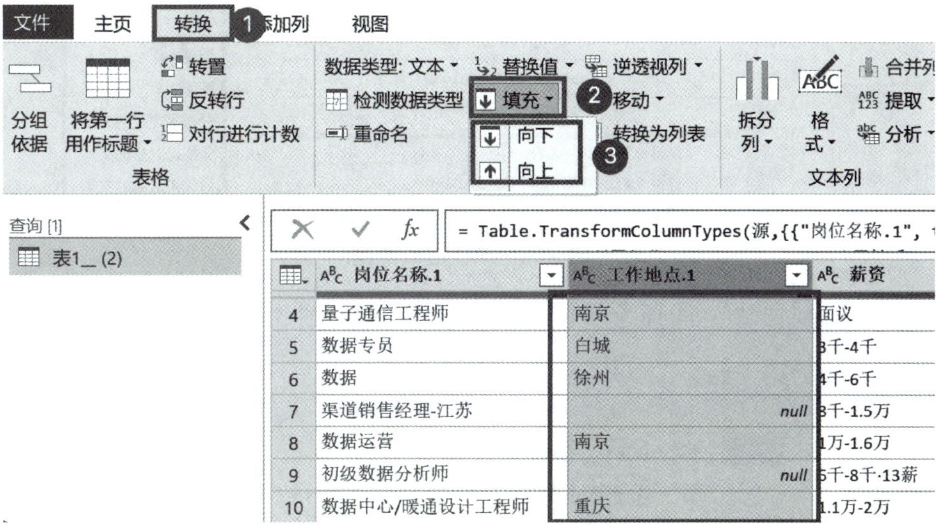

图 3-28　PQ 填充数据

（5）合并列。选择需要合并的列，选择【添加列】—【合并列】，在弹出的合并列对话框中选择合并方式即可完成合并，如图 3-29 所示。

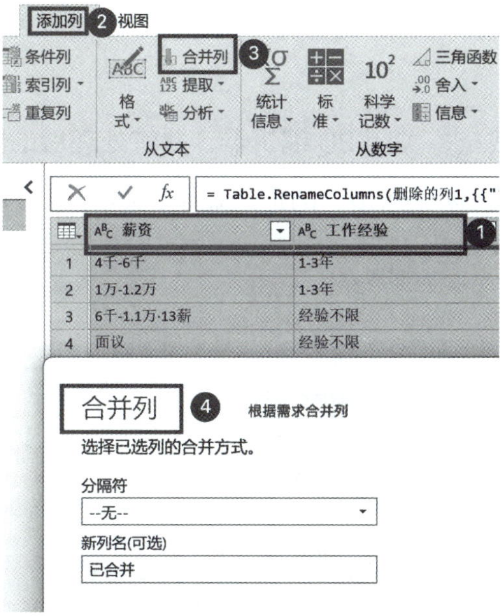

图 3-29　PQ 合并列

（6）提取。PQ 可以按照长度、首字符、尾字符、范围等来提取字符，选择【转换】—【提取】，在下拉列表中选择提取方式即可，如图 3-30 所示。

笔记

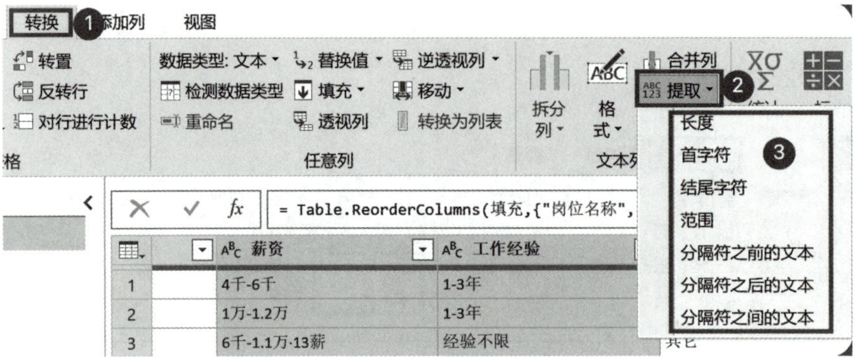


图 3-30　PQ 提取数据

（7）行列转置。选择【转换】—【转置】，如图 3-31 所示。注意转置前，需将标题降为第一行。

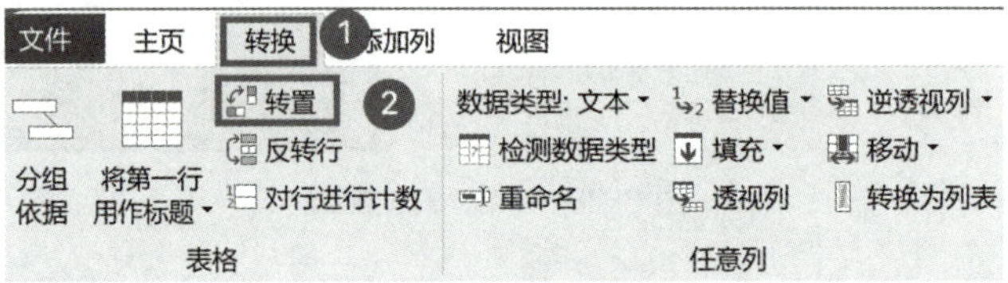


图 3-31　PQ 行列转置

（三）Power Query 数据上载

（1）关闭并上载。关闭 PQ 编辑器，并将处理后的数据加载到默认的 Excelsheet 页中。

（2）关闭并上载至。关闭 PQ 编辑器，并将处理后的数据以“表 / 数据透视表 / 数据透视图 / 仅创建连接”的形式显示，如图 3-32 所示。

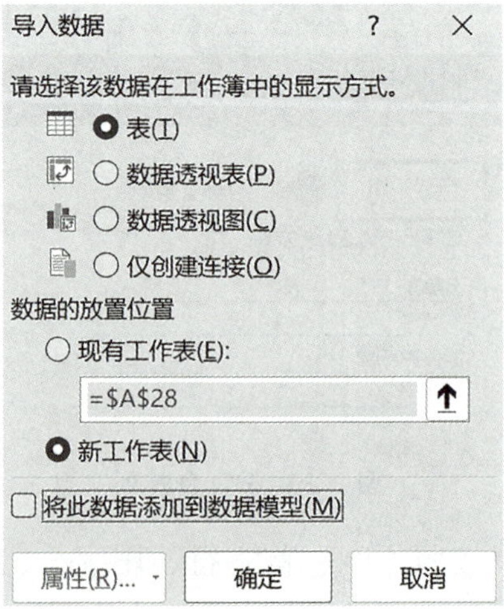


图 3-32　PQ 数据上载

笔记

## 二、Python 数据预处理

### （一）环境准备与库的导入

环境搭建，安装 Python 及必要的数据分析库，常用的库如 Pandas 和 NumPy，提供了强大的数据处理功能。

### （二）数据加载与初步检查

数据加载可以使用 Pandas 提供的 read_csv() 函数或其他类似函数来进行。具体由数据的存储格式决定，可以是 CSV、Excel、数据库等。加载数据后，使用 info() 和 describe() 等函数对数据进行初步检查，了解数据的基本结构、列的数据类型以及是否存在缺失值等问题。

### （三）数据清洗

（1）处理缺失值，使用 Pandas 提供的方法如 fillna() 来填充缺失值或使用 dropna() 来删除包含缺失值的行。选择哪种方法取决于缺失值的性质和分布。

（2）数据类型转换，在必要时，对数据类型进行转换，比如将字符串转换为数值类型，或调整日期格式。Pandas 提供了诸如 to_numeric() 和 to_datetime() 等函数来实现。

（3）处理重复数据，使用 duplicated() 函数查找并处理重复的行。可以选择删除重复行，或者根据具体需求保留一部分。

（4）异常值处理，通过统计分析方法识别和处理异常值。例如，可以利用 Pandas 的 between() 函数找到不在预期范围内的值。

### （四）数据变换与优化

为了提高数据分析的准确性，可能需要对数据进行规范化处理，如标准化或归一化数值数据，或对文本数据进行小写化和词干提取。创建或修改数据集中的某些列以更好地适应分析模型等，可能包括从现有数据中提取新特征，或组合多个列创建一个新特征。

### （五）数据索引与存储

为了更好地支持查询操作，可以在经常使用的列上设置索引。例如 Pandas 允许设置多重索引。最后清洗和处理完数据后，需要将数据存储起来以供进一步使用。可以使用 to_csv()、to_sql() 等函数将数据保存为不同的格式。

笔记

完整过程代码参考如下：

```
import pandas as pd
# 1. 加载数据
data =pd.read_csv('your_data.csv')
# 2. 初步检查
print(data.info())
print(data.describe())
# 3. 处理缺失值
data['column_name'].fillna(value=0, inplace=True)
# 4. 数据类型转换
data['column_name']=pd.to_numeric(data['column_name'],
errors='coerce')
# 5. 处理重复数据
data.drop_duplicates(subset=['column_name'],keep='first',
inplace=True)
# 6. 异常值处理
outliers=data[(data['column_name']<lower_bound)|
(data['column_name']>upper_bound)]
data=data[~data.index.isin(outliers.index)]
# 7. 数据规范化
data['normalized_column'] = (data['column_name']-
data['column_name'].mean())/data['column_name'].std()
# 8. 特征工程
data['new_feature']=data['column1']+data['column2']
# 9. 设置索引
data.set_index('index_column', inplace=True)
# 10. 存储数据
data.to_csv('cleaned_data.csv', index=False)
```

# 任务执行

使用 Power Query 进行数据清洗实操说明

笔记

## 一、使用 Power Query 进行数据清洗

使用 Power Query 数据清洗工具，对任务一中携程平台获取有关茅山景区的用户评价内容进行清洗处理。

（1）评价等级为数字格式，只保留分数即可。

（2）“评价日期和 IP”字段分为两个，分别是“日期”（日期格式）和“IP 属地”（保留地区名即可）。

【操作步骤】

（1）打开“句容茅山景区—携程评价数据 .xls”文件，选择【数据】—【获取和转换数据】—【来自表格 / 区域】，将数据用 PQ 打开，如图 3-33 所示。

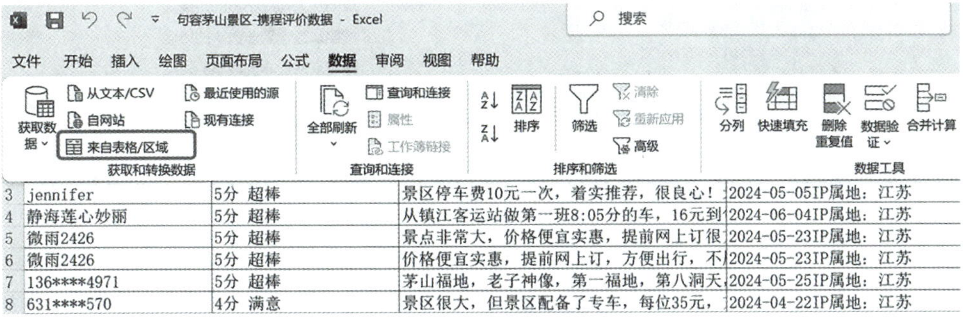


图 3-33　导入数据

（2）选择【评价等级】列—【主页】，单击【拆分列】—【按照从数字到非数字的转换】，将“评价等级”字段进行拆分，如图 3-34 所示。

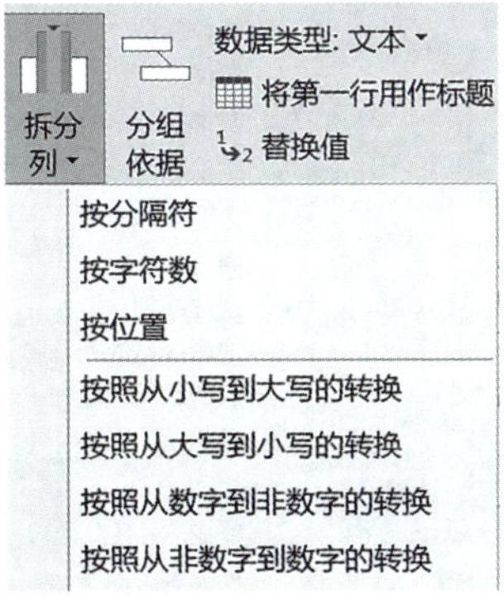


图 3-34　按照从数字到非数字的转换拆分数据

（3）选择【评价等级 .2】列，右击选择【删除】，如图 3-35 所示。

（4）选择【评价日期和 IP】列，单击【主页】—【拆分列】—【按字符数】，

笔记

字符数设置为“10”，如图 3-36 所示。

图 3-35 删除数据列 1

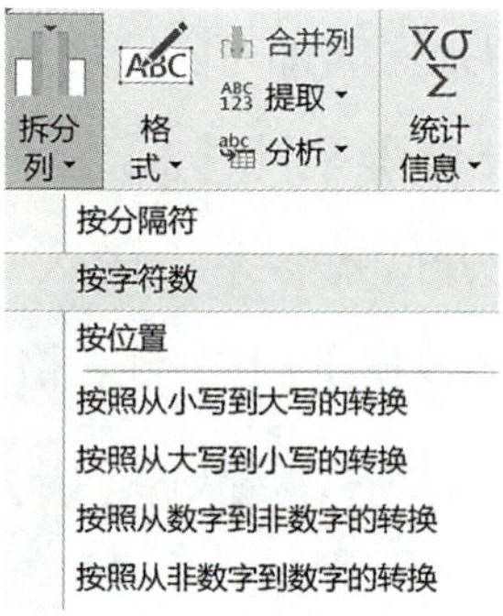


图 3-36 按字符数拆分数据

（5）选择【评价日期和 IP】列，右击【重命名】，改名为“日期”字段，如图 3-37 所示。

图 3-37 重命名数据列

（6）选择【评价日期和 IP.2】列，单击【主页】—【拆分列】—【按分隔符】，拆分位置选择“每次出现分割符时”，将 IP 属地中的地区分隔出来，如

图 3-38 所示，然后删除原【IP.1】列字段，如图 3-39 所示。

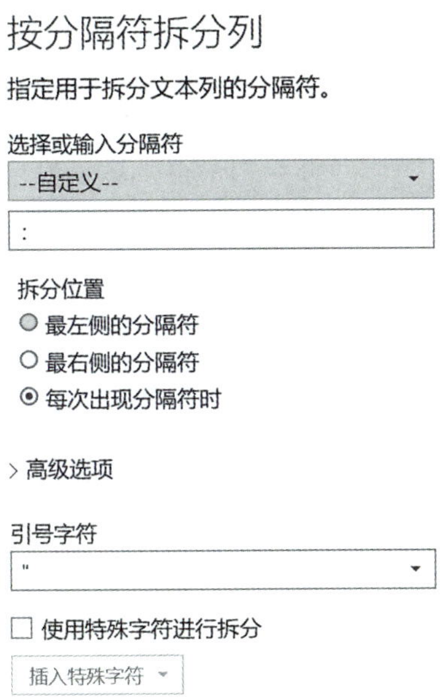


图 3-38　按分隔符拆分列

图 3-39　删除数据列 2

（7）修改完成后，关闭并上载，回到 Excel 文件中，如图 3-40 所示。

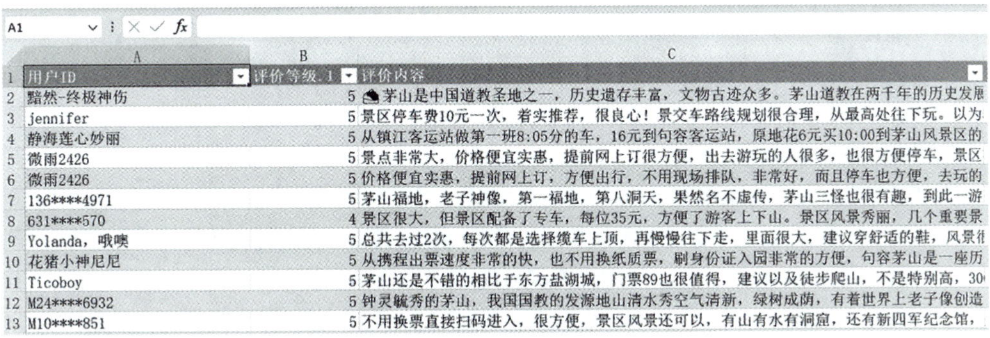


图 3-40　最终效果

## 任务小结

本任务主要介绍旅游大数据预处理的两种方法。一是利用 Power Query 进行数据预处理，二是使用 Python 及其强大的数据处理库（如 Pandas）进行更深入的数据操作和加工。重点是 Power Query 的讲解，它作为 Excel 的一个

笔记

功能强大的加载项，提供了直观的界面和丰富的数据转换功能。通过 Power Query，能够轻松地连接各种数据源，并对数据进行筛选、排序和类型转换等操作。本任务知识点总结如图 3-41 所示。

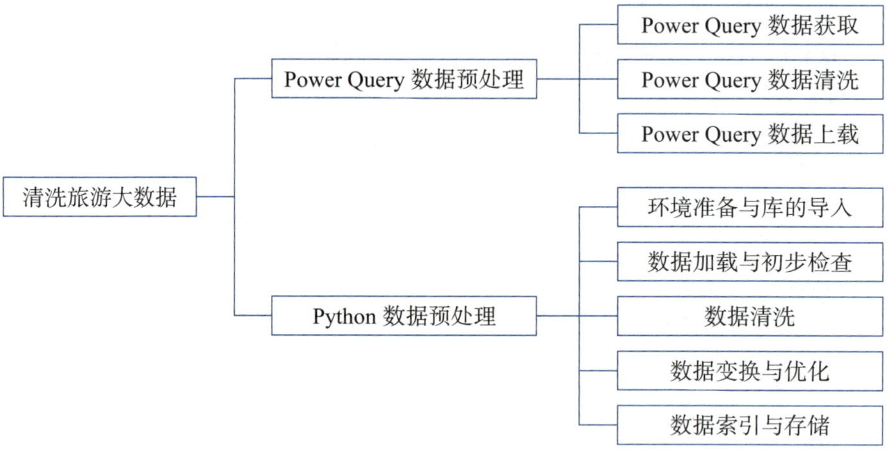


图 3-41　项目三任务二小结

## 任务拓展

Power Query“分组依据”功能，如图 3-42 所示。

图 3-42　“分组依据”功能

分组依据：指定一个作为分组计算的列字段。

新列名：计算之后新的列名。

操作：计算的方式，比如求和、平均值。

柱：需要进行计算的字段。

可以添加分组，添加多种计算方式。

## 任务测试

笔记

请使用 Power Query，将本项目任务一测试中取南京牛首山在携程上的用户评论数据进行清洗和预处理。具体要求如下：

（1）每个字段要求清晰明了，互不影响，有“用户 ID”“评价”“内容”“日期”和“IP 归属地”。

（2）设置日期字段为“日期”类型，评价字段为“整数”类型，其他字段为“文本”类型。

（3）清洗后关闭并上载至 Excel 文件。

笔记

# 任务三 存储旅游大数据

## 任务引例

**旅游企业的数据增长与管理**

A中型旅游企业，业务涉及旅游市场营销、导游服务和旅游产品开发。随着业务的发展，公司生成了大量的数据，包括文档、电子邮件、图片、视频和数据库数据。目前，这些数据分散在不同的硬盘和设备上，导致访问效率低下，数据安全性差，且备份恢复过程烦琐。现想实现快速可靠的数据访问和共享、高效的数据备份和容灾能力、易于管理和扩展的数据存储解决方案，同时适合中型企业预算。在联系相关公司后给出解决方案。具体如下：

（1）主要存储介质。部署一个企业级NAS系统，用于集中存储公司所有的关键数据。选择带有RAID配置的NAS以确保数据的冗余和高可用性。

（2）高性能存储。对于需要高速读写的数据库和应用，使用企业级SSD硬盘来提供足够的性能。

（3）远程工作和访问。通过VPN和虚拟桌面接口（VDI）技术，使远程员工能够安全地访问公司网络和数据。

（4）备份和容灾。设置定期的数据备份计划，将数据自动备份到物理磁带和云存储服务，确保在发生硬件故障、人为错误或其他灾难情况下数据不丢失。

（5）数据管理和监控。使用数据管理软件来监控数据使用情况，实施数据治理策略，并确保遵守相关的数据保护法规。

这个案例展示了如何通过结合不同的存储技术和策略来满足旅游企业在数据存储、访问、安全和管理方面的需求，同时考虑了性能、可扩展性和成本效益等。

笔记

## 任务准备

### 一、数据的存储模式

数据的存储模式常见的有以下三种：附加直接模式（Direct-Attached Storage，简称 DAS）、附加网络模式（Network-Attached Storage，简称 NAS）和存储区域网络模式（Storage Area Network，简称 SAN），如图 3-43 所示。

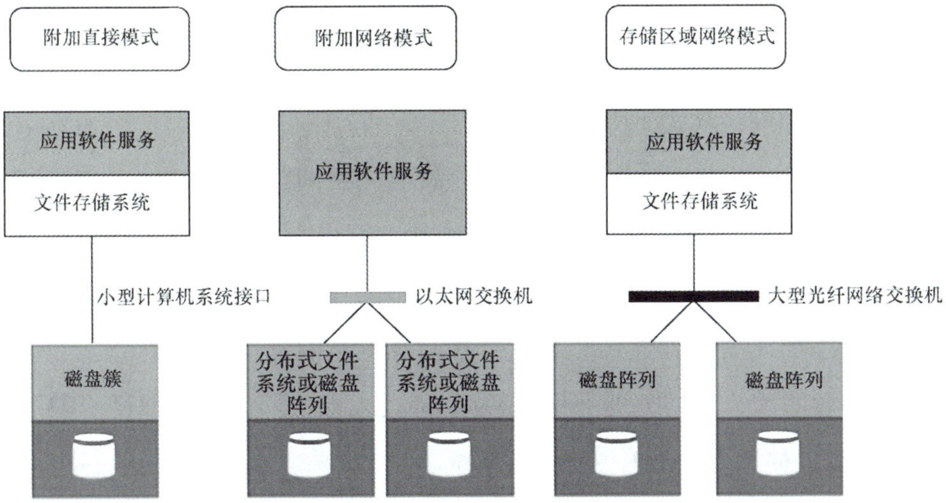


图 3-43　数据的存储模式

#### （一）附加直接模式（DAS）

DAS 是通过小型计算机系统接口（Small Computer System Interface，简称 SCSI）直接连接到一台服务器上使用，如图 3-44 所示。该模式主要依赖主机的操作系统来实现数据的读 / 写、管理、备份等工作。

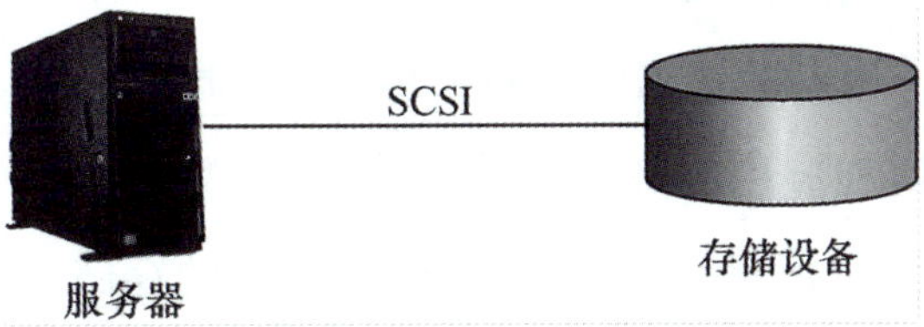


图 3-44　DAS 的运作模式

笔记

1. DAS 的优点

❶ 配置简单。DAS 购置成本低，配置简单，仅仅需要一个外接的 SCSI 接口。❷ 使用简单。使用方法与使用本机硬盘并无太大差别。❸ 应用广泛。在中小型企业中，应用十分广泛。

2. DAS 的缺点

❶ 扩展性差，在新的应用需求出现时，需要为新增的服务器单独配置新的存储设备。❷ 资源利用率低，不同的应用服务器存储的数据量随着业务发展出现不同，有部分应用存储空间不够，而另一些却有大量的存储空间。❸ 可管理性差，数据分散在应用服务器各自的存储设备上，不便于集中管理、分析和使用。❹ 异构化严重，企业在发展过程中采购不同厂商、不同型号的存储设备，设备之间的异构化严重，维护成本很高。❺ SCSI 接口处理能力会成为数据读 / 写的瓶颈。

### （二）附加网络模式（NAS）

NAS 存储设备带有操作系统，也叫做网络文件服务器。NAS 设备直接连接到传输控制协议 / 网际协议（简称 TCP/IP）网络上，网络服务器通过 TCP/IP 网络存取与管理数据。

1. NAS 的优点

❶ 即插即用，容易部署，把 NAS 设备接入以太网就可以使用。❷ 支持多平台，可以使用 Linux 等主流操作系统。

2. NAS 的缺点

❶ NAS 设备与客户机通过以太网连接，它使用网络进行数据的备份和恢复，因此数据存储或备份时都会占用网络带宽。❷ NAS 存储数据通过普通数据网络传输，因此容易产生数据泄漏的安全问题。❸ NAS 只能以文件级访问，不适合块级的应用。

### （三）存储区域网络模式（SAN）

SAN 是一个采用网状通道（Fibre Channel，简称 FC）技术，通过 FC 交换机连接存储阵列和应用服务器，建立专用于数据存储的区域网络，如图 3-45 所示。其支持数以百计的磁盘，提供了海量的存储空间，解决了大容量存储问题，这个海量空间可以从逻辑层面上按需要分成不同大小的逻辑单元，

笔记

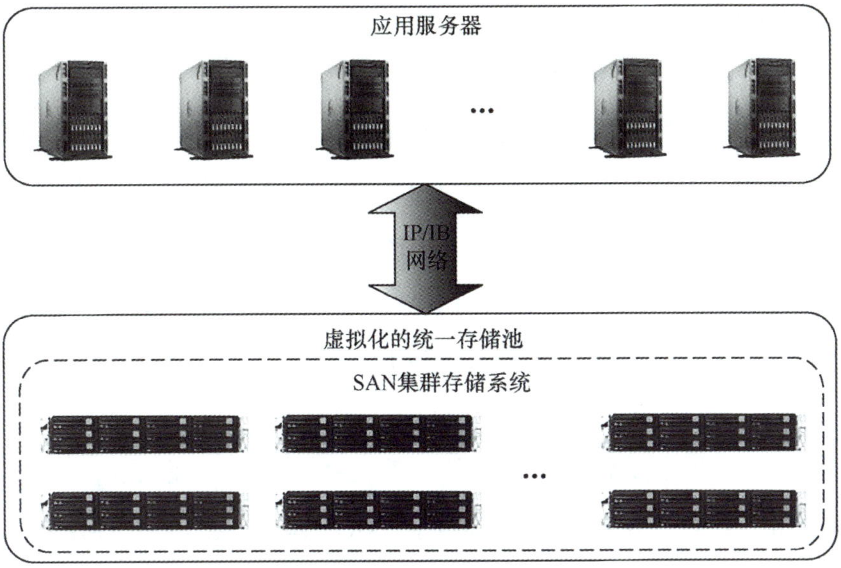


图 3-45　SAN 的运作模式

再分配给应用服务器。

1. SAN 的优点

❶ 传输速度快。SAN 采用高速的传输媒介，并且 SAN 网络独立于应用服务器系统之外，因此存取速度很快。❷ 扩展性强。SAN 的基础是一个专用网络，增加一定的存储空间或增加几台应用服务器，都非常方便。❸ 磁盘使用率高。整合了存储设备和采用了虚拟化技术，因而整体空间的使用率大幅提升。

2. SAN 的缺点

❶ 价格贵。不论是 SAN 阵列柜还是 SAN 必需的光纤通道交换机，其价格都是十分昂贵的，就连服务器上使用的光通道卡的价格也是不易被小型企业所接受的。❷ 异地部署困难。需要单独建立光纤网络，异地扩展比较困难。

## 二、数据的存储管理系统

### （一）关系型数据库

关系型数据库，是指采用了关系模型来组织数据的数据库，其以行和列的形式存储数据，以便于用户理解，关系型数据库这一系列的行和列被称为表，一组表组成了数据库。用户通过查询来检索数据库中的数据，而查询是一个用于限定数据库中某些区域的执行代码。关系模型可以简单理解为二维表格模型，而一个关系型数据库就是由二维表及其之间的关系组成的一个数据组织。目前市场上常见的关系型数据库产品包括 Oracle、SQL Server、

笔记

MySQL、DB2 等。

1. Oracle 数据库管理系统

Oracle 数据库管理系统是美国 Oracle（甲骨文）公司提供的以分布式数据库为核心的一组软件产品，是最流行的客户 / 服务器（C/S）或浏览器 / 服务器（B/S）体系结构的数据库之一。Oracle 作为一个通用的数据库系统，它具有完整的数据管理功能；作为一个关系数据库，它是一个完备关系的产品；作为分布式数据库它实现了分布式处理功能。

2. SQL server 数据库管理系统

SQL Server 是由微软公司开发的一款关系数据库管理系统，它广泛应用于电子商务、银行、保险、电力等行业。SQL Server 提供对 XML 和 Internet 标准的支持，具有强大的、灵活的、基于 Web 的应用程序管理功能，而且界面友好、易于操作。

3. MySQL 数据库管理系统

MySQL 是由瑞典的 MySQL AB 公司开发的数据库管理系统。MySQL 是以客户端 / 服务器（C/S）模式实现的，支持多用户、多线程。MySQL 社区版是开源的，任何人都可以获得该数据库的源代码并修正缺陷。

4. IBM Db2 数据库管理系统

IBM Db2 是由 IBM 公司研制的一款大型关系数据库管理系统，其主要的运行环境为 UNIX（包括 IBM 的 AIX）、Linux、IBM i（旧称 OS/400）、z/OS 以及 Windows 服务器版本，具有较好的可伸缩性。IBM Db2 保证了高层次的数据利用性、完整性、安全性和可恢复性以及小规模到大规模应用程序的执行能力，适合于海量数据的存储。

### （二）分布式数据库

HBase 是一种开源的分布式列式数据库，它是 Apache Hadoop 项目的一部分，基于 Google BigTable 的设计思想和数据模型。HBase 可以处理非常大的数据集，并提供高可扩展性和高可用性。它通常用于存储半结构化和非结构化数据，例如日志、社交媒体数据和传感器数据等。

### （三）数据仓库

数据仓库（Data Warehouse）是一个面向主题的、集成的、相对稳定的、

笔记

反映历史变化的数据集合，用于支持管理决策。

（1）面向主题。操作型数据库的数据组织面向事务处理任务，而数据仓库中的数据是按照一定的主题域进行组织。主题是指用户使用数据仓库进行决策时所关心的重点方面，一个主题通常与多个操作型信息系统相关。

（2）集成。数据仓库的数据来自分散的操作型数据，将所需数据从原来的数据中抽取出来，进行加工与集成、统一与综合之后才能进入数据仓库。

（3）相对稳定。数据仓库是不可更新的，它主要是为决策分析提供数据，所涉及的操作主要是数据的查询。

（4）反映历史变化。在构建数据仓库时，会每隔一定的时间（如每周、每天或每小时）从数据源抽取数据并加载到数据仓库。

### （四）云存储

云存储是一种新兴的网络存储技术，指通过集群应用、网络技术或分布式文件系统等功能，借助应用软件将网络中大量各种不同类型的存储设备集合起来协同工作，共同对外提供数据存储和业务访问功能的一种服务。

云存储可以通过虚拟化技术解决存储空间的浪费，重新自动分配数据，提高了存储空间的利用率，同时云存储能够实现规模效应和弹性扩展，降低运营成本，避免资源浪费。

## 任务小结

本任务主要介绍了常见的数据存储模式以及数据存储管理系统，本任务知识点总结如图 3-46 所示。

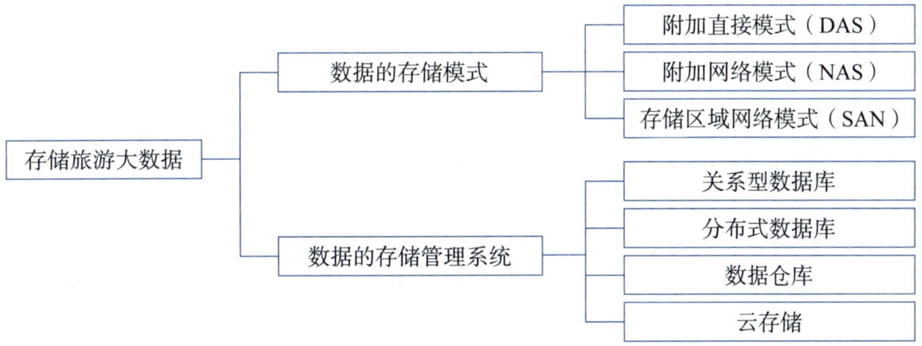


图 3-46　项目三任务三小结

笔记

## 任务拓展

HBase 和传统关系数据库有着显著的差异。

（1）数据模型。传统关系数据库采用表格形式存储数据，每个表格包含若干行和列，每行代表一个记录，每列代表一个属性。数据必须严格遵守预定义的数据结构和数据类型，需要进行关系建模，定义表结构和约束等。而 HBase 采用面向列族（Column Family）的数据模型，将数据按照列族分组存储，每个列族可以动态添加新的列，数据无需预先定义表结构和约束，更加灵活自由。

（2）存储引擎。传统关系数据库采用 B+ 树等索引结构进行数据存储和查询，支持事务和 ACID 特性，保证数据的一致性和可靠性。而 HBase 采用 Hadoop 基础设施和 HDFS 进行底层存储，支持分布式存储和处理，具有高扩展性和高可用性，但不支持事务和 ACID 特性。

（3）数据访问。传统关系数据库采用 SQL 语言进行数据访问和查询，具有较高的查询效率和灵活性，支持多种查询操作和聚合函数。而 HBase 采用 Java API 或 HBase Shell 进行数据访问和查询，需要编写代码或命令操作，相对于 SQL 语言来说，使用上更加复杂，查询效率也相对较低。

（4）应用场景。传统关系数据库适用于需要进行高度规范化和事务控制的场景，如金融、电商等领域。而 HBase 适用于需要进行海量数据存储和实时查询的场景，如社交网络、物联网等领域。

HBase 和传统关系数据库各有优势，应根据具体的应用场景和需求进行选择。如果需要进行高度规范化和事务控制，则传统关系数据库更为适合。如果需要进行海量数据存储和实时查询，则 HBase 更为适合。

## 任务测试

### 一、判断题

1. Hadoop Distributed File System（HDFS）是一种用于大数据存储的分布式文件系统。（　　）

笔记

2. 在大数据存储中，数据的持久化是指将数据保存在易失性设备中。（　　）

3. 云存储是一种基于互联网的存储服务，用户可以通过网络访问存储在云端的数据。（　　）

4. SQL Server 是一种关系型数据库管理系统，它支持事务处理和复杂查询，并且可以通过 SQL（结构化查询语言）进行数据操作。（　　）

## 二、单项选择题

1. 大数据存储的主要目的是（　　）。

A. 备份数据

B. 永久保存数据

C. 为后续的数据分析与应用提供基础

D. 节省存储空间

2. 下列存储类型中，更适合处理海量数据的是（　　）。

A. 文件存储（NAS）　　B. 块存储

C. 对象存储　　D. 关系数据库

3. 在大数据环境中，非关系型数据库相比关系型数据库的主要优势是（　　）。

A. 支持 SQL 查询　　B. 数据完整性强

C. 可扩展性强　　D. 实时事务处理

笔记

# 项目四

## 旅游大数据挖掘与分析

### 职业能力目标

1. 能够运用 Python 语言及 Scikit-learn、TensorFlow 等机器学习库，构建并训练适用于旅游行业的预测和分析模型。同时，具备对模型性能进行评估和解释的能力，为旅游企业提供决策支持，助力其精准把握市场动态和客户需求。

2. 能够熟练掌握文本挖掘技术，运用机器学习相关方法和工具对旅游领域的文本数据进行深度分析，提取关键信息、识别情感倾向，为旅游企业提供舆情监控等方面的支持。

3. 能够根据旅游大数据分析的结果，结合行业知识和经验，提出具有针对性、建设性的建议。这些建议涵盖旅游产品开发、市场营销策略、服务优化等多个方面，旨在帮助旅游企业提升竞争力，实现可持续发展。

### 典型工作任务

1. 根据业务需求，运用 Python 语言和相关库进行数据处理和分析，提取有价值的信息，并生成直观的数据可视化报告。

2. 运用机器学习算法和工具，构建适用于旅游行业的预测和分析模型，对模型进行调参和优化，提高模型的准确率和泛化能力。

3. 利用文本挖掘技术，对旅游领域的文本数据进行深度分析，提取关键信息，识别用户情感倾向，为旅游企业提供舆情监控支持。

笔记

# 任务一
# 认识大数据模型

## 任务引例

**景区游客流量预测模型构建与分析**

在当今数字化时代，旅游行业与数据的联系日益紧密。随着旅游业的蓬勃发展，景区游客流量的精准预测成为提升旅游管理效率、优化资源配置以及增强游客体验的关键需求。以某著名旅游景区为例，其每日面临着大量游客的涌入，游客流量受到多种复杂因素的综合影响，如日期特征（年份、月份、星期、节假日等）、天气状况、景区票价、线上营销投入以及周边旅游事件等。这些因素相互交织，使得游客流量呈现出复杂的变化规律，传统的经验判断和简单统计方法已难以满足精准预测的要求。

因此，本任务旨在构建景区游客流量预测模型，通过介绍多种模型在该实际场景中的应用，揭示不同模型的原理差异与特点，为旅游行业的科学决策提供有力支持。具体要求如下：

分别运用线性回归、决策树、K- 近邻算法、支持向量回归、随机森林、自适应提升模型构建游客流量预测模型，详细阐述各模型的原理、算法流程以及在任务中的具体应用步骤。

## 任务准备

### 一、线性回归模型

线性回归（Linear Regression）是一种用于描述两个或多个变量之间线性

笔记

关系的统计模型，旨在找出变量之间的线性关系，通过拟合一条直线（或超平面）来预测目标变量。假设影响因素与预测目标之间存在稳定的比例关系，线性回归如同用直尺在散点图上画一条最贴合所有点的直线。比如预测咖啡店营业额，可以认为每天的客流量乘以人均消费金额，再加上固定成本就是总营业收入。这种模型特别适合处理像“温度与饮料销量”“广告投入与转化率”等具有明显线性趋势的场景。在实际旅游数据分析中，景区门票价格与游客数量的基础关系就常采用线性回归建模。

## 二、决策树模型

决策树（Decision Tree）是一种基于树结构的机器学习算法，可用于分类和回归任务。它通过对数据集进行递归划分，将数据分解成多个小的子集，每个子集对应树的一个节点，直到每个子集都可以用一个简单的规则进行描述。决策树模仿人类做选择的思考过程，通过一系列精细化的“如果……那么……”问题层层筛选。例如规划一日游路线时的决策：如果是亲子游→选择动物园；如果是情侣→考虑浪漫景点；如果遇雨天→增加室内项目。每个决策节点都像旅游顾问提出的筛选问题，最终叶节点给出具体推荐方案。在景区管理中可以用于判断“是否启动限流措施”，基于实时人流量、天气、节假日等多条件判断。

## 三、K-近邻算法模型

K-近邻算法（K-Nearest Neighbors，简称KNN）是一种基于距离度量的机器学习算法，可用于分类和回归任务。它将一个新的数据点分配给最接近它的k个数据点的类别（分类任务）或计算其k个近邻的平均值（回归任务）。KNN采用“以史为鉴”的预测方式，不建立抽象模型，而是直接调用历史相似案例。就像酒店定价时参考周边同档次酒店最近成交价：找出3家最相似的（同星级、同地段、同房型），取平均价作为定价依据。在预测新开发景区的首月客流时特别有用，通过比对同类景区开业初期的数据（宣传力度、开放面积、交通条件）做出预估。

## 四、支持向量回归模型

支持向量回归（Support Vector Regression）是支持向量机在回归问题上的扩展应用。它通过寻找一个最优的回归超平面，使得数据点在该超平面附近一定的范围内，并且最大化这个范围的边缘。支持向量回归致力于寻找包容性最强的预测区间，允许结果在一定范围内波动。类比航空公司经济舱定价策略：忽略头等舱和特价票的极端值，聚焦占 80% 的主流价格区间。在预测酒店旺季价格时，即使个别房间被炒到天价，模型仍能给出合理价格区间。这种特性使其在含 10% ～ 15% 异常值的旅游数据中表现优异。

笔记

### 五、随机森林模型

随机森林（Random Forest）是一种集成学习算法，它通过构建多个决策树并将它们的预测结果进行组合来进行预测。每棵决策树都是在对数据集进行有放回抽样（自助采样）得到的子数据集上进行训练的，并且在每个节点上只随机选择一部分特征进行划分。随机森林如同组建专家评审团，每棵决策树专注不同维度的数据特征。就像评估景区综合价值时，有的专家侧重生态环境指标，有的专注文化独特性，最终投票得出综合评价。在实际应用中，通过分析数百棵树的分裂方式，可以识别出交通便利性比餐饮价格对游客满意度影响更大的关键洞察。

### 六、自适应提升模型

自适应提升（AdaBoost）模型是一种集成学习算法，它通过迭代地训练一系列弱模型（通常是决策树），并将这些弱模型组合成一个强模型来进行预测。在每次迭代中，自适应提升模型会根据前一轮模型的预测结果调整样本的权重，使得下一轮模型更加关注那些被前一轮模型错误预测的样本。自适应提升模型像智能教练制订训练计划，通过分析前次预测错误，动态调整后续训练重点。类比旅行社优化行程安排：首次团队反馈购物点太多→减少购物点；二次反馈餐饮不佳→升级餐厅；最终形成满意度均衡的路线。这种机制使其在预测特殊时段的客流时，能快速适应新的数据模式。

## 任务小结

本次任务围绕精准预测景区游客流量模型构建展开工作。将构建好的模型应用于实际景区游客流量预测场景，为景区管理方提供客流预警、资源分配优化、游览路线规划等决策支持，助力景区提升运营效率、优化游客体验，

笔记

实现可持续发展与精细化管理，同时为后续模型的持续改进积累实践经验与数据反馈。本任务知识点总结如图 4-1 所示。

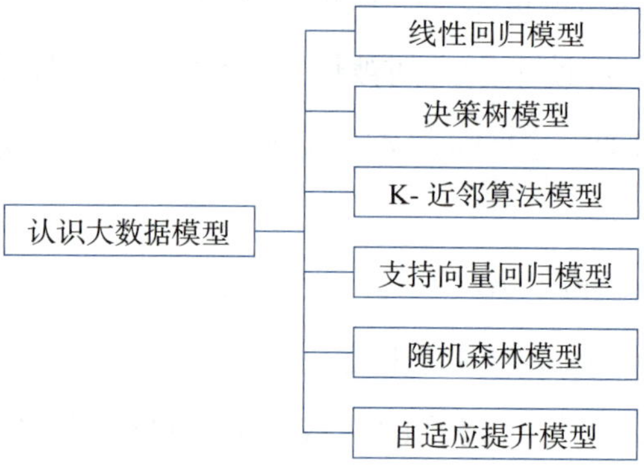


图 4-1 项目四任务一小结

## 任务拓展

聚焦国内外知名的旅游景区管理运营案例，如迪士尼乐园、故宫博物院等大型综合性景区，研究它们在游客流量预测及管控方面的创新举措与成熟经验。深入剖析这些景区如何整合多源数据，包括门票预订系统数据、园区内实时监控数据、社交媒体舆情数据以及历史游客流量数据等，构建更为精准且具有前瞻性的游客流量预测模型。

探讨如何借助大数据分析技术挖掘游客行为模式背后的潜在规律，例如不同季节、不同时间段、不同景点组合下的游客游览偏好和流动趋势，从而为景区的资源调配、设施规划以及服务优化提供科学依据。研究这些景区在应对旅游高峰期游客流量激增时的应急调控策略，如何通过智能疏导系统、分时预约机制以及动态价格调整等手段，实现游客流量的均衡分布，保障游客的游览体验和景区的安全有序运营。

调研在游客流量预测模型的持续优化与更新方面的投入和机制，如何根据实时数据反馈及时调整模型参数，以适应旅游市场的变化、游客需求的演变以及突发事件的影响。同时，关注这些景区如何利用预测模型成果与周边交通、餐饮、住宿等相关产业进行协同合作，实现全域旅游资源的有效整合与联动发展，提升整个旅游生态系统的运行效率和经济效益。

## 任务测试

笔记

### 一、判断题

1. 线性回归模型要求自变量与因变量之间呈线性关系，若实际关系非线性，模型预测效果会大打折扣。（　　）

2. 决策树模型在构建过程中，通过节点分裂逐步细化数据划分，直观展示决策路径，易于理解数据如何被分类或预测。（　　）

3. K-近邻算法计算待预测样本与训练集中所有样本的距离，当训练集规模极大时，计算量会显著增加，导致效率低下。（　　）

4. 自适应提升模型虽然通过调整样本权重提升弱分类器性能，但训练过程涉及多次迭代，对大规模数据训练耗时较长。（　　）

5. 随机森林由多个决策树组成，集成学习能降低单个决策树错误的影响，提高整体模型的鲁棒性。（　　）

### 二、单项选择题

1. 在景区游客流量预测中，线性回归模型更适用于（　　）数据特征。

A. 游客流量与影响因素之间呈现复杂的非线性关系

B. 游客流量数据波动剧烈且无规律

C. 游客流量与多个影响因素之间存在近似线性关系

D. 游客流量数据只有少量样本且噪声极大

2. 决策树模型在景区游客流量预测中，若过度生长可能导致（　　）。

A. 模型对训练数据拟合不足

B. 模型过于简单，无法捕捉数据规律

C. 模型对新数据预测准确率极低（过拟合）

D. 模型忽略数据中的关键特征

3. 关于K-近邻算法用于景区游客流量预测，下列说法正确的是（　　）。

A. 该算法不需要对数据进行预处理

B. 距离度量方式对预测结果没有影响

C. 增加训练数据集量一定会提高预测精度

D. 对数据的局部结构有较好的捕捉能力

笔记

4. 支持向量回归在景区游客流量预测中，通过核函数主要解决（ ）问题。

A. 提高模型的计算速度

B. 处理游客流量数据中的缺失值

C. 将非线性问题转化为线性问题求解

D. 减少模型所需的训练样本数量

5. 随机森林算法用于景区游客流量预测时，其随机性体现在（ ）方面。

A. 只对训练样本进行随机采样

B. 只对特征进行随机选择

C. 既对训练样本随机采样，又对特征随机选择

D. 对样本和特征都不进行随机操作

笔记

# 任务二
# 分析旅游大数据

## 任务引例

**江苏省旅游景点热度预测分析**

江苏某旅游景区需要预测旅游景点热度来提升游客体验，支撑旅游行业科学决策。该景区通过预测景点热度，精准地把握市场动态，制定更加科学的旅游规划和营销策略。通过预测结果，可以合理调配旅游资源，优化服务设施，提升整体接待能力。此外，该景区根据预测数据，推出有针对性的优惠活动或新产品，吸引更多游客前来游览，进一步推动旅游业的繁荣发展。

本案例根据江苏省旅游景点的数据对江苏省旅游景点热度进行预测，要求如下：

（1）采用线性回归、决策树、K- 近邻算法、支持向量回归、随机森林、自适应提升模型，分别对旅游景点热度进行预测。

（2）通过平均绝对误差（MAE）、均方误差（MSE）以及 R 方值（$R^2$）三个评价指标来衡量六个机器学习模型在预测江苏景点热度方面的性能，给出最优模型。

## 任务准备

### 一、线性回归模型

在 Python 中，通常使用 sklearn.linear_model 模块中的 LinearRegression

笔记

类来实现。使用过程中首先导入所需的库，如 import numpy as np、import pandas as pd、from sklearn.linear_model import LinearRegression 等；然后准备数据，将数据集分为特征矩阵和目标变量；创建线性回归模型对象，例如 model = LinearRegression()；使用训练数据拟合模型，model.fit（X_train, y_train），其中（X_{train}）和（y_{train}）是训练集的特征和目标变量；最后使用训练好的模型进行预测，y_pred = model.predict（X_test），（X_{test}）是测试集的特征。

## 二、决策树模型

在 Python 中，可以使用 sklearn.tree 模块中的 DecisionTreeClassifier（分类任务）或 DecisionTreeRegressor（回归任务）类来实现。在使用方法中首先导入相关库，如 from sklearn.tree import DecisionTreeRegressor（回归任务）或 from sklearn.tree import DecisionTreeClassifier（分类任务）；准备数据，将数据集分为特征和目标变量；创建决策树模型对象，例如 model = DecisionTreeRegressor()（回归）或 model = DecisionTreeClassifier()（分类）；使用训练数据拟合模型，model.fit（X_train, y_train）；最后进行预测，y_pred = model.predict（X_test）。

## 三、K-近邻算法模型

在 Python 中，可以使用 sklearn.neighbors 模块中的 KNeighborsClassifier（分类任务）或 KNeighborsRegressor（回归任务）类来实现。使用时需导入相关库，如 from sklearn.neighbors import KNeighborsRegressor（回归任务）或 from sklearn.neighbors import KNeighborsClassifier（分类任务）；准备数据，将数据集分为特征和目标变量；创建 K-近邻模型对象，例如 model = KNeighborsRegressor（n_neighbors=k）（回归）或 model = KNeighborsClassifier（n_neighbors=k）（分类），其中 k 是近邻的数量。使用训练数据拟合模型，model.fit（X_train, y_train）；最后进行预测，y_pred = model.predict（X_test）。

## 四、支持向量回归模型

在 Python 中，可以使用 sklearn.svm 模块中的 SVR 类来实现。使用中，需导入相关库，如 from sklearn.svm import SVR；准备数据，将数据集分为特征和目标变量；创建 SVR 模型对象，例如 model = SVR（kernel=rbf, C=1.0,

笔记

epsilon=0.1），其中 kernel 指定核函数类型，C 是惩罚系数，用于控制对误差的惩罚程度，epsilon 是误差容忍度；使用训练数据拟合模型，model.fit（X_train, y_train）；最后进行预测，y_pred = model.predict（X_test）。

## 五、随机森林模型

在 Python 中，可以使用 sklearn.ensemble 模块中的 RandomForestClassifier（分类任务）或 RandomForestRegressor（回归任务）类来实现。在使用中，先导入相关库，如 from sklearn.ensemble import RandomForestRegressor（回归任务）或 from sklearn.ensemble import RandomForestClassifier（分类任务）；准备数据，将数据集分为特征和目标变量；创建随机森林模型对象，例如 model = RandomForestRegressor（n_estimators=100, random_state=42）（回归）或 model = RandomForestClassifier（n_estimators=100, random_state=42）（分类），其中 n_estimators 是决策树的数量，random_state 用于保证结果的可重复性；使用训练数据拟合模型，model.fit（X_train, y_train）；进行预测使用 y_pred = model.predict（X_test）。

## 六、自适应提升模型

在 Python 中，可以使用 sklearn.ensemble 模块中的 AdaBoostClassifier（分类任务）或 AdaBoostRegressor（回归任务）类来实现。使用中导入相关库，如 from sklearn.ensemble import AdaBoostRegressor（回归任务）或 from sklearn.ensemble import AdaBoostClassifier（分类任务）；准备数据，将数据集分为特征和目标变量；创建 AdaBoost 模型对象，例如 model = AdaBoostRegressor（n_estimators=100, learning_rate=1.0, random_state=42）（回归）或 model = AdaBoostClassifier（n_estimators=100, learning_rate=1.0, random_state=42）（分类），其中 n_estimators 是弱模型的数量，learning_rate 是学习率，用于控制每个弱模型的权重衰减速度，random_state 用于保证结果的可重复性；使用训练数据拟合模型，model.fit（X_train, y_train）；进行预测，y_pred = model.predict（X_test）。

旅游大数据挖掘与分析实操说明

笔记

## 任务执行

### 一、预测步骤

利用机器学习模型以景点所属类型、评分、评论数、门票价格为自变量去预测景点的热度值。

【操作步骤】

（1）提取类型关键词。调用 Pandas 模块及 Sklearn 库，提取 Excel 文件中景点介绍的类型关键词，作为景点的所属类型，再设置所属类型、评分、评论数、门票价格为变量 x，景点热度值为变量 y。具体代码如下：

```
import pandas as pd# 用于数据处理和分析的库
from sklearn.model_selection import train_test_split,GridSearchCV# 数据集划分和网格搜索工具
from sklearn.linear_model import LinearRegression# 线性回归模型
from sklearn.tree import DecisionTreeRegressor# 决策树回归模型
from sklearn.neighbors import KNeighborsRegressor# K-近邻回归模型
from sklearn.svm import SVR# 支持向量回归模型
from sklearn.ensemble import RandomForestRegressor,AdaBoostRegressor# 随机森林和 AdaBoost 回归模型
from sklearn.metrics import mean_absolute_error,mean_squared_error,mean_absolute_percentage_error,r2_score# 性能评估指标
import matplotlib.pyplot as plt# 数据可视化库
import seaborn as sns# 基于 Matplotlib 的高级可视化库
# 读取 Excel 文件
df=pd.read_excel('.../任务4.2(1).xlsx')
```

笔记

```
df['介绍']=df['介绍'].astype(str)
keywords=pd.read_excel('.../任务4.2(2).xlsx')['关键词'].tolist()
# 初始化新的列，全部设置为 0
for keyword in keywords:
    df[keyword]=0
# 遍历每个景点的介绍，查找关键词并设置对应列为 1
for index,row in df.iterrows():
    for keyword in keywords:
        if keyword in row['介绍']:
            df.at[index,keyword]=1
# 分离特征和目标变量
x=df[keywords + ['评分','评论数','门票']]
y=df['热度']
```

（2）划分训练集和测试集。调用 train_test_split 函数将数据集划分为训练集和测试集，以便在训练模型时评估其性能。注意，需设置 test_size 及 random_state 参数进行交叉验证，以确保模型在不同数据集上的稳定性。设置 model 字典，其中包括 6 种模型，分别利用网格搜索进行参数优化。具体代码如下：

```
# 划分训练集和测试集
X_train,x_test,y_train,y_test=train_test_split
(x,y,test_size=0.2,random_state=42)
# 定义六个机器学习模型及其参数网格
models={
    'Linear Regression': {
        'odel': LinearRegression(),# 线性回归模型
```

笔记

```
        'params': {}# 无超参数需要调整
    },
    'Decision Tree Regressor': {
        'odel': DecisionTreeRegressor(),# 决策树回归模型
        'params': {
            'ax_depth': [5,10,15]# 决策树的最大深度参数选项
        }
    },
    'KNeighbors Regressor': {
        'odel': KNeighborsRegressor(),# K近邻回归模型
        'params': {
            'n_neighbors': [3,5,7]# K近邻的邻居数量参数选项
        }
    },
    'SVR': {
        'odel': SVR(),# 支持向量回归模型
        'params': {
            'C': [0.1,1,10],# 正则化参数C的选项
            'kernel': ['linear','rbf']# 核函数类型选项
        }
    },
    'Random Forest Regressor': {
        'odel': RandomForestRegressor(),# 随机森林回归模型
        'params': {
            'n_estimators': [50,100,150],# 随机森林中树的
数量参数选项
            'ax_depth': [5,10,15]# 随机森林中树的最大深度参
数选项
```

笔记

```
        }
    },
    'AdaBoost Regressor': {
        'odel': AdaBoostRegressor(),# AdaBoost 回归模型
        'params': {
            'n_estimators': [50,100,150]# AdaBoost 中弱学
习器的数量
        }
    }
}
# 初始化结果字典，用于存储每个模型的最佳参数和性能指标
results={}
```

（3）获取模型参数。通过计算平均绝对误差（MAE）、均方误差（MSE）和 R 方值（$R^2$）来评估模型的性能，并使用这些指标作为网格搜索的评分依据。在网格搜索完成后，获得了每个模型的最佳参数组合和对应的最佳模型。具体代码如下：

```
# 训练模型、进行网格搜索并评估
for name,params in models.items():
    model=params['model']# 获取当前模型
    param_grid=params['params']# 获取当前模型的参数网格
# 使用 GridSearchCV 进行网格搜索和交叉验证
    grid_search=GridSearchCV(
        model,# 要优化的模型
      param_grid,# 参数网格
       cv=5,# 5 折交叉验证
```

笔记

```
    scoring=['neg_mean_absolute_error','neg_mean_squared_error','r2'],refit='r2',verbose=0)# 平均绝对误差、均方误差、R² 分数；以 R² 为标准选择最佳模型；不输出详细日志
```

（4）预测模型结果。调用 grid_search.fit 函数，使用测试集对最佳模型进行预测，并计算预测结果的评估指标。这些指标不仅用于比较不同模型的性能，也可用于确定最终选择的模型。具体代码如下：

```
grid_search.fit(X_train,y_train)# 在训练集上拟合模型
best_model=grid_search# 获取最佳模型
```

## 二、绘制对比图

通过平均绝对误差（MAE）、均方误差（MSE）以及 R 方值（$R^2$）三个评价指标来衡量六个机器学习模型在预测江苏景点热度方面的性能，绘制对比图，给出最优模型。

【操作步骤】

（1）采用平均绝对误差（MAE）、均方误差（MSE）以及 R 方值（$R^2$）三个评价指标来衡量六个机器学习模型在预测江苏景点热度方面的性能。MAE 和 MSE 衡量了预测值与实际值之间的误差大小，$R^2$ 则反映了模型对数据变异的解释程度。

（2）比较六个机器学习模型的性能指标，发现线性回归模型在预测景点热度时表现相对较差，其预测误差较大且解释能力有限。相比之下，决策树和 K- 近邻算法在预测性能上有所提升，能够较为准确地预测景点热度。然而，支持向量回归模型在处理非线性关系时稍显不足，性能略逊于前两者。在所有模型中，随机森林表现最为出色，其预测误差最小且解释能力最强，这得益于其通过集成多个决策树来提高预测的稳定性和准确性。而自适应提升模型虽然采用集成策略，但在本研究中性能处于中等水平。综上所述，随机森林模型是预测江苏景点热度的最佳选择。

（3）根据评价指标的综合表现，最终选择随机森林模型作为预测江苏景

点热度的最佳模型。该模型在预测误差和数据变异解释能力方面均表现出色，具有较高的预测准确性和稳定性。在实际应用中，可以优先考虑使用随机森林模型进行景点热度预测。而从表 4-1 中可以看到随机森林的预测精度为 0.72，说明景点所属类型、评分、评论数、门票价格可以较好地预测景点热度。

笔记

表 4-1 不同机器学习模型的预测精度表

| 模　型 | MAE | MSE | $R^2$ |
| --- | --- | --- | --- |
| 线性回归 | 0.92 | 1.4 | 0.48 |
| 决策树 | 0.7 | 0.78 | 0.71 |
| K- 近邻算法 | 0.7 | 0.82 | 0.7 |
| 支持向量回归 | 0.77 | 1.12 | 0.59 |
| 随机森林 | 0.68 | 0.76 | 0.72 |
| 自适应提升 | 0.75 | 0.86 | 0.68 |

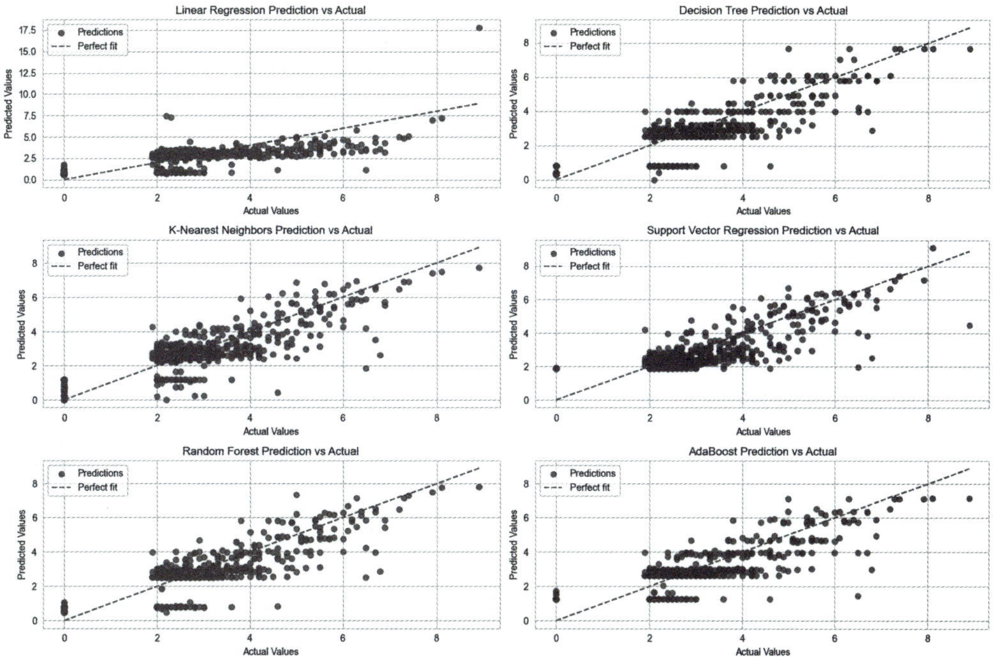


图 4-2 不同机器学习模型的预测拟合散点图

笔记

## 任务小结

在本次任务中，利用机器学习模型对江苏省的景点热度进行了预测。通过提取景点类型、评分、评论数和门票价格等关键信息作为自变量，成功构建了预测模型。经过对比不同模型的性能，发现随机森林模型在预测景点热度方面表现最为出色，其预测精度达到了 0.72，表明所选自变量能够较好地预测景点热度。这一结果为旅游行业提供了有价值的参考，有助于优化资源配置和提升服务质量。

本任务知识点总结如图 4-3 所示。

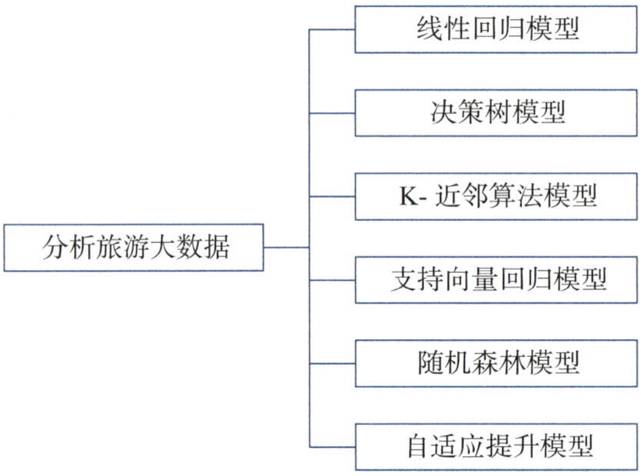


图 4-3　项目四任务二小结

## 任务拓展

散点图（Scatter Plot），是一种将两组数据（通常是数值数据）关联起来的图表，通过图形上点的分布情况来表示这两组数据的相关性。在 Python 中，可以使用 Matplotlib 库、Seaborn 库来创建散点图。散点图可用于：❶ 显示数据的分布情况，查看是否存在异常值或者分组；❷ 识别数据之间的潜在关系；❸ 显示两个或多个变量之间的关联，如正相关、负相关或没有关联；❹ 评估模型，例如拟合线（如最小二乘线）可以用来评估变量之间的关系，而散点图就可以用来确定这条线的准确性。具体代码示例如下：

笔记

```
import seaborn as sns
import matplotlib.pyplot as plt
# 设置绘图样式
sns.set_style('whitegrid')
plt.figure(figsize=(15,10))
# 遍历每个模型，并绘制预测结果与实际值的散点图
for i,(model_name,model_results) in enumerate
(results.items(),start=1):
    plt.subplot(3,2,i)
        plt.scatter(y_test,model_results['predictions'],
    alpha=0.7,label='Predictions')
        plt.plot([y_test.min(),y_test.max()],[y_test.
    min(),y_test.max()],'r--',label='Perfect fit')
        plt.xlabel('Actual Values')
        plt.ylabel('Predicted Values')
        plt.title(f'{model_name} Prediction vs Actual')
        plt.legend()
# 调整子图之间的间距
plt.tight_layout()
# 显示图形
plt.show()
```

## 任务测试

素材：任务 4.2 测试 .xlsx

要求：

（1）以该数据中某一列作为因变量，对该列变量采用线性回归、决策树、

笔记

K- 近邻算法、支持向量回归、随机森林、自适应提升模型，分别对旅游景点热度进行预测。

（2）遍历每个模型，并绘制预测结果与实际值的散点图，并进行分析。

# 项目五

# 旅游大数据可视化

笔记

## 职业能力目标

1. 能够掌握 Excel 中的数据处理和可视化，包括数据排序、筛选、使用公式和创建各种图表（如条形图、折线图、饼图等）。

2. 能够理解常见数据关系和数据集成的原理，能够有效地从多个数据源中整合和拓展数据。

3. 能够掌握至少一种商业智能工具（如 FineBI）的使用，能够创建标准的数据仪表板和交互式可视化。

4. 能够掌握 ECharts 图表库的基础使用方法，能够在网页上创建数据可视化。

5. 能够了解 Python 编程语言及其数据科学生态系统中的可视化库（如 Matplotlib、Seaborn、Plotly）。

## 典型工作任务

1. 使用 Excel 进行简单数据清洗。根据旅游业的关键绩效指标（KPIs），如旅游人数、收入和顾客满意度等，选择合适的图表类型，完成旅游数据可视化的任务。

2. 连接商业智能（BI）工具到多个数据源，根据旅游数据关系进行可视化组件的设计与制作，构建数据仪表板，从而全面展示旅游行业的趋势、模式和预测，完成旅游数据可视化，支持策略制定的任务。

笔记

3. 使用 ECharts 创建定制的图表和可视化，如柱形图、散点图和时间线图，完成展示旅游行业的构成数据和时间序列数据等的任务。

4. 使用 Python 脚本提取 Excel 数据，创建多样化的图表，完成详细展示旅游数据的分布、关系和趋势等的任务。

笔记

# 任务一
# 制作Excel数据可视化

## 任务引例

**中山陵旅游高峰期数据可视化分析**

中山陵，作为中国著名的旅游景点，吸引了大量国内外游客。高峰期的游客流量对于景区的运营管理、资源分配以及游客体验都提出了挑战。通过分析不同时间段的游客流量数据，景区管理者可以更好地进行人流控制、资源规划和服务优化。

现需要利用 Excel 对中山陵 2023 年来的游客流量数据进行可视化分析，目的是识别出游客访问的高峰期，分析高峰期间游客的来源地分布，以便制定有效的游客管理策略和服务改进措施。

根据提供的学习资源包中的中山陵 2023 年内每月游客人数以及高峰期（5—10 月）各省份游客人数的简化数据（任务 5.1.xlsx），进行如下可视化制作：

（1）月度游客流量分析。利用 Excel 将每月的游客人数数据制作成柱形图或折线图，以直观展示中山陵游客流量的月度变化，识别出旅游高峰期。

（2）高峰期游客来源地分析。针对 5—10 月的数据，使用 Excel 创建饼图或柱形图，展示不同省份游客在高峰期的分布情况，识别出主要的游客来源地。通过此案例，理解数据分析在实际旅游管理中的应用价值。

（案例数据为模拟数据）

笔记

# 任务准备

## 一、Excel 可视化基础操作

在当今数据驱动的旅游业领域，Excel 不仅是一款强大的数据处理工具，也是将复杂数据转化为直观、易理解图表的有效手段。不管是初学者还是数据分析专家，每个人都可以利用 Excel 的可视化功能，对旅游业的数据进行深入分析和展示，包括图表类型的选择与应用以及图表样式和布局的优化，如标题、图例、数据标签等，以提升图表的专业性和可读性，确保数据分析结果能够被广泛理解并正确应用于旅游业务决策之中。

### （一）创建 Excel 图表

#### 1. Excel 常见图表类型

（1）柱形图。柱形图通过柱子的高度差异来比较各类别的数值大小，适用于显示一个或多个类别的数据变化或比较。柱形图的效果，如图 5-1 所示。

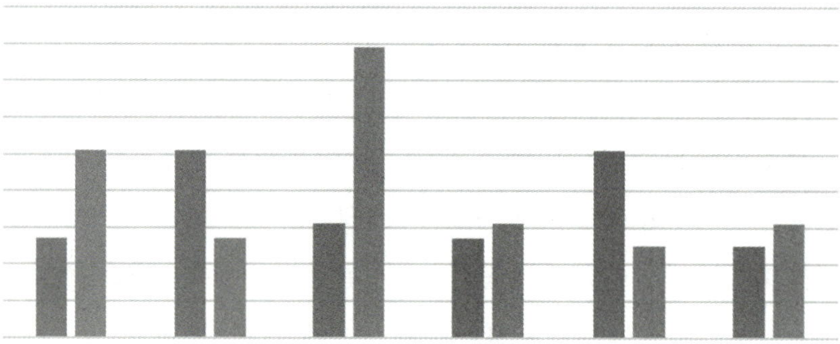

图 5-1　柱形图效果

（2）折线图。折线图通过线条连接各数据点来展示趋势变化，适合用于展现数据随时间的变化情况。折线图的效果，如图 5-2 所示。

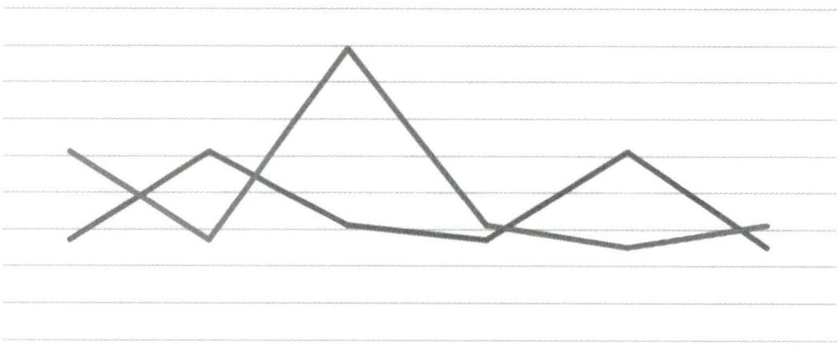

图 5-2　折线图效果

笔记

（3）饼图。饼图通过圆形的扇形区域展示各部分占总体的比例关系，适用于展示各部分占整体的比例大小。饼图的效果，如图 5-3 所示。

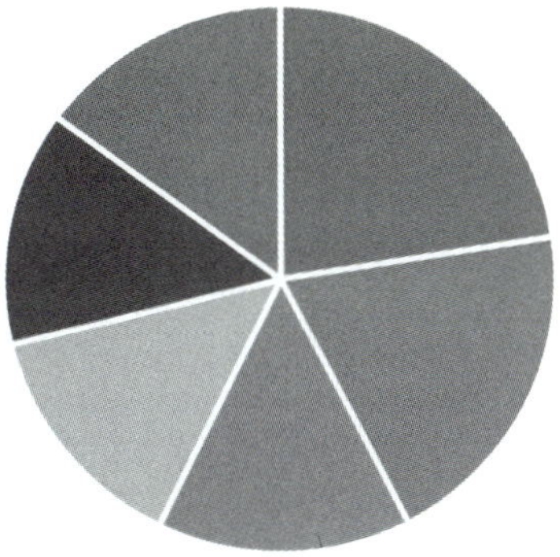

图 5-3 饼图效果

（4）圆环图。圆环图与饼图类似，但中心为空，更便于比较两个或多个系列中各部分的比例。圆环图的效果，如图 5-4 所示。

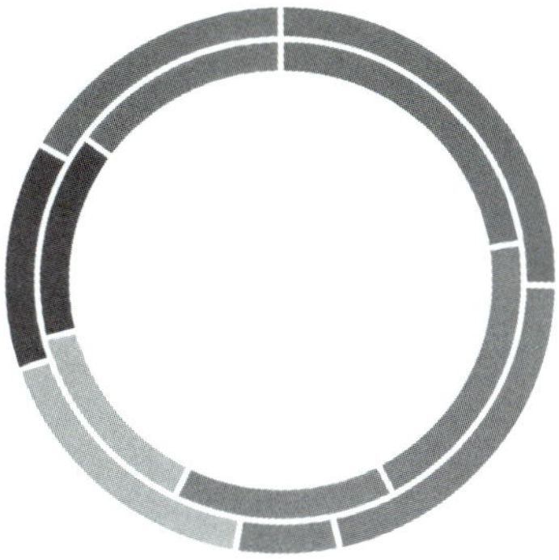

图 5-4 圆环图效果

（5）条形图。条形图与柱形图相似，但柱子是水平放置的，更适合于标签较长的情况。条形图的效果，如图 5-5 所示。

图 5-5 条形图效果

笔记

（6）面积图。在折线图的基础上，填充线下空间，便于比较多个系列随时间的累积效应。面积图的效果，如图 5-6 所示。

图 5-6　面积图效果

（7）散点图和气泡图。散点图用于展示两个变量的值集合；气泡图是在散点图基础上添加了第三个变量的尺寸表示，适用于展示变量之间的相关性。散点图及气泡图的效果，如图 5-7、图 5-8 所示。

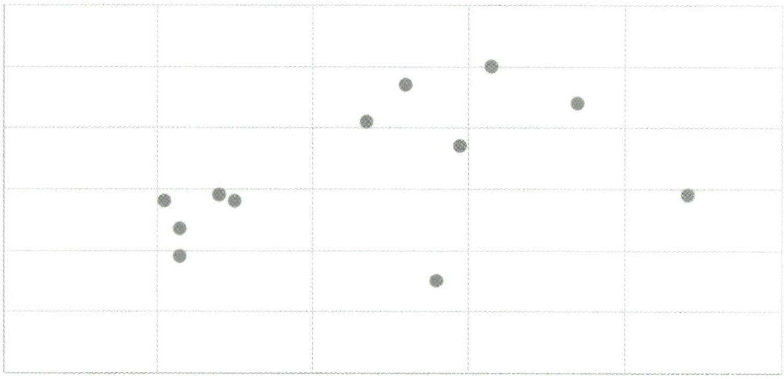

图 5-7　散点图效果

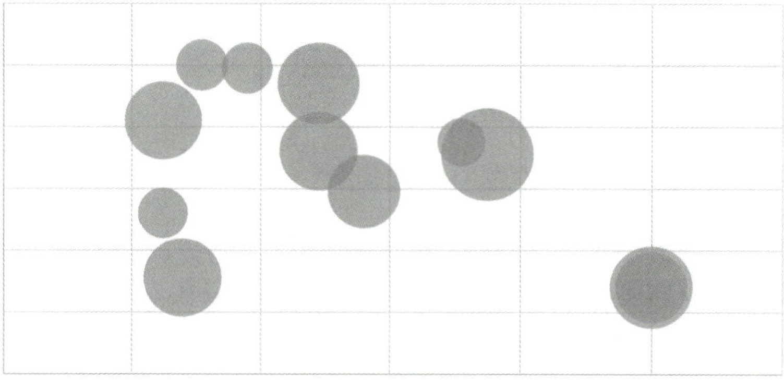

图 5-8　气泡图效果

笔记

（8）箱形图。箱形图也称为箱线图或盒须图，是一种用于显示一组数据分布情况的统计图，它能够直观地反映出数据的集中趋势、分散程度和偏态情况，同时还可以用来发现数据中的异常值。箱形图的效果，如图 5-9 所示。

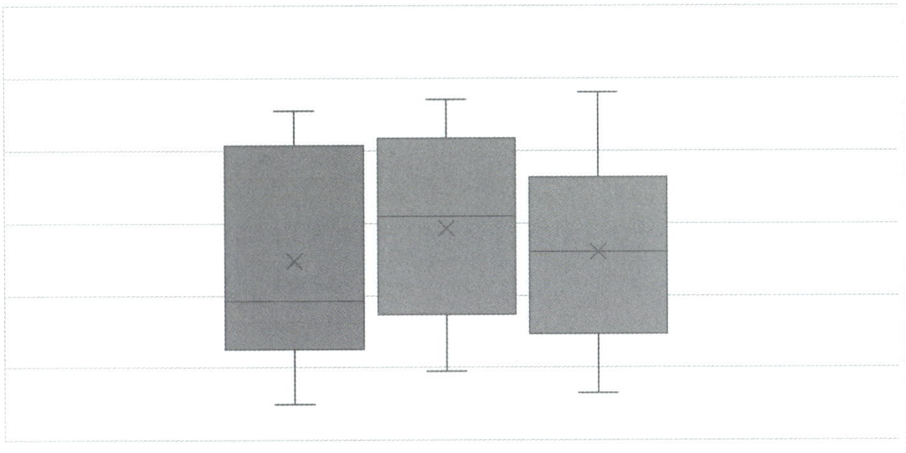

图 5-9 箱形图效果

（9）曲面图。曲面图用于展示三维数据的曲面，适用于查看不同变量组合下的结果变化。曲面图的效果，如图 5-10 所示。

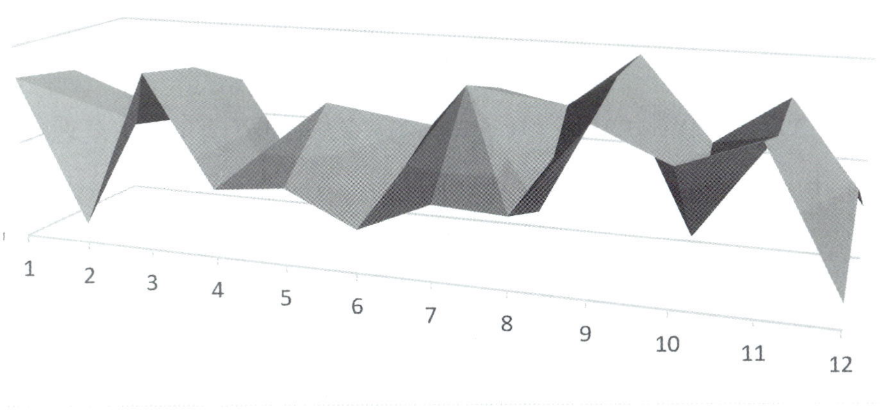


图 5-10 曲面图效果

（10）雷达图。雷达图通过多个轴线从中心点向外放射，用于显示多个变量的评分或级别，适合于多变量的性能展示。雷达图的效果，如图 5-11 所示。

笔记

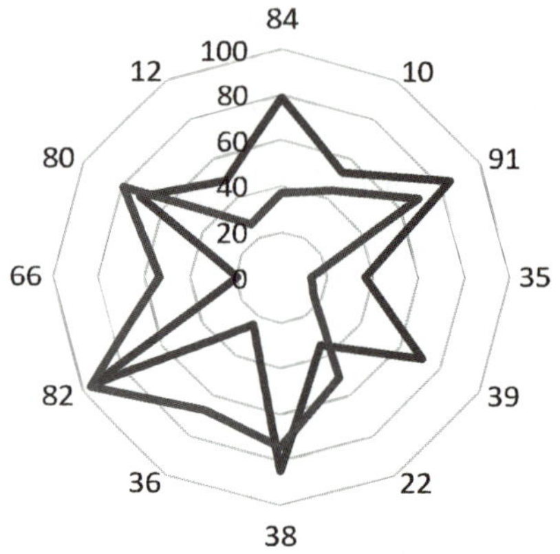


图 5-11 雷达图效果

（11）树状图（仅限 Office 2016 及更高版本）。树状图以树形结构展示数据的层级关系及各部分大小，适用于展示部分到整体的贡献。树状图的效果，如图 5-12 所示。

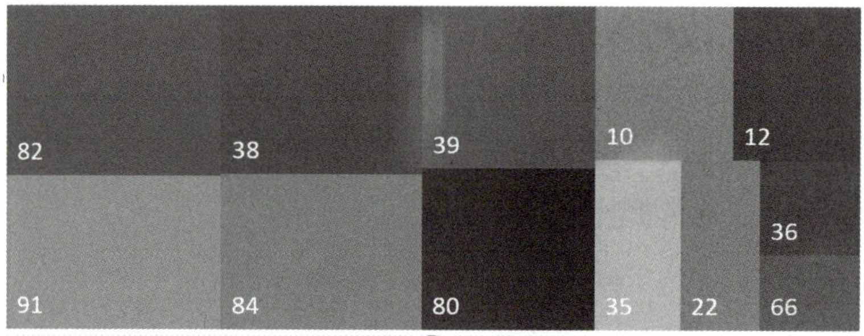


图 5-12 树状图效果

（12）直方图（仅限 Office 2016 及更高版本）。直方图是展示数据分布的图表，适用于查看数据集中的频率分布情况。直方图的效果，如图 5-13 所示。

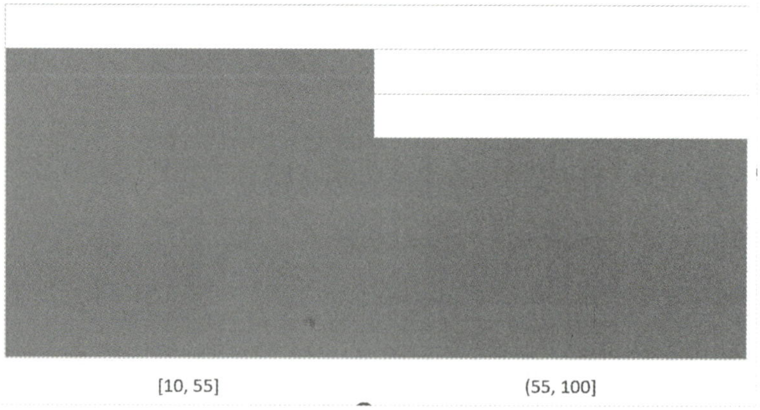


图 5-13 直方图效果

笔记

（13）瀑布图（仅限 Office 2016 及更高版本）。瀑布图用于展示数据序列的起始和结束值之间的增减变化，适用于财务和盈亏分析。瀑布图的效果，如图 5-14 所示。

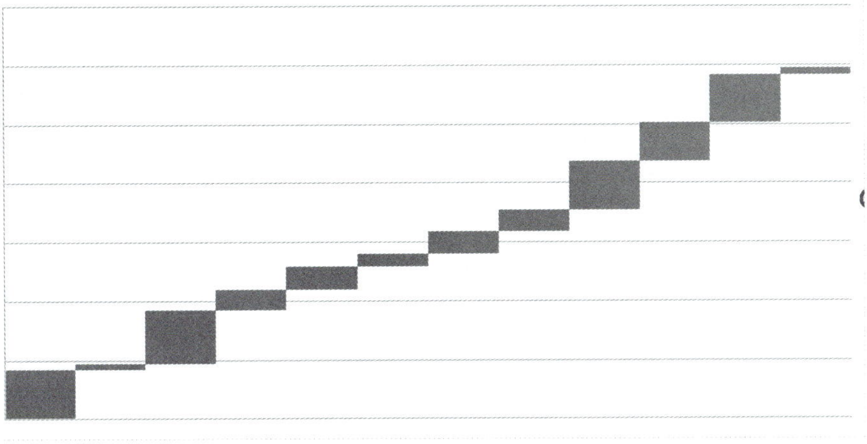

图 5-14　瀑布图效果

（14）漏斗图（仅限 Office 2016 及更高版本）。漏斗图用于展示数据流经过一个过程或阶段的减少过程，常用于销售漏斗分析。漏斗图的效果，如图 5-15 所示。

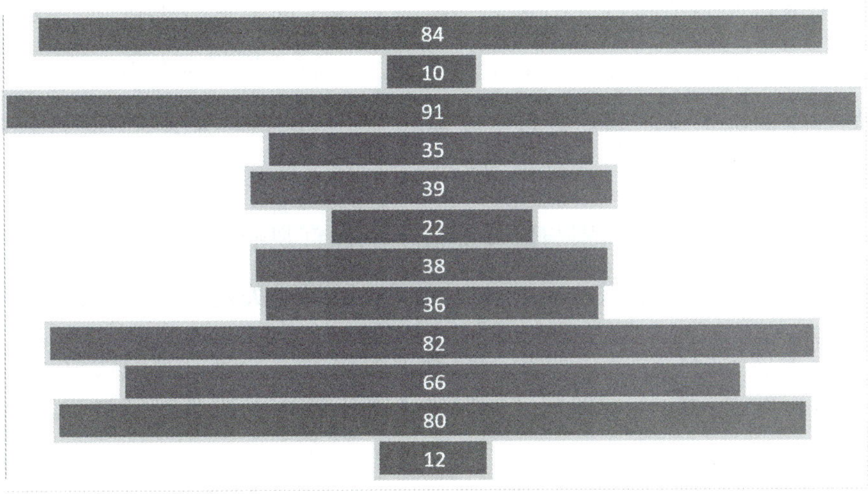


图 5-15　漏斗图效果

## 2. 选择图表的方法

在 Microsoft Excel 中创建图表时，首先需确定数据源区域，其操作方法因数据布局的连续性而异。以下是两种常见的操作方法：

笔记

（1）如果数据位于连续单元格区域内，可以选定该区域内任意单个或多个连续单元格作为图表的数据源。Excel 将自动识别并纳入该连续区域中的全部数据，用以创建图表。

（2）若需构建图表的数据分布于非连续的单元格或区域，可以通过按住 Ctrl 键的方式，选择多个分散的单元格或数据区域。在此操作过程中，需确保最终选定的单元格或区域能在二维空间内形成规整的矩形布局，以便 Excel 正确解析并将这些非连续数据整合为图表的数据源。

无论哪种情况，一旦选择了适当的单元格，选择菜单栏中【插入】—【图表】功能区的图表，就可以根据所选数据创建一个图表，如图 5-16 所示。

图 5-16　插入图表示范图

### 3. 创建数据透视图

在未进行原始数据的先行汇总情况下，为全面掌握数据概况，数据透视表提供了一种有效的数据组织和分析手段。然而，并非所有情形下，单凭表格中的数据即可迅速洞悉其背后所蕴含的深层次信息。为更深入地理解数据，数据透视图应运而生，它将数据透视表中的信息以视觉化形式展现，为数据模式、趋势及异常值的识别与解释提供了一种直观的途径。通过数据透视表与数据透视图的结合使用，不仅可以更高效地传递关键信息，而且可以使得无专业技术背景的人员也能轻松把握复杂数据集的核心内容。从而显著提升了数据分析的可访问性与理解度，促进了基于数据的决策制定过程。创建数据透视图的方法有两种：

（1）直接创建数据透视图。即在表格中选中一个单元格，选择菜单栏中【插入】—【图表】—【数据透视图】，然后依次选择要在数据透视图中显示的字段即可，如图 5-17 所示。

笔记

图 5-17　创建数据透视图示范图 1

（2）利用数据透视表创建数据透视图。即在已经创建好的数据透视表中选择一个单元格，选择菜单栏中【插入】—【图表】—【数据透视图】，如图 5-18 所示。

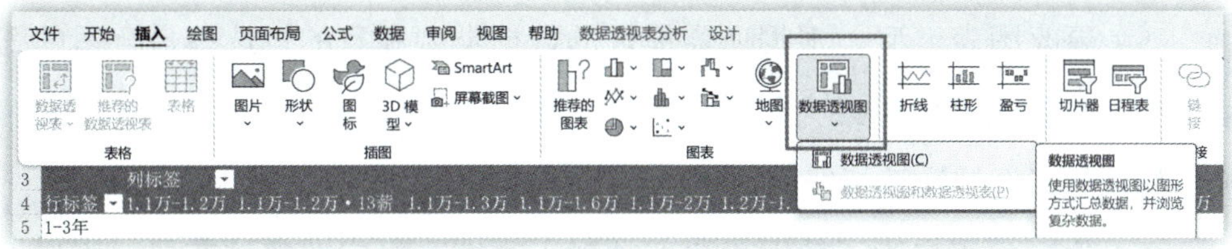


图 5-18　创建数据透视图示范图 2

## （二）调整 Excel 图表

### 1. 编辑图表设计

图表设计菜单主要提供了关于图表布局、样式、数据元素、类型更改等功能的快速访问，如图 5-19 所示。

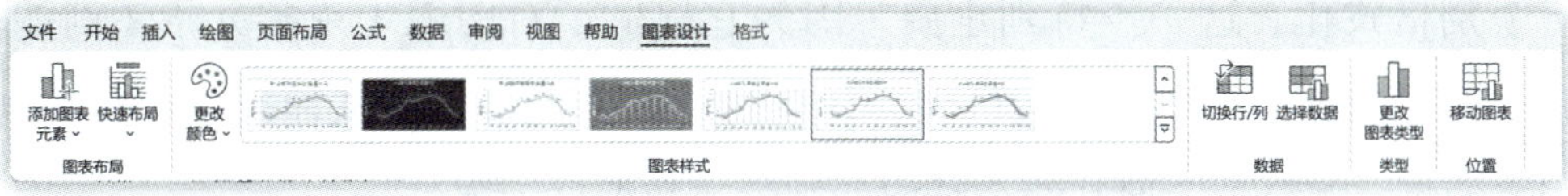


图 5-19　图表设计菜单选项

图表设计的主要功能有：图表样式、添加图表元素、快速布局、数据、更改图表类型、位置等。

（1）图表样式。此功能模块提供了一系列预定义的图表样式和颜色方案，使用户能够一键应用，从而快速调整图表的美学属性。这些样式不仅改变图表的颜色主题，还包括对图表元素（如轴、图例、网格线）的布局和格式的调整，以确保图表的整体视觉效果与信息传递的清晰度。

（2）添加图表元素。图表元素，如标题、图例、数据标签和数据表，是提高图表信息丰富度和可读性的重要手段。用户可以通过“添加图表元素”

笔记

功能精确控制这些元素的显示方式和位置，以优化图表的信息展示效果。

（3）快速布局。此功能模块提供了一组预配置的图表布局，每个布局都对图表元素的位置和格式进行了优化。通过选择合适的布局，用户可以确保图表的组成部分以一种逻辑性和美观性兼备的方式被展现，从而增强图表的整体结构和易读性。

（4）数据。此功能模块使用户能够灵活地更改图表的数据源，包括选择新的数据范围、修改或编辑数据系列等，确保图表能够准确反映出最新的数据分析结果。

（5）更改图表类型。根据所需展现的数据类型和目的，选择最合适的图表类型是传达信息效果最大化的关键。此功能允许用户在不同图表类型间切换，如从柱形图转换至折线图，以便更准确地匹配数据展示需求。

（6）位置。用户为了使图表更好地融入文档或报告的整体布局，用户可以利用此功能将图表移动到新的工作表或在当前工作表中的不同位置。

2. 编辑图表格式

格式菜单提供了更详细的图表元素格式化选项，可以对图表的细节进行精细调整，其主要功能有：当前所选内容、形状样式、艺术字样式、排列、大小等。

（1）当前所选内容。该功能模块允许选择图表中的特定元素，并对其进行个别格式化。这一点特别重要，因为它提供了对图表中单独元素（例如，某个特定的数据系列或图表的某个轴）进行定制的能力，从而可以精确控制图表的每一部分，确保其符合特定的视觉或数据展示需求。

（2）形状样式。该功能模块提供一系列预设的形状样式，包括填充颜色、轮廓和效果（如阴影、光泽等）。通过精心设计的形状样式，可以显著提高图表元素的视觉吸引力，同时保持与整体设计主题的一致性。

（3）艺术字样式。对于图表中的文本内容，如标题、图例和数据标签，此功能模块提供了全面的格式化选项。用户可以调整字体、大小、颜色等属性，以增强图表的可读性和吸引力。合理的文字格式化不仅使图表更易于阅读，也有助于强调图表中的关键信息。

（4）排列。该功能模块是对图表元素进行精细的空间排列，包括层次调整、对齐、分布等操作。通过对元素进行适当的空间排列，可以确保图表的

笔记

布局既美观又功能性强，有助于避免视觉混乱，使得信息传达更加清晰。

（5）大小。可以通过该功能模块精确控制图表元素的大小和旋转角度。这对于优化图表的空间利用和视觉效果至关重要，尤其是当图表需要适应特定的页面布局或展示方式时。

## 任务执行

### 一、月度游客流量分析

使用“月度游客流量数据”数据，将每月的游客人数数据制作成折线图，以直观展示中山陵游客流量的月度变化，从而识别出旅游高峰期。

月度游客流量分析实操说明

【操作步骤】

（1）打开学习资源包中的“任务 5.1.xlsx”工作簿，选择“月度游客流量数据”工作表中的数据区域 A2：B14。

（2）选择【插入】—【图表】—【推荐的图表】—【所有图表】—【折线图】—【带数据标记的折线图】，如图 5-20 所示。

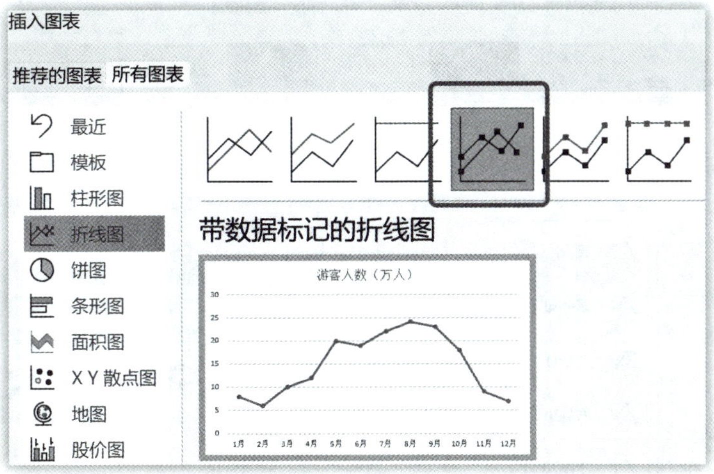


图 5-20　插入折线图

（3）选择图表绘图区中的标题区域，修改标题为“月度游客流量分析”。

（4）选中图表，选择【图表设计】—【图表布局】—【添加图表元素】—【坐标轴标题】—【主要纵坐标轴】，修改坐标轴标题为“游客人数（万人）”，如图 5-21 所示。

笔记

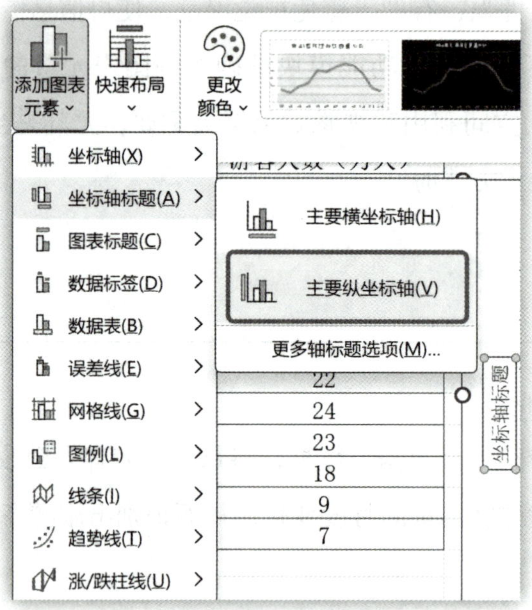


图 5-21　设置纵坐标轴标题

（5）选中图表，选择【图表设计】—【图表布局】—【添加图表元素】—【数据标签】—【上方】，在图表上方添加数据标签，如图 5-22 所示。

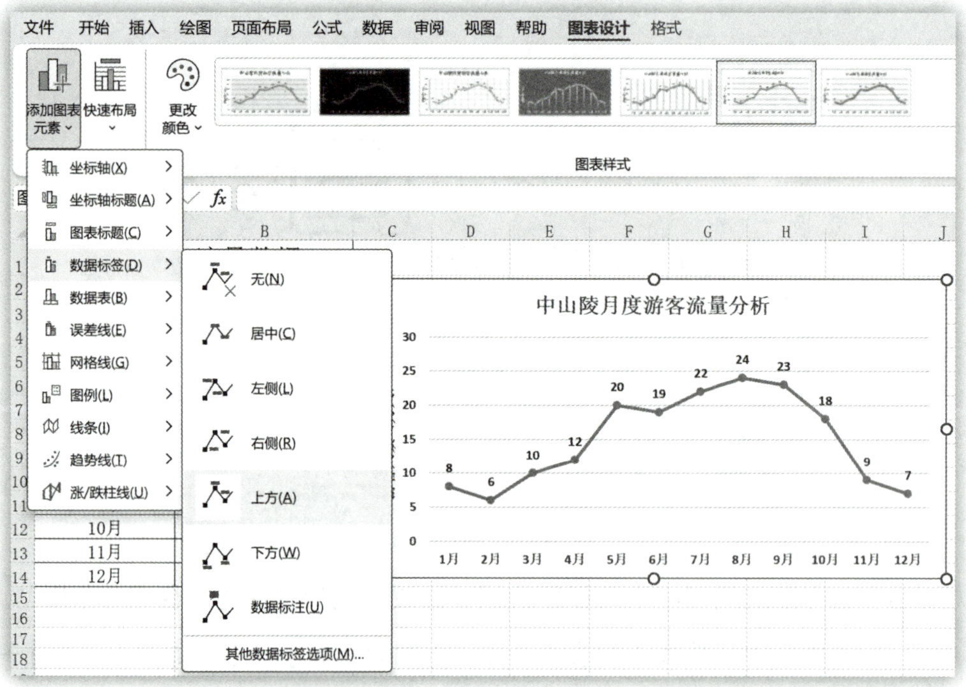


图 5-22　设置数据标签

中山陵月度游客流量分析折线图，如图 5-23 所示。通过月度游客流量分析的折线图，可以清晰地看到中山陵游客流量在一年中的分布特征。从数据中可以看出，5 月到 10 月为中山陵的旅游高峰期，尤其是在 8 月达到全年最高点，此时的游客人数达到了 24 万人。相比之下，冬季的游客人数明显减少，其中 2 月的游客人数最少，只有 6 万人。

笔记

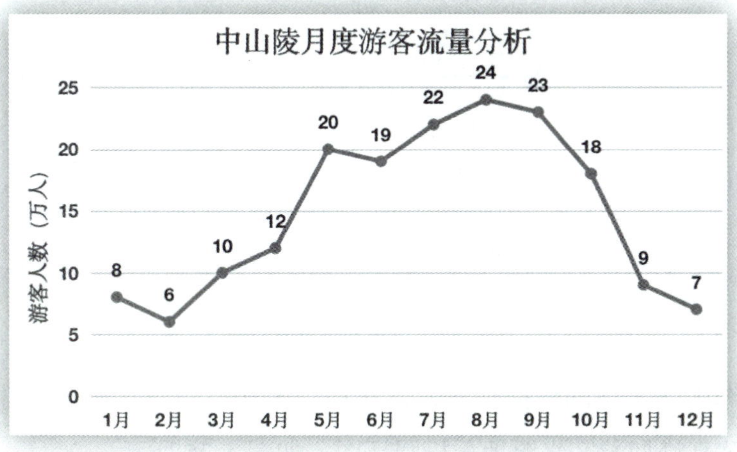


图 5-23　中山陵月度游客流量分析折线图

## 二、高峰期游客来源地分析

使用“高峰期游客来源地数据”针对 5—10 月的数据，创建饼图，展示不同省份游客在高峰期的分布情况，识别出主要的游客来源地。

高峰期游客来源地分析实操说明

【操作步骤】

（1）打开学习资源包中的“任务 5.1.xlsx”工作簿，选择“高峰期游客来源地数据”工作表中的数据区域 A2:B11。

（2）选择【插入】—【图表】—【推荐的图表】—【所有图表】—【饼图】—【圆环图】，即可插入圆环图。

（3）选择图表绘图区中的标题区域，修改标题为“高峰期游客来源地分析”。

（4）选中图表，选择【图表设计】—【图表布局】—【添加图表元素】—【数据标签】—【其他数据标签选项】，出现设置数据标签格式对话框，取消勾选【值】，勾选【百分比】，从而显示百分比数据标签，如图 5-24 所示。

笔记

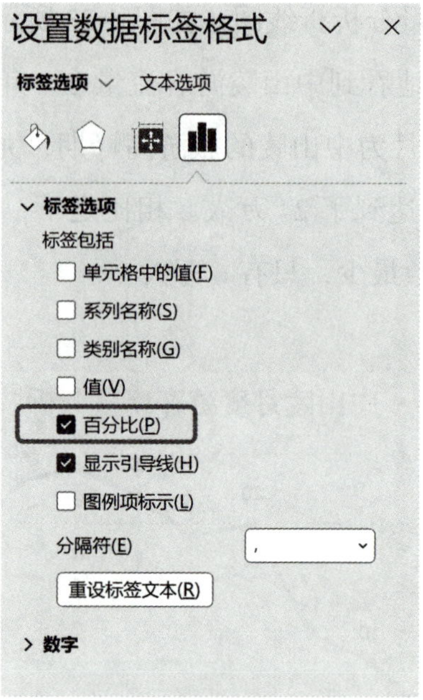


图 5-24 设置数据标签格式

（5）选中图表中的数据标签，依次拖动至相应位置，圆环图即可完成制作。中山陵高峰期游客来源地分析圆环图，如图 5-25 所示。

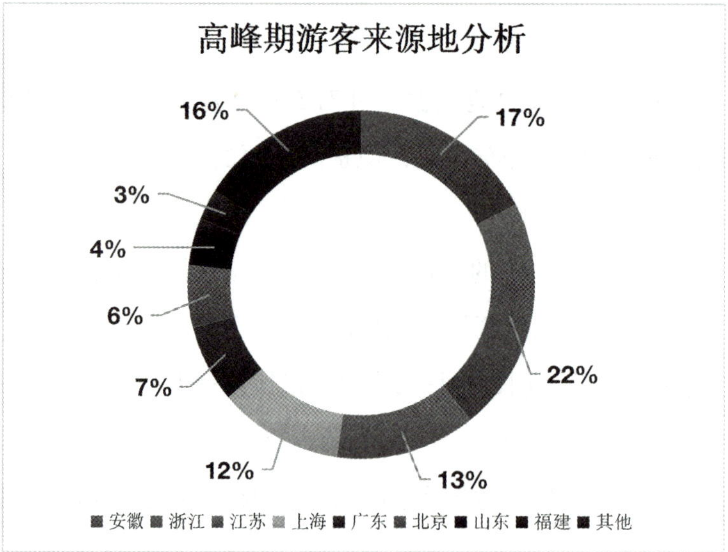


图 5-25 设置数据标签格式

针对高峰期（5—10 月）的游客来源地数据分析显示，浙江省的游客数量最多，达到 15 万人，其次是安徽省和江苏省，分别为 12 万人和 9 万人。上海和广东省的游客数量也相对较多。这些数据表明，中山陵的游客主要来自

笔记

相对较近的地区，尤其是周边的省份。

## 任务小结

本任务以利用 Excel 进行数据可视化为重点，掌握如何运用 Excel 的多样化图表工具来有效地展示数据，包括但不限于柱形图、折线图、饼图等常见图表类型的创建与应用。还深入了解了图表定制化的高级技巧，如调整图表样式、添加图表元素（如标题、图例、数据标签）以增强图表的信息表达能力和视觉吸引力。本任务知识点总结如图 5-26 所示。

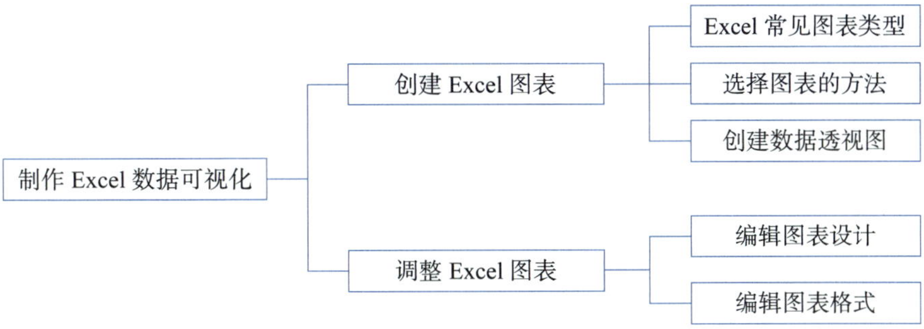


图 5-26　项目五任务一小结

## 任务拓展

箱形图可以直观地展示数据分布情况，特别是对于显示数据的最小值、第一四分位数、中位数、第三四分位数和最大值特别有用。也可以设置图表标题，添加或修改 X 轴和 Y 轴的标签，以便清晰地表达数据。如果需要，也可以通过右键点击轴，选择【格式轴】来调整轴的数值范围、间隔等。

## 任务测试

素材："任务 5.1 测试 .xlsx"，给定的数据集中包含以下信息：❶ 旅游目的地（16 个不同的地点）；❷ 近四个月（1 月至 4 月）每个目的地的游客人数；❸ 每个目的地的游客满意度调查结果（评分范围 1 ～ 5）；❹ 每个目的

笔记

地的总收入（单位：万元）。

要求使用 Excel 对给定的旅游业数据集进行可视化分析，完成以下图表创建：

（1）面积图。绘制一个面积图，展示各旅游目的地的总收入，以比较哪些目的地更受欢迎。

（2）折线图。使用折线图展示一年中每月游客人数的变化趋势，分析旅游旺季和淡季。

笔记

# 任务二
# 创建BI数据可视化

## 任务引例

**某海滨之城的旅游数据洞察与环境影响可视化分析**

某海滨城市因其优美的海景和丰富的娱乐活动，成为人们休闲度假的热门选择。然而，旅游业的季节性波动对于城市的经济、资源管理以及环境保护均提出了挑战。特别是在旅游高峰期间，如何有效管理游客流量、提升游客满意度、同时促进旅游可持续发展，成为摆在管理者面前的重要课题。

本案例的目标是运用FineBI对某海滨城市2023年的旅游数据（教学实验虚拟数据）进行可视化处理，旨在揭示旅游季节性趋势、游客偏好以及对当地经济的影响，为当地旅游部门和商家提供数据支持，以便他们能够更好地规划旅游活动、资源分配和市场营销策略。

要求：

（1）日期性趋势分析。制作时间序列图，展示全年游客人数的变化趋势，识别旅游高峰期和淡季。

（2）游客来源地评估。利用柱形图，分析游客来源地，为定制化的市场营销策略和服务提供了改进的依据。

（3）消费模式分析。通过雷达图，展示游客在住宿、餐饮、娱乐等方面的消费对比。

笔记

## 任务准备

在当今数据驱动的商业环境中，商业智能（BI）数据可视化已经成为企业决策和战略规划中不可或缺的工具，它涉及将复杂的数据集转换成图形化的表示形式，使得决策者能够迅速理解和洞察数据中蕴含的信息。BI 数据可视化的核心目的在于简化信息的呈现，让数据分析的结果直观、易于理解，从而促进有效的决策制定。

随着大数据技术的发展和计算能力的提升，组织能够收集和处理前所未有量级的数据。然而，若没有有效的可视化手段，这些数据的价值往往难以被充分挖掘。BI 数据可视化通过图表、地图、仪表盘等多种视觉元素，帮助用户识别趋势、发现模式、跟踪业绩指标，并进行比较分析，它不仅提升了数据的可访问性和可理解性，还极大地增强了数据的说服力和影响力。在撰写 BI 报告或构建数据仪表盘时，选择合适的可视化技术对于传达正确的信息至关重要。不同的数据类型和分析目标需要不同的可视化方法。例如，时间序列数据可能最适合用折线图来展示，而类别对比则可能适合使用条形图或柱形图。高级的可视化工具甚至允许用户创建交互式的图表，进一步提升了数据分析的体验。

综合而言，BI 数据可视化是现代企业管理的关键组成部分，它通过将数据转换为直观的视觉表达，为决策者提供了宝贵的洞察力，帮助企业在竞争激烈的市场环境中保持领先。

常见的 BI 可视化工具有 Microsoft Power BI、Tableau、Domo 以及 FineBI。本任务中重点介绍 FineBI 可视化工具。

### 一、FineBI 可视化工具介绍

FineBI 是一款自助式的商业智能工具，因其用户友好的界面和高效易用的大数据分析功能而受到企业的青睐。它支持快速的数据探索与分析，同时提供丰富的数据可视化选项，让用户能够轻松创建直观的报表和仪表盘。FineBI 适用于各种规模和类型的企业，其通过简化数据处理流程，赋予业务分析师及时洞察数据的能力，从而加速决策过程并提升业务智能。

笔记

FineBI 采用浏览器 / 服务器（B/S）架构，无需安装客户端软件，在完成服务器端的安装配置后，只需要通过 Web 浏览器即可访问并使用该平台的全部功能。这种架构不仅简化了软件的部署和维护工作，也使得使用者可以在任何有网络的地方灵活地进行数据分析和决策支持。

## 二、FineBI 基础操作

FineBI 使用流程，如图 5-27 所示。

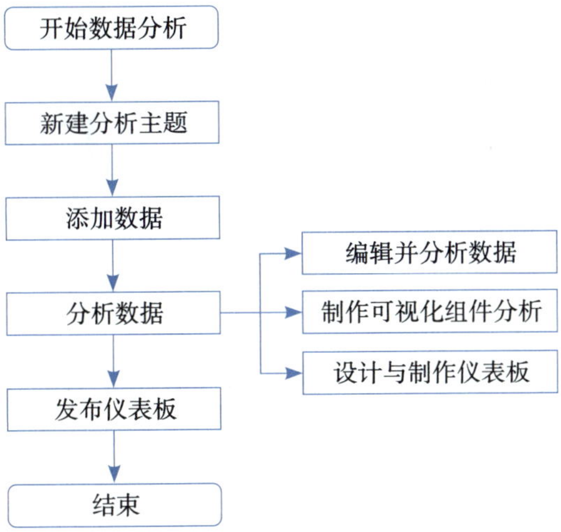


图 5-27　FineBI 使用流程图

### （一）基础界面

以 FineBI5.1 版本为例，FineBI 界面左侧分为多个功能模块，包括目录、仪表板、数据准备、管理系统以及 BI 工具，利用它可以方便地进行数据查询、报表创建和系统管理。在界面右上方，可以看到提醒和账号设置的快捷入口。提醒功能可以让使用者及时获取系统消息和业务通知，而账号设置则为个性化配置。整体上，FineBI 的用户界面是一个高效、直接且用户友好的数据分析环境，确保使用者能够充分利用 BI 工具的潜力来挖掘数据价值，从而支持更加精准的商业决策。

#### 1. 目录

目录模块主要分为目录区域和资源导航区域，如图 5-28 所示。

笔记

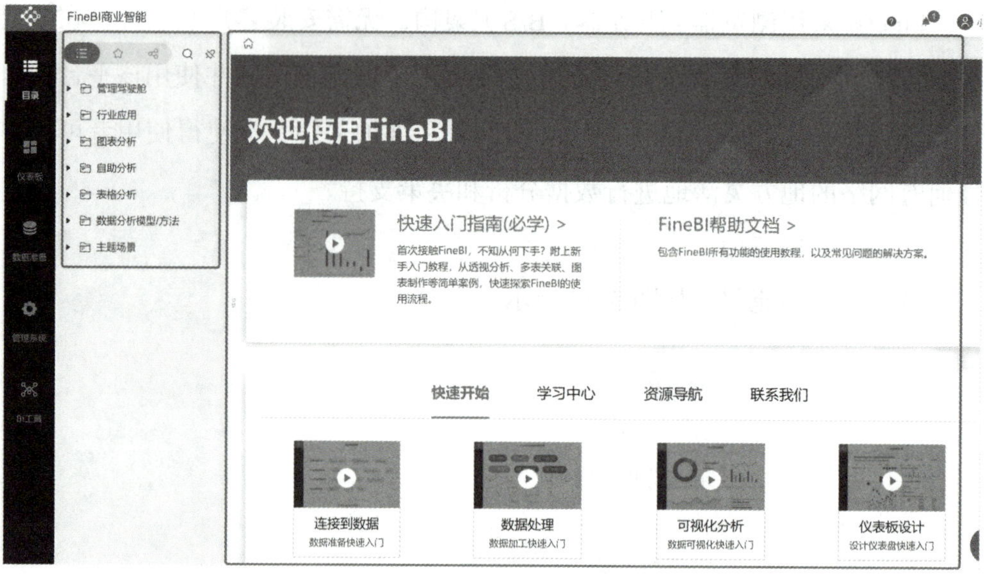


图 5-28　FineBI 目录模块

## 2. 仪表板

在仪表板模块中，可以新建文件夹和仪表板，查看所有已建的仪表板，如图 5-29 所示。

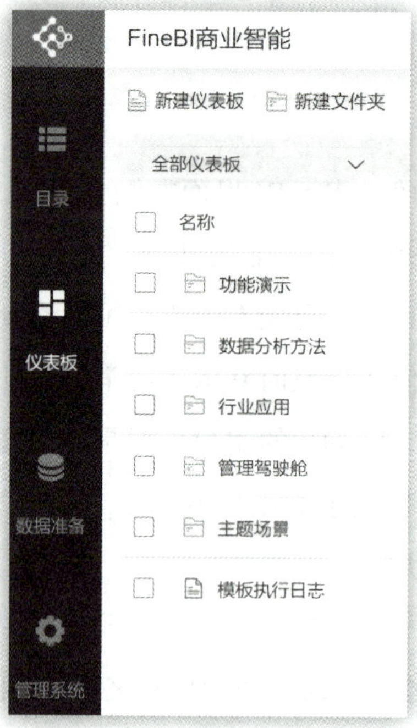


图 5-29　FineBI 仪表板模块

笔记

### 3. 数据准备

数据准备模块主要分为数据列表区域和数据预览区域，如图 5-30 所示。

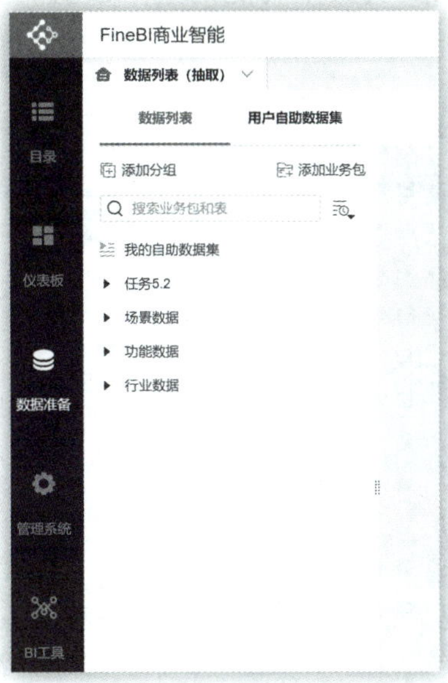


图 5-30　FineBI 数据准备模块

### 4. 管理系统

管理系统模块主要分为目录管理区域和设置区域，进行 FineBI 平台的基本设置，如图 5-31 所示。

图 5-31　FineBI 管理系统模块

笔记

5. BI 工具

BI 工具模块主要分为管理区域和设置区域，进行 FineBI 平台基本信息、表的信息、检测、查询以及实验室功能的基本设置，如图 5-32 所示。

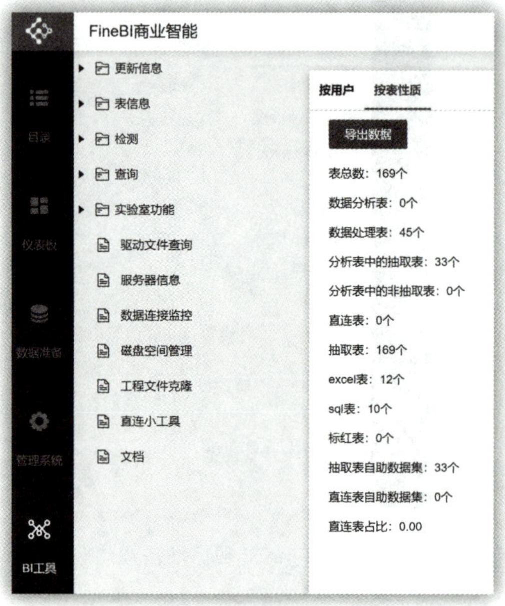


图 5-32 FineBI BI 工具模块

## （二）应用操作

### 1. 注册登录

【操作步骤】

（1）安装 FineBI。结束安装后会出现“请输入您的激活码”对话框，点击【点击！获取激活码】，如图 5-33 所示。

图 5-33 FineBI 粘贴激活码界面

笔记

（2）将激活码粘贴进后，点击【使用BI】。

（3）进行账号的注册，如图5-34所示。登录后，会出现数据库选择对话框，选择【直接登录】即可，如图5-35所示

图5-34 FineBI注册界面

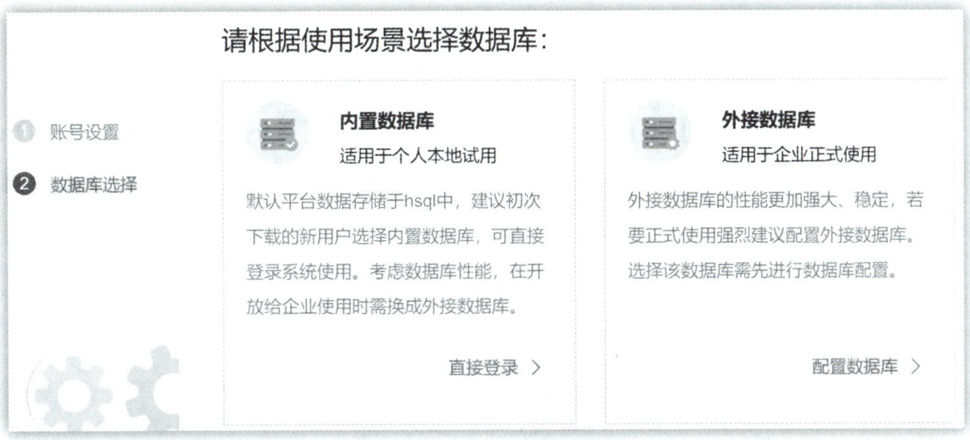


图5-35 FineBI选择数据库界面

2. 数据准备

数据可视化，首先要确定数据源的类型，然后根据不同的类型分别进行预处理，再将不同来源的数据导入Fine BI分析软件的数据库。

（1）Excel文件。Excel采用了工作簿形式存储数据，在使用时可以直接从“数据准备”里导入到分析软件中，不需要额外建立数据链接。在FineBI中选择【数据准备】模块，右侧出现数据列表，显示当前用户可以使用的分组和业务包，也可以新建分组和业务包。在“业务包”中点击【添加表】按

笔记

钮，弹出上传 Excel 文档的界面。点击【上传】按钮，选择相应的 Excel 工作簿文件上传，界面左侧显示上传数据的字段结构，右侧对数据进行预览。

（2）关系数据库。在 FineBI 中，可以选择众多的关系型数据源，其设置的基本过程相同。下面以 MySQL 数据源为例，说明连接过程。

❶ 选择【管理系统】—【数据连接】—【数据连接管理】—【新建数据连接】，打开数据源类型选择界面，常用选项卡列表中包括了 HyperSQL、DB2、SQL Server、MySQL、Oracle 五种类型，点击左侧的【所有】按钮，可以查看 FineBI 系统支持的所有数据库类型，通过点击图标可以选择相应的数据库类型，如图 5-36 所示。

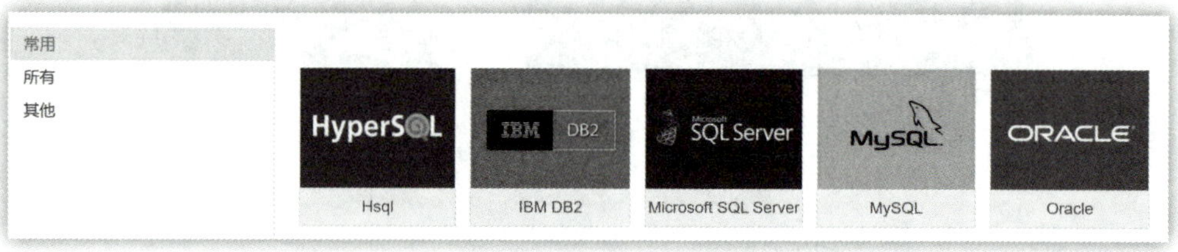


图 5-36　选择连接数据库选界面

❷ 选择【MySQL】，进入下一步，进行数据库连接的相关参数设置界面，如图 5-37 所示。一般设置数据库的参数包括，数据库名称、主机、端口、用户名、密码、编码等。

图 5-37　MySQL 数据库连接界面

数据库名称。一个数据库管理系统可以包括多个数据库，因此连接需要

笔记

知道具体的数据库名称。

主机。如果分析数据来自本机，填 localhost；如果是网络中的其他机器，填 IP 地址。

端口。数据库系统软件绑定的通信端口，这是远程访问必需的。

用户名。有权限访问该数据库的用户名。

密码。数据库用户对应的密码。

编码。数据库存储字符时一般要确定一个编码，如果不清楚，可以询问数据库管理员或者选择“自动”尝试。

设置完毕后，可以选择右上角的【测试连接】进行数据库连接测试，成功后点击【保存】按钮。回到【数据准备】—【业务包】模块界面，点击【添加表】按钮，弹出下拉菜单中选择【DB 数据表】，进行选表即可。

## 任务执行

### 一、日期性趋势分析

制作时间序列图，展示全年游客人数的变化趋势，识别旅游高峰期和淡季。

日期性趋势分析实操说明

【操作步骤】

（1）打开 FienBI5.1，点击【数据准备】—【数据列表】—【添加分组】，为分组命名“任务 5.2”，点击分组【任务 5.2】—【添加业务包】，为业务包命名“连云港旅游数据分析”，如图 5-38 所示。

（2）点击业务包【连云港旅游数据分析】—【添加表】—【Excel 数据集】，选择学习资源包中的“任务 5.2.xlsx”文件，将文件中的两张表都添加到 FineBI 中，如图 5-39 所示。

图 5-38　新建业务包“连云港旅游数据分析”

笔记

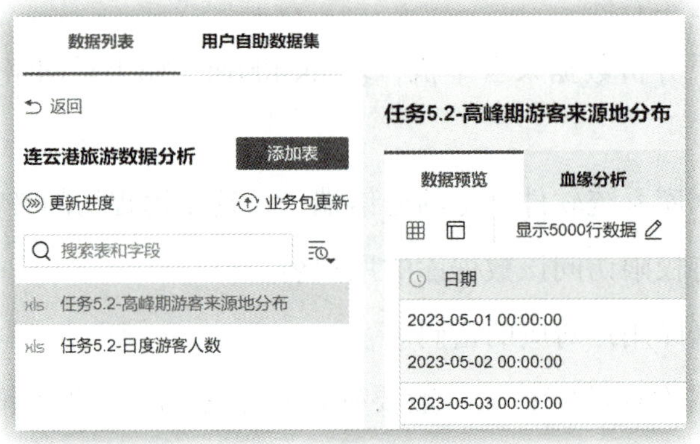


图 5-39　添加数据表

（3）选择表“任务 5.2- 日度游客人数”，点击右上角【创建组件】，为仪表板命名“连云港旅游数据分析”，单击【确定】进入到组件设计制作中，如图 5-40 所示。

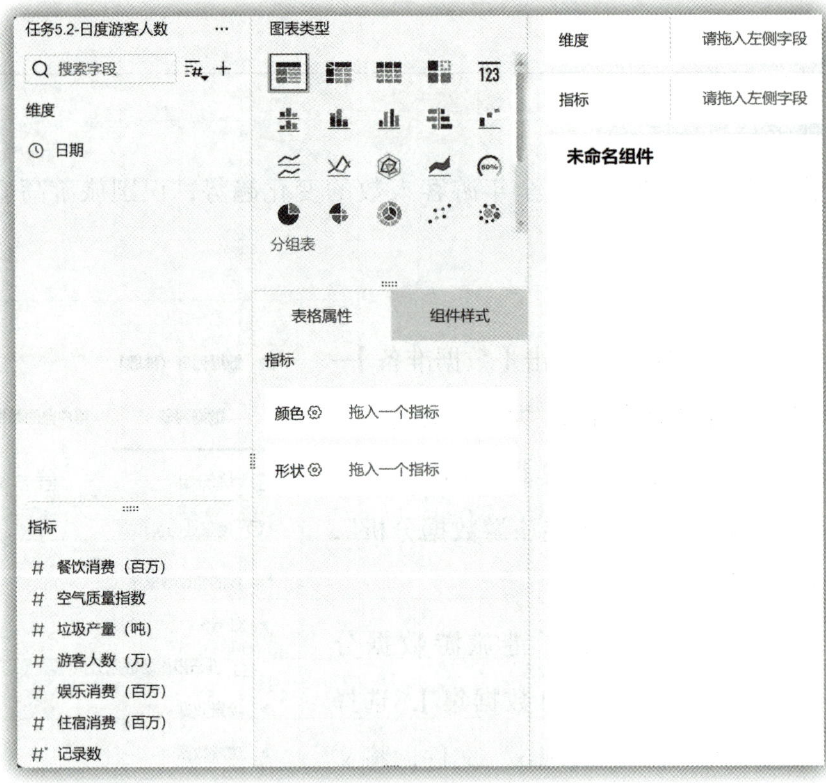


图 5-40　组件设计界面

（4）选择图表类型“分区折线图”，设置组件名称为“连云港 2023 年全年游客人数分析图”，如图 5-41、图 5-42 所示。

笔记

图 5-41　图表类型选择

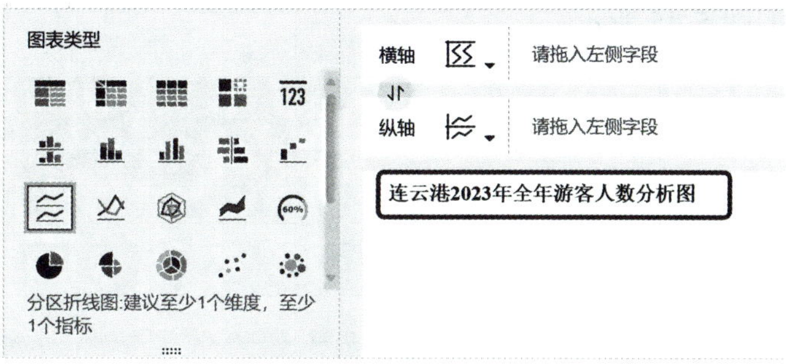


图 5-42　设置组件名

（5）将维度中的“日期”拖动至横轴，设置细粒度为“年月”，将指标中的“游客人数（万）”拖动至纵轴，如图 5-43 所示。

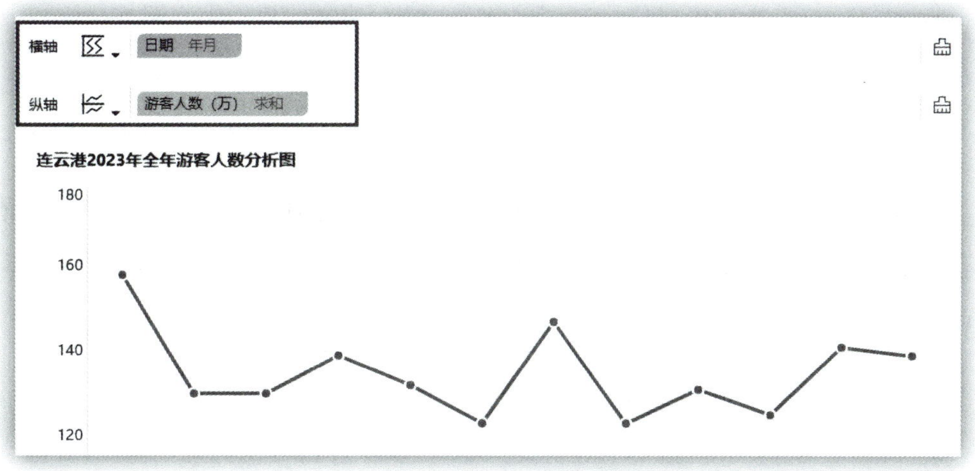


图 5-43　折线图设计界面

（6）选择【图形属性】—【连线】，将连线样式设置为“曲线”，如图 5-44 所示。

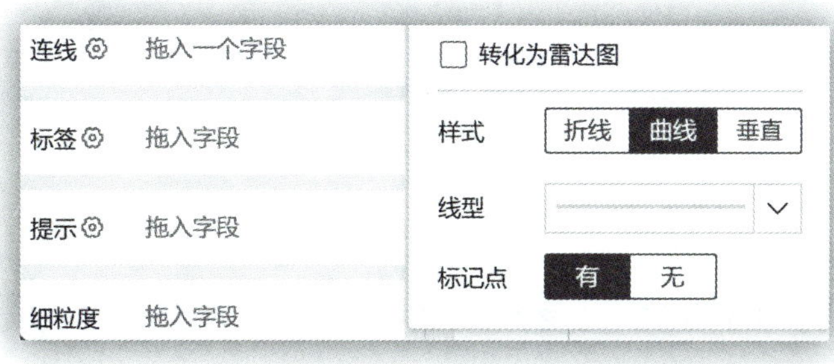


图 5-44　设置连线类型

（7）将指标中的“游客人数（万）”拖动至图形属性中的【标签】位置，

笔记

如图 5-45 所示。

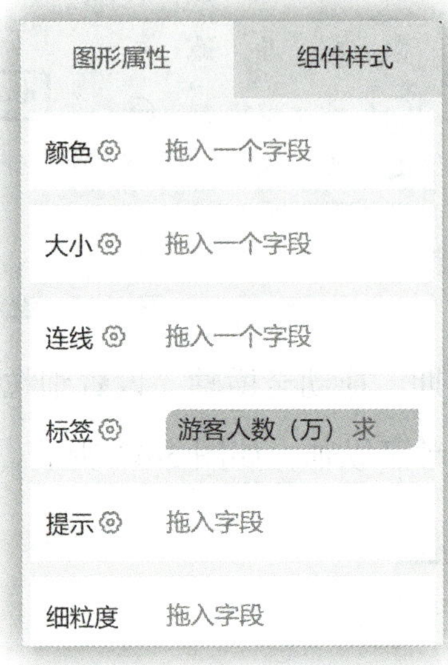


图 5-45　添加数据标签

（8）选择纵轴上“游客人数（万）”右边的选项【设置值轴】，勾选显示范围中的【自定义】，设置最小值为“100”，最大值为“180”，间隔值为“10”，如图 5-46 所示。

图 5-46　设置值轴

设置完成后，时间序列图的最终效果图如图 5-47 所示。

笔记

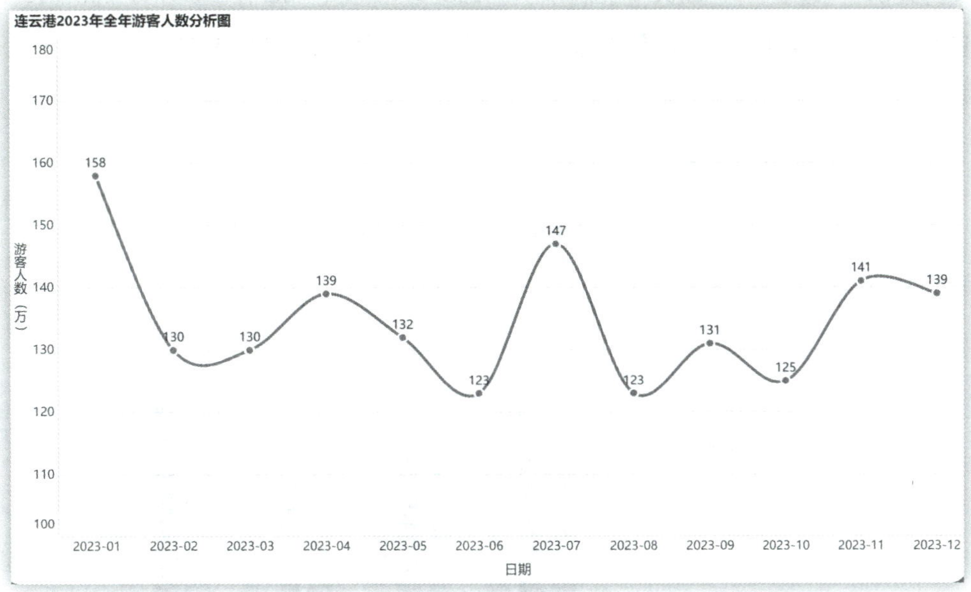


图 5-47　全年游客人数分析最终效果图

## 二、游客来源地评估

利用柱形图，分析游客来源地，为定制化的市场营销策略和服务提供改进依据。

游客来源地评估实操说明

【操作步骤】

（1）新建组件。选择表“任务 5.2- 高峰期游客来源地分布”，选择图表类型“多系列柱形图”，设置组件名称为“游客来源地评估”，如图 5-48 所示。

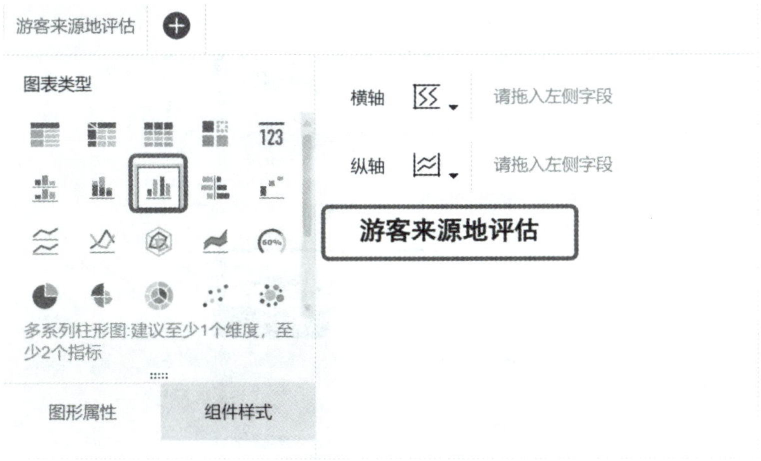


图 5-48　图表类型选择和设置组件名

笔记

（2）将维度中的“日期”拖动至横轴，设置细粒度为“年月”，将指标中的“省份 A（万）”“省份 B（万）”“省份 C（万）”拖动至纵轴；然后将维度中的“指标名称”拖至【图形属性】中的【颜色】，如图 5-49 所示。

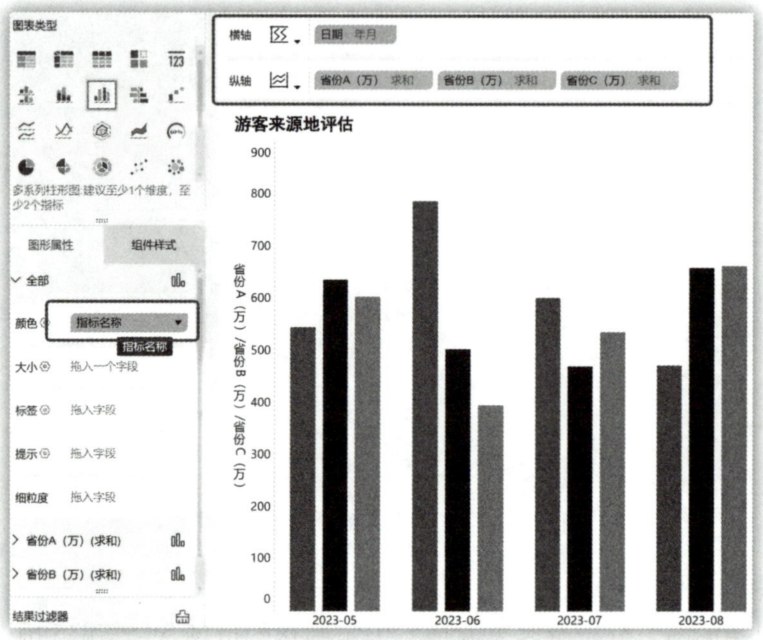


图 5-49　柱形图设计界面

（3）将指标中的“省份 A（万）”“省份 B（万）”“省份 C（万）”分别拖动至【图形属性】中的各系列中的【标签】中，如图 5-50 所示。

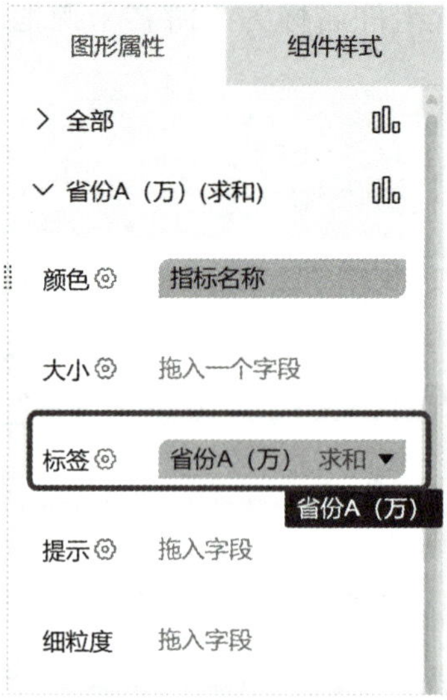


图 5-50　设置数据标签

笔记

（4）点击纵轴“省份A（万）”右边的▾，选择“设置值轴（左值轴）”，打开“设置值轴”对话框，设置轴标题为“人数（万）”，如图5-51所示。

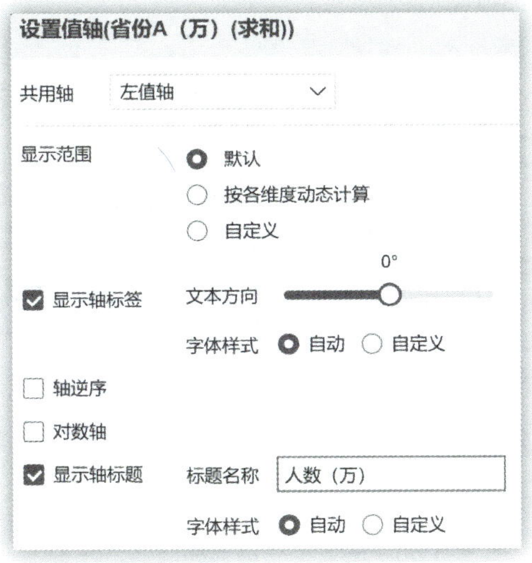


图5-51　设置值轴

设置完成后，柱形图的最终效果，如图5-52所示。

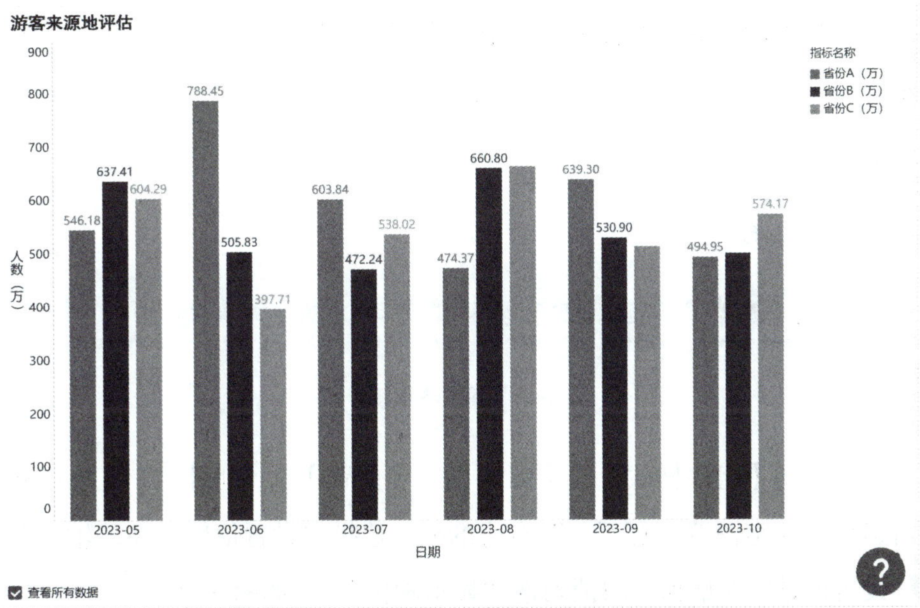


图5-52　游客来源地评估分析最终效果图

## 三、消费模式分析

通过雷达图，展示游客在住宿、餐饮、娱乐等方面的消费对比。

消费模式分析
实操说明

笔记

【操作步骤】

（1）新建组件，选择表“任务 5.2- 日度游客人数”，选择图表类型“折线雷达图”，设置组件名称为“连云港旅游消费模式分析”，如图 5-53 所示。

图 5-53　图表类型选择和设置组件名

（2）将维度中的“日期”拖动至横轴，设置细粒度为“年月”；将指标中的“餐饮消费（百万）”“娱乐消费（百万）”“住宿消费（百万）”拖动至纵轴。然后将维度中的“指标名称”拖至【图形属性】中的【颜色】，如图 5-54 所示。

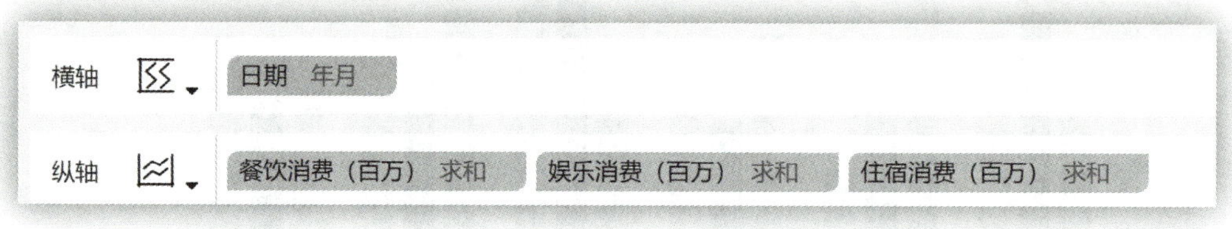


图 5-54　雷达图设置界面

（3）选择【组件样式】—【图例】—【位置】—【上】，如图 5-55 所示。点击纵轴“住宿消费（百万）”右边的▾，选择“设置值轴（左值轴）”，打开“设置值轴”对话框，取消勾选“显示轴标题”，如图 5-56 所示。

笔记

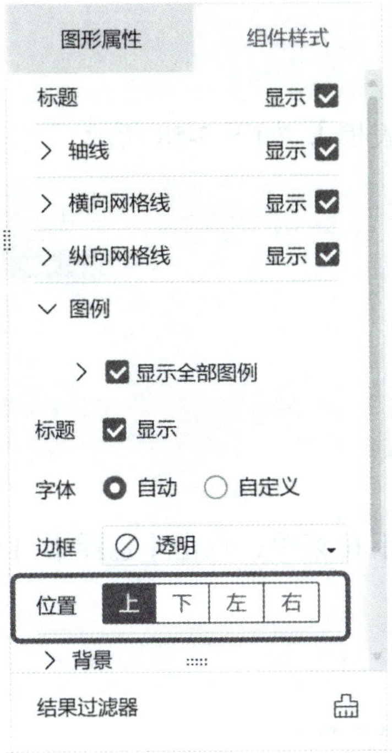


图 5-55　图例位置设置

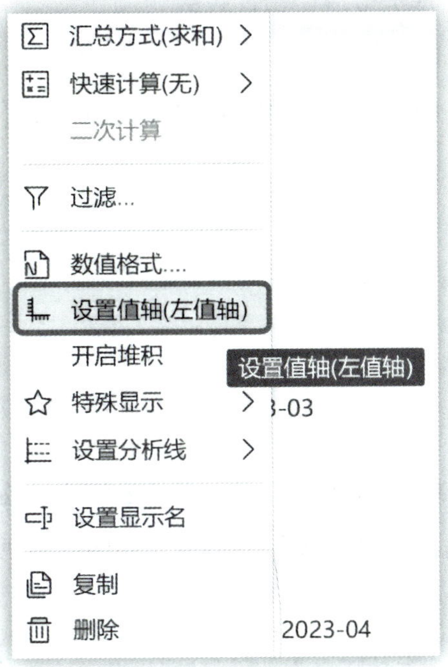


图 5-56　选择设置值轴

设置完成后，雷达图的最终效果，如图 5-57 所示。

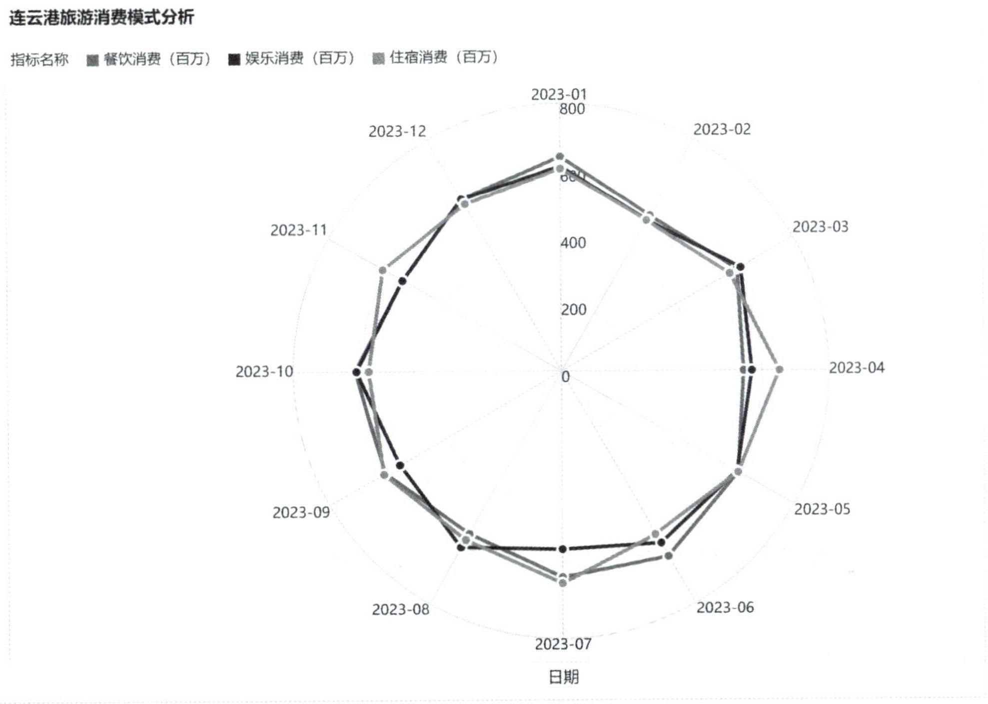


图 5-57　旅游消费模式分析最终效果图

笔记

连云港旅游数据仪表板制作实操说明

## 四、连云港旅游数据仪表板制作

【操作步骤】

（1）点击组件制作界面的右上角【进入仪表板】，如图 5-58 所示。

图 5-58　进入仪表板

（2）依次选择每一个图表组件，选择右侧下拉菜单，点击【悬浮】，目的是自由拖动缩放每个组件，如图 5-59 所示。

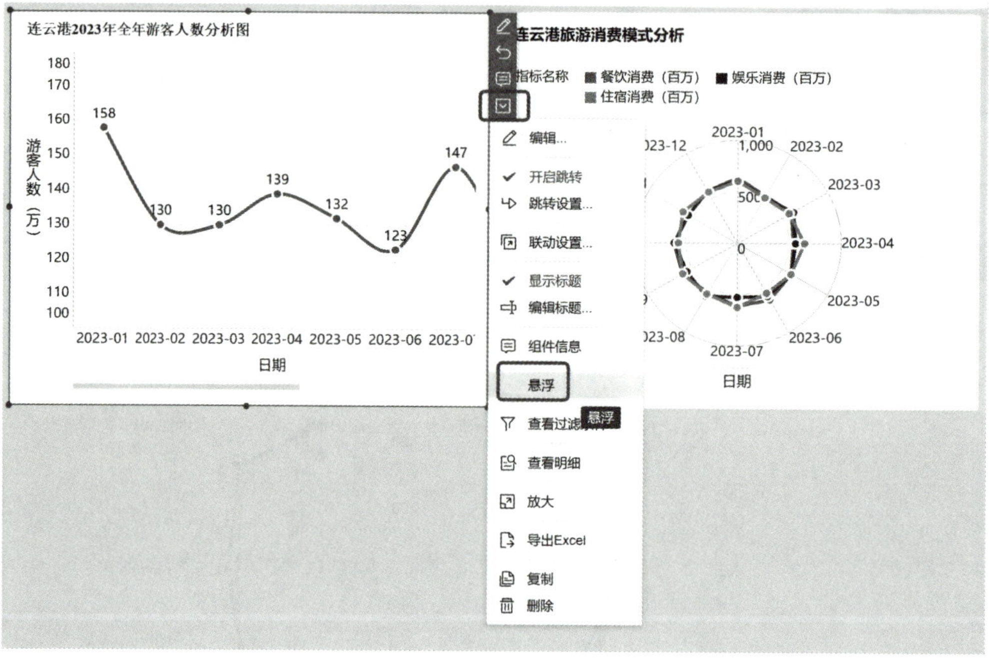


图 5-59　组件设置悬浮

（3）拖动图表组件至适当位置，如图 5-60 所示。

笔记

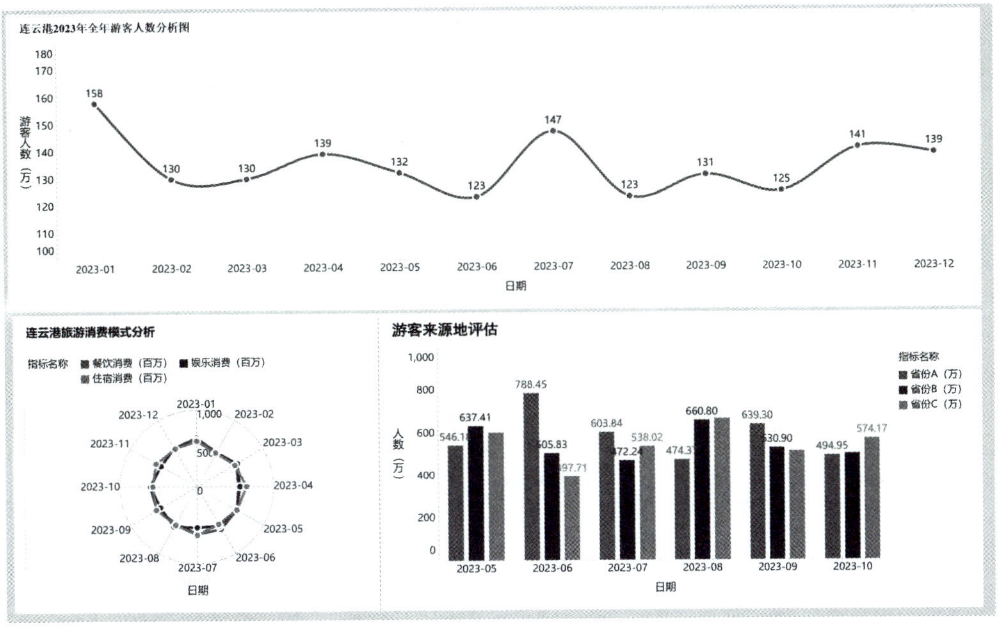


图 5-60　拖动组件至适当位置

（4）点击仪表板界面的左侧的【其他】—【文本组件】，添加文本组件，如图 5-61 所示。

图 5-61　添加文本组件

（5）在文本组件中输入“连云港旅游数据分析”，设置文本为“黑体”“30 号”“加粗”“白色”，设置背景为标准“蓝色”，即可完成仪表板的制作。

笔记

设置完成后，连云港旅游数据仪表板最终效果，如图 5-62 所示。

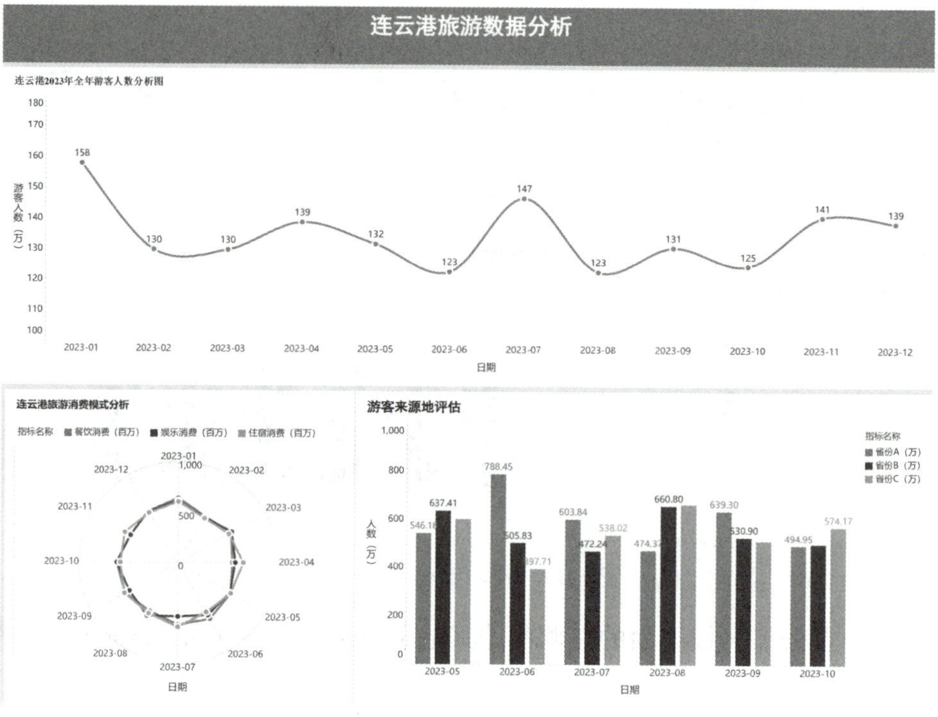


图 5-62 连云港旅游数据仪表板

## 任务小结

本任务以利用 FineBI 进行数据可视化为重点，通过学习如何将复杂的数据集转换为直观的图表，以及设置制作仪表板。本任务知识点总结如图 5-63 所示。

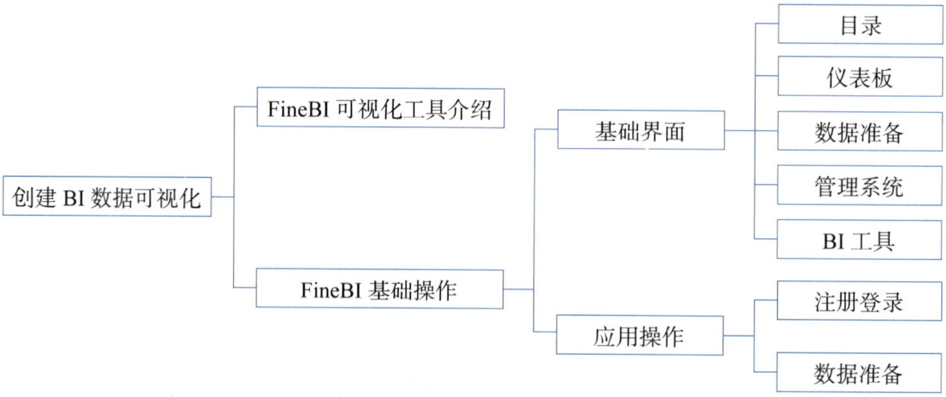


图 5-63 项目五任务二小结

笔记

## 任务拓展

在 FineBI 中还可以进行图表的 OLAP（多维）分析，可以极大地丰富对数据的理解和探索能力。OLAP 分析能够从多个维度对数据进行深入钻取、旋转和切片，提供了灵活的数据交互方式，帮助揭示数据背后的深层次信息。例如，通过钻取分析，可以轻松地从总体旅游人数的趋势分析钻取到特定地区、特定时间段的游客细节，或者从整体消费模式切换到不同消费类别的比较。设置钻取路径，即用户从一个字段钻取到另一个字段的顺序，例如从“年”钻取到“月”，再从“月”钻取到“日”，只需要在维度将“月”字段拖动至需要“年”字段的位置，反之亦可。

## 任务测试

随着城市化进程的加快，公共交通系统的效率和服务质量直接影响到市民的日常出行和生活满意度。为了更好地理解乘客的出行习惯和满意度变化，需要对城市的公交和地铁乘客流量数据进行深入分析，并探索提升乘客满意度的可能途径。

素材：“任务 5.2 测试 .xlsx”

要求：

（1）乘客流量分析。利用 FineBI 工具，对 2023 年内某城市公交和地铁的日度乘客数量进行可视化分析，识别出行高峰期和低谷期。

（2）满意度趋势分析。分析每个季度的公交和地铁乘客满意度评分，探索乘客满意度的变化趋势和可能的影响因素。

笔记

# 任务三
# 设计ECharts数据可视化

## 任务引例

**某旅游类平台的用户行为数据转化分析**

在数字营销领域，了解用户的行为路径并优化转化率是提升业务成效的关键。对于旅游类平台而言，用户的预订转化路径可能包括多个环节，如搜索、浏览、添加到购物车、填写信息和完成支付等。通过对这一转化路径的详细分析，平台可以发现用户流失的关键环节，从而采取措施改进网站设计、优化服务流程，提升用户满意度和预订转化率。

要求根据已有的用户行为数据，包括用户访问量、注册量、预订量等关键指标。对数据进行分析，找出用户在平台上的转化路径和流失点。根据数据分析结果，设计一个能够直观展示用户转化过程的漏斗图。漏斗图的设计要简洁明了，制作要规范专业，突出关键信息，便于理解和分析，并保证图表的美观性和可读性。漏斗图的效果，如图 5-64 所示。

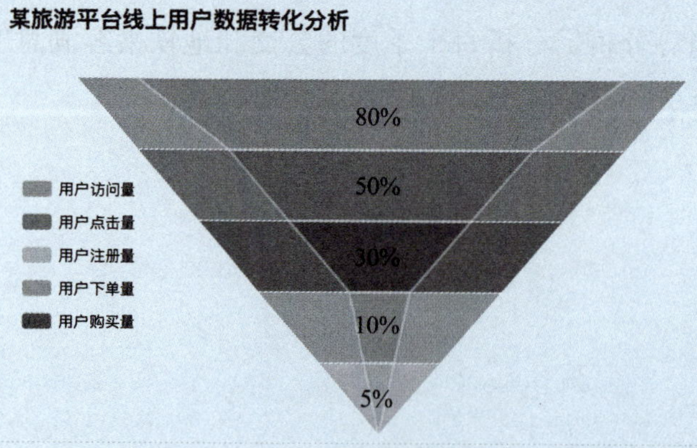


图 5-64　漏斗图效果图

笔记

## 任务准备

ECharts（Enterprise Charts，企业级图表库）是一个使用 JavaScript 实现的开源可视化图表库。由百度团队开发并维护，广泛应用于数据分析和可视化领域，因其强大的功能、灵活的配置以及优秀的性能而受到开发者的喜爱。

在现代 Web 应用中，数据可视化成为了展示复杂数据集、揭示潜在模式和趋势，以及增强用户交互体验的重要手段。ECharts 正是在这样的需求背景下应运而生，它提供了丰富的图表类型，包括地图、热力图、箱型图、K 线图、雷达图等，几乎涵盖了数据可视化的所有常用场景。此外，ECharts 还支持多种数据格式和数据源接入，如 JSON、CSV 等，使得从数据预处理到图表呈现的过程变得简洁高效。开发者能够通过简单的配置快速生成具有高度定制性的图表，同时保证了无论是在桌面还是移动环境中在不同尺寸和分辨率的设备上都有良好的显示效果。ECharts 的强大不仅体现在其图表功能上，还在于它提供的交互性。图表支持用户交互，如工具提示（tooltip）、数据区域缩放、拖拽重计算等，这些特性使得用户可以通过操作进一步探索数据，获得更深层次的信息。

### 一、ECharts 绘制图表

#### （一）下载并引入 ECharts.js 文件

方法一：选择 dist/ECharts.js，点击并保存为 ECharts.js 文件。在保存 ECharts.js 的目录新建一个 index.html 文件，如图 5-65 所示。

```html
<!DOCTYPE html><html>
  <head>
    <meta charset="utf-8" />
    <title>ECharts</title>
      <!--引入刚下载的echarts文件-->
    <script src="echarts.js"></script>
  </head>
  </html>
```

图 5-65　引入 ECharts.js 文件方法 1

笔记

方法二：调用文件，如图 5-66 所示。

```
<!DOCTYPE html><html>
  <head>
    <meta charset="utf-8" />
    <title>ECharts</title>
    <script src="https://cdn.jsdelivr.net/npm/echarts@5.5.0/dist/echarts.min.js"></script>
  </head>
  </html>
```

图 5-66　引入 ECharts.js 文件方法 2

### （二）准备 DOM 容器

在绘图前需要为 ECharts 准备一个定义了高宽的 DOM 容器。在 </head> 之后，添加如图 5-67 所示。

```
<body>
  <!-- 为 ECharts 准备一个定义了宽高的 DOM -->
  <div id="main" style="width: 600px;height:400px;"></div>
</body>
```

图 5-67　配置 <div> 标签

### （三）初始化 ECharts 实例对象

通过 ECharts.init 方法初始化一个 ECharts 实例并通过 setOption 方法生成一个简单的柱形图。

### （四）指定配置项和数据（option）

配置项和数据定义了图表的外观和行为，包括图表类型、数据源、坐标轴、图例、提示框等，根据具体需求修改配置选项即可。

### （五）将配置项设置给 ECharts 实例对象

将一个配置项对象传递给 ECharts 实例对象（myChart），从而让 ECharts 根据这个配置项生成或更新图表。

```
<!DOCTYPE html><html>
  <head>
    <meta charset="utf-8" />
    <title>ECharts</title>
    <script src="https://cdn.jsdelivr.net/npm/echarts@5.5.0/dist/echarts.min.js"></script>
  </head>
  <body>
    <!-- 为 ECharts 准备一个定义了宽高的 DOM -->
    <div id="main" style="width: 600px;height:400px;"></div>
    <script type="text/javascript">
```

笔记

```
    // 基于准备好的dom，初始化 echarts 实例
    var myChart = echarts.init(document.getElementById('main'));
    // 指定图表的配置项和数据
    var option = {
      title: {
        text: 'ECharts 绘制基础图表'
      },
      tooltip: {},
      legend: {
        data: ['销量']
      },
      xAxis: {
    data: ['丝巾', '钥匙扣', '明信片', '书签', '环保袋', '立体拼图']              },
      yAxis: {},
      series: [
        {
          name: '销量',
          type: 'bar',
          data: [5, 20, 36, 10, 10, 20]
        }
      ]
    };
    // 使用刚指定的配置项和数据显示图表。
    myChart.setOption(option);
  </script>
</body></html>
```

图 5-68　完整代码示例

代码实现效果如图 5-69 所示。

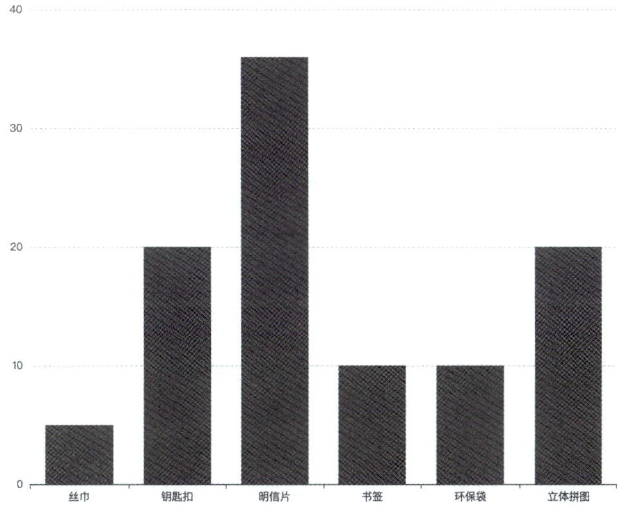


图 5-69　代码实现效果

## 二、ECharts 代码示例

ECharts 的官方网站提供了一个非常实用的示例库，其涵盖了从基础到高

笔记

级的各种数据可视化图表示例，包括柱形图、折线图、饼图等多种图表类型，如图 5-70 所示。每个示例都附有可交互的图表和相应的源代码（图 5-71），点击【运行】后可以直观地看到图表效果，并理解背后的实现逻辑，这些示例不仅展示了 ECharts 图表的基础用法，还展示了一些高级特性，如图表动画、自定义样式、数据动态更新等。

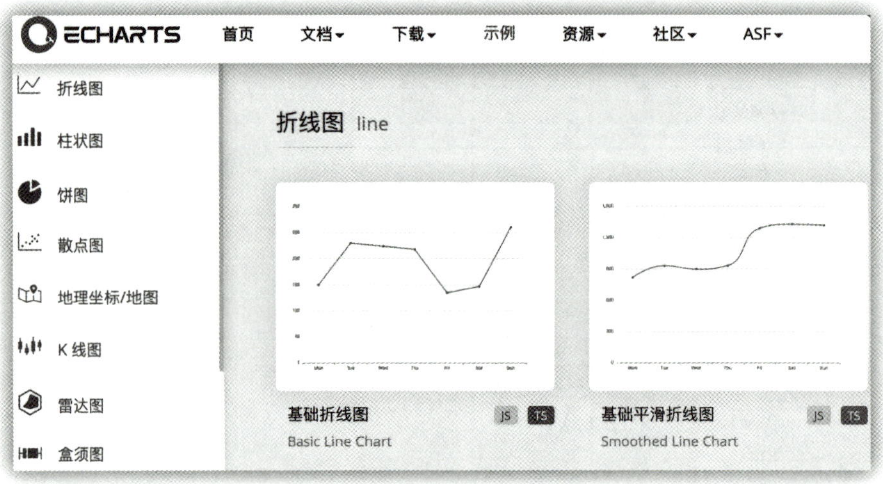


图 5-70　ECharts 官方网站示例

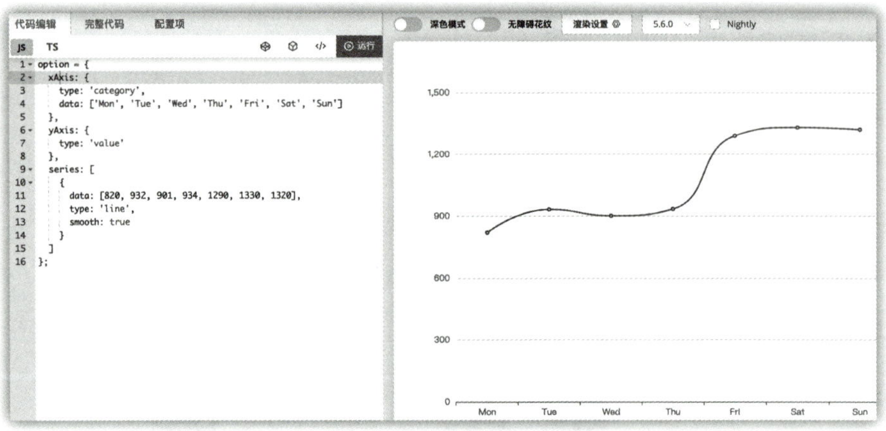


图 5-71　示例实现的 js 代码

用户行为数据转化实操说明

## 任务执行

### 用户行为数据转化分析

根据已有的用户行为数据，包括用户访问量、点击量、注册量、下单量、购买量等关键指标。对数据进行分析，设计一个能够直观展示用户转化过程的漏斗图。

笔记

【操作步骤】

（1）打开 ECharts 官网示例库，找到漏斗图，点击进入编辑状态，如图 5-72 所示。

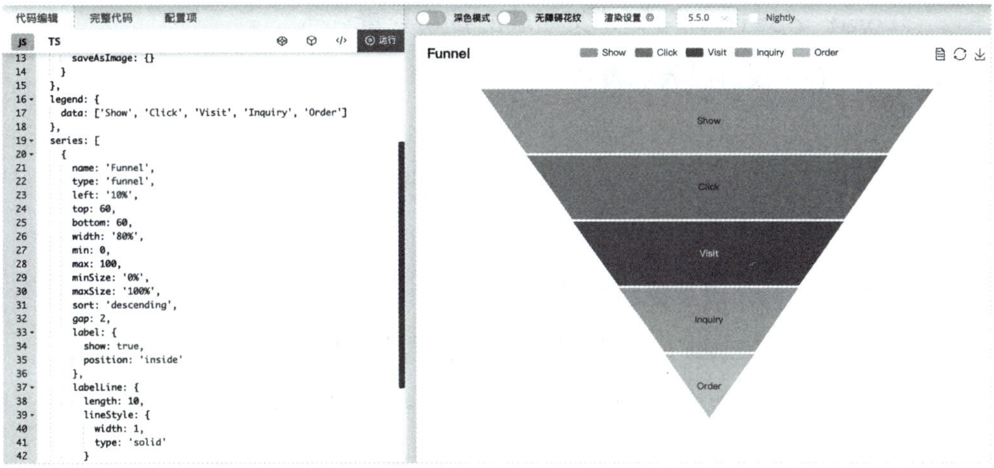


图 5-72　漏斗图实现的 js 代码

（2）将 data 数据部分进行替换。

完整代码如下：

```
<!DOCTYPE html><html>
  <head>
    <meta charset="utf-8"/>
    <title>ECharts</title>
    <script src="https://cdn.jsdelivr.net/npm/ECharts@5.5.0/dist/ECharts.min.js"></script>
  </head>
  <body>
    <!-- 为 ECharts 准备一个定义了宽高的 DOM -->
    <div id="main" style="width:600px;height:400px;"></div>
```

笔记

```
    <script type="text/javascript">
      // 基于准备好的 dom，初始化 ECharts 实例
      var  myChart = ECharts.init(document.get
ElementById('main'));
      // 指定图表的配置项和数据
      var option; // 定义图表配置项变量
option={// 设置图表配置项
  title:{// 设置图表标题
    text:'某旅游平台线上用户数据转化分析'// 标题文本内容
  },
  tooltip:{// 设置提示框样式
    trigger:'item',// 触发方式为数据项图形
    formatter:'{a} <br/>{b} :{c}%'// 提示框显示格式
  },
  toolbox:{// 设置工具箱
    feature:{// 工具箱功能
      dataView:{readOnly:false},// 数据视图可编辑
      restore:{},// 还原
      saveAsImage:{} // 保存为图片
    }
  },
  legend:{// 设置图例
    orient:'vertical',// 图例布局方式为垂直方向
    left:10,// 图例距离容器左侧的距离
    top:'center',// 图例距离容器顶部的距离
    data:['用户访问量','用户点击量','用户注册量','用户下单
量','用户购买量'] // 图例数据项
  },
  series:[ // 设置数据系列
```

笔记

```
{// 期望值数据系列
  name:'expected', // 数据系列名称
  type:'funnel', // 图表类型为漏斗图
  left:'10%', // 数据系列距离容器左侧的距离
  width:'80%', // 数据系列宽度
  label:{// 标签样式
    formatter:'{b} 期望值'// 标签显示格式
  },
  labelLine:{// 标签线样式
    show:false // 不显示标签线
  },
  itemStyle:{// 数据项样式
    opacity:0.7 // 透明度
  },
  emphasis:{// 高亮状态样式
    label:{// 标签样式
      position:'inside', // 标签位置在数据项内部
      formatter:'{b}Expected:{c}%'// 标签显示格式
    }
  },
  data:[ // 数据项数据
    {value:60,name:'用户购买量'},
    {value:40,name:'用户下单量'},
    {value:20,name:'用户注册量'},
    {value:80,name:'用户点击量'},
    {value:100,name:'用户访问量'}
  ]
},
{// 实际值数据系列
```

笔记

```
name:'Actual',// 数据系列名称
type:'funnel',// 图表类型为漏斗图
left:'10%',// 数据系列距离容器左侧的距离
width:'80%',// 数据系列宽度
maxSize:'80%',// 最大尺寸
label:{// 标签样式
  position:'inside',// 标签位置在数据项内部
  formatter:'{c}%',// 标签显示格式
  color:'#fff'// 标签颜色
},
itemStyle:{// 数据项样式
  opacity:0.5,// 透明度
  borderColor:'#fff',// 边框颜色
  borderWidth:2 // 边框宽度
},
emphasis:{// 高亮状态样式
  label:{// 标签样式
    position:'inside',// 标签位置在数据项内部
    formatter:'{b} 实际值: {c}%'// 标签显示格式
  }
},
data:[ // 数据项数据
  {value:30,name:'用户购买量'},
  {value:10,name:'用户下单量'},
  {value:5,name:'用户注册量'},
  {value:50,name:'用户点击量'},
  {value:80,name:'用户访问量'}
],
//Ensure outer shape will not be over inner shape
```

笔记

```
when hover.
        z:100 //z 轴层级，确保鼠标悬停时外部形状不会覆盖内部形状
      }
    ]
};
option && myChart.setOption(option); // 设置图表配置项并
渲染图表
     </script>
   </body></html>
```

## 任务小结

本次任务介绍了如何利用 ECharts 进行旅游类平台用户行为数据的转化分析图设计制作。实现过程主要依据 ECharts 官方提供的示例进行了学习和修改。这种方法不仅可以快速掌握了 ECharts 的基本使用技巧，还能够深入理解如何针对特定的数据分析需求定制化图表配置。通过借鉴官方示例，学习了如何有效地利用 ECharts 强大的数据可视化能力，加深了对 ECharts 在旅游数据分析应用中的理解，也为未来类似项目提供了可行的操作模板和灵感来源。本任务知识点总结如图 5-73 所示。

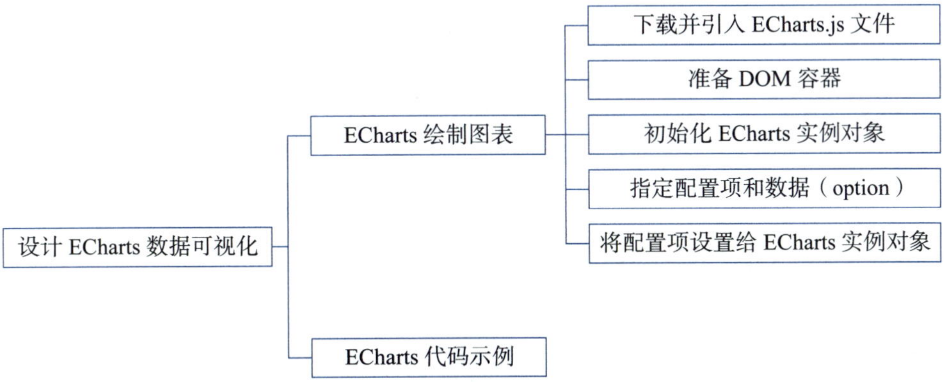


图 5-73　项目五任务三小结

笔记

## 任务拓展

利用ECharts提供的丰富交互功能，如数据筛选、图表缩放、细节查看等，根据需求动态探索数据。例如，可以通过点击图表中的某个景点名称，进一步查看该景点的详细满意度评价分布或不同月份的访问量变化。样例代码如下：

```
<!DOCTYPE html>
<html>
<head>
    <meta charset="UTF-8">
    <title>ECharts 示例</title>
    <!-- 引入 ECharts -->
    <script src="https://cdn.jsdelivr.net/npm/
ECharts@5/dist/ECharts.min.js"></script>
</head>
<body>
    <!-- 图表容器 -->
    <div id="main" style="width:600px;height:400px;">
</div>
    <script type="text/javascript">
        // 基于准备好的dom，初始化ECharts实例
        var myChart = ECharts.init(document.
getElementById('main'));
        // 指定图表的配置项和数据
        var option={
            title:{
                text:'旅游景点访问量'
            },
```

笔记

```
        tooltip:{},
        legend:{
            data:['访问量']
        },
        xAxis:{
            data:["景点A","景点B","景点C","景点D"]
        },
        yAxis:{},
        series:[{
            name:'访问量',
            type:'bar',
            data:[500,200,360,120]
        }]
    };
    // 使用刚指定的配置项和数据显示图表。
    myChart.setOption(option);
    // 点击事件
    myChart.on('click', function (params) {
        // 在这里可以定义点击柱形图后的行为，比如更新图表
为展示点击的景点的详细数据
        console.log(params.name); // 打印出被点击景点
的名称
        // 假设这里点击后我们展示景点A不同月份的访问量
        if (params.name === '景点A') {
            myChart.setOption({
                title:{
                    text:'景点A不同月份访问量'
                },
```

笔记

```
                    xAxis:{
                        data:["1月","2月","3月","4月"]
                    },
                    series:[{
                        name:'访问量',
                        data:[120,132,101,134]
                    }]
                });
            }
            // 类似的，可以为其他景点添加不同的数据更新逻辑
        });
    </script>
</body>
</html>
```

效果如图 5-74 所示，点击其中“景点 A”系列后，效果如图 5-75 所示。

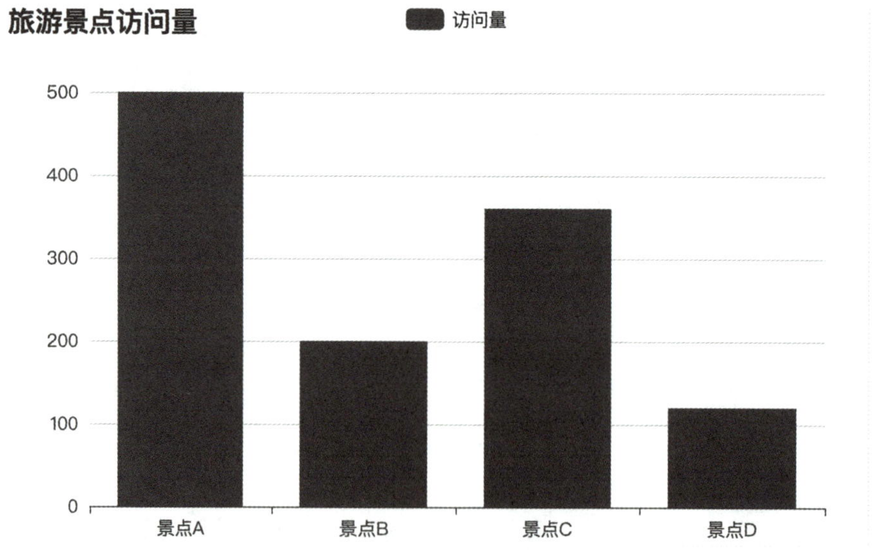


图 5-74　效果图 1

笔记

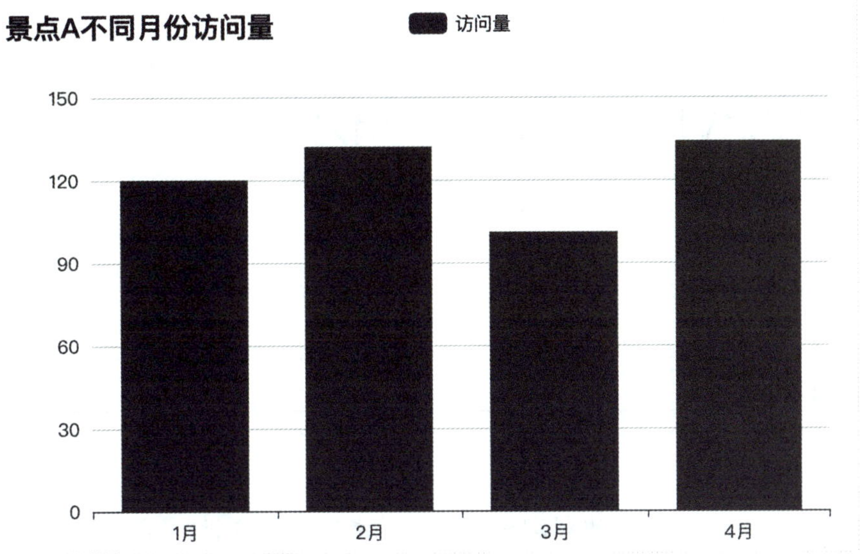


图 5-75　效果图 2

## 任务测试

素材："任务 5.3 测试 .xlsx"

要求：利用 ECharts 进行景点热度分析，展示不同旅游景点的访问量，以直观地了解各景点的热度排名。

笔记

# 任务四
# 设计Python数据可视化

## 任务引例

**南京池杉湖景区季节性游客流量分析**

随着旅游业的快速发展，各大景区面临着如何合理规划和管理游客流量的挑战。合理的游客管理不仅可以提升游客体验，还能保护景区环境，促进可持续旅游发展。为了更好地理解游客的访问模式，需要对景区的游客访问量数据进行深入分析。

要求使用 Python 编程语言，针对南京池杉湖景区前两个季度的游客访问量数据，绘制折线图或柱形图展示不同时间段内的游客访问量变化趋势。通过这种可视化分析，我们旨在识别出游客访问量的季节性变化模式，为景区的运营管理和服务改进提供数据支持。

通过这个任务，不仅能够提升 Python 数据可视化的技能，还能深入分析和理解游客访问量的变化趋势，为景区管理提供科学的数据分析支持。

（案例数据为模拟数据）

## 任务准备

### Python 中常用的数据可视化库

在数据可视化领域，Python 提供了多种工具和库，使数据分析人员能够以直观的方式展示复杂数据集，揭示数据中的趋势和模式，并与他人共享洞察。以下是一些在 Python 中常用的数据可视化库。

笔记

1. Matplotlib

Matplotlib是最常用的2D绘图库之一，提供了广泛的绘图选项，包括线图、散点图、柱形图、饼图等，它是基于对象导向的，允许用户高度自定义图形。

2. Seaborn

Seaborn是基于Matplotlib构建，提供了一个相对更高级的接口，用于创建统计图形，特别适合于数据探索和分析过程中的可视化需求。

3. Plotly

Plotly是一个交互式图形库，能够生成高质量的2D和3D图表，并且支持在线发布和数据驱动的交互，可以创建动态的、可缩放的、高分辨率的图形。

4. Bokeh

Bokeh是一个用于创建交互式和可扩展图形的库，是以Web应用的形式呈现复杂的统计模型、大规模数据集和流式数据集。

5. Pandas

Pandas主要是一个数据处理和分析库，但它也提供了一些内置的绘图功能，这些功能足以应对日常的数据可视化任务。

6. Pygal

Pygal是一个动态的SVG（可缩放矢量图形）图表生成库，支持生成各种图表类型，并且可以轻松地将图表嵌入到网页中。

7. Datashader

Datashader专注于大型数据集的高性能平铺和聚合，由Bokeh开发团队创建，尤其适用于地图和地理空间数据的可视化。

## 任务执行

### 使用Python分析游客访问量数据

使用Python编程语言编写南京池杉湖景区前两个季度的游客访问量数据，绘制折线图或柱形图展示不同时间段内的游客访问量变化趋势。同时要编写代码注释，确保代码可读性和可维护性。

使用Python分析游客访问量数据实操说明

笔记

【操作步骤】

（1）打开 Pycharm，新建 Python 文件。

（2）编写数据可视化—折线图，完整代码如下，效果如图 5-76 所示。

```
import matplotlib.pyplot as plt
# 设置字体为 SimHei
plt.rcParams['font.sans-serif'] = ['SimHei']
# 数据
months=['1 月','2 月','3 月','4 月','5 月','6 月']
cases=[11800,13450,20100,12250,19300,20350]
# 绘制折线图
plt.plot(months,cases,marker='o',linestyle='-')
# 设置标题和坐标轴标签
plt.title('南京池杉湖景区前两季度游客访问量统计')
plt.xlabel('月份')
plt.ylabel('人数')
# 显示图形
plt.show()
```

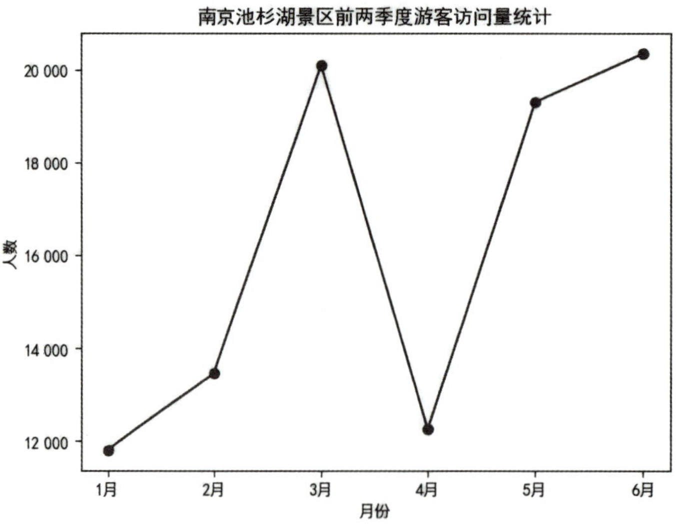


图 5-76　折线图效果

笔记

（3）编写数据可视化—柱形图，完整代码如下，效果如图 5-77 所示。

```
import matplotlib.pyplot as plt
# 设置字体为 SimHei
plt.rcParams['font.sans-serif'] = ['SimHei']
# 旅游案例数据
months = ['1 月','2 月','3 月','4 月','5 月','6 月']
cases = [11800,13450,20100,12250,19300,20350]
# 绘制柱形图
plt.bar(months, cases)
# 设置标题和坐标轴标签
plt.title('南京池杉湖景区前两季度游客访问量统计')
plt.xlabel('月份')
plt.ylabel('人数')
# 显示图形
plt.show()
```

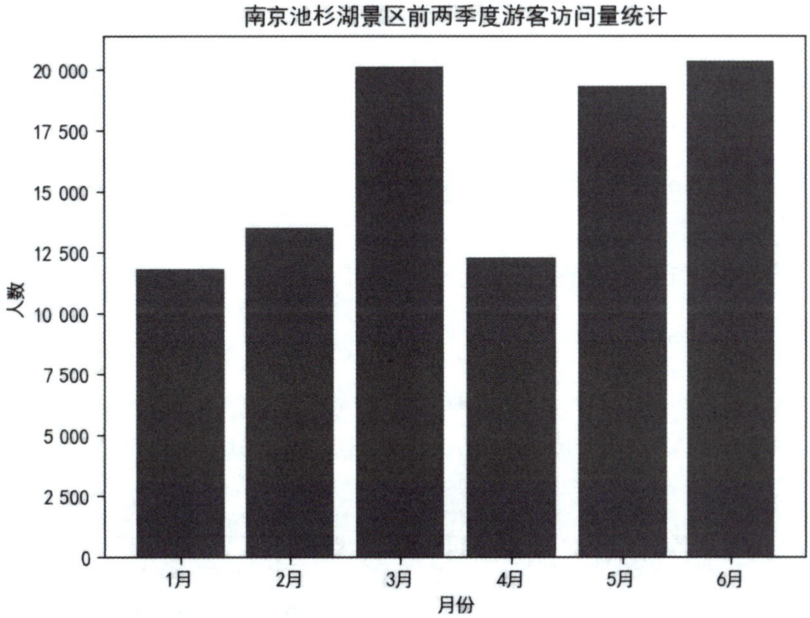


图 5-77　柱形图效果

笔记

## 任务小结

本次任务主要探究了利用 Python 进行数据可视化，简要介绍了常见的 Python 可视化库，如 Matplotlib、Seaborn、Plotly、Bokeh 等，并重点通过 Matplotlib 库的应用，展示了如何制作基本的折线图和柱形图。这一任务旨在为学生提供一个关于数据可视化的基础入门，帮助理解如何将数据通过视觉元素展现出来，从而为后续的专业学习打下基础。本任务知识点总结如图 5-78 所示。

图 5-78　项目五任务四小结

## 任务拓展

Python 可视化库中的 Plotly，也可以实现类似的柱形图绘制功能。Plotly 是一个支持丰富的交互式图表和数据可视化功能的库。下面是如何用 Plotly 来重现上述 Matplotlib 创建的柱形图的代码，效果如图 5-79 所示。

```
import plotly.graph_objects as go
# 旅游案例数据
months=['1 月','2 月','3 月','4 月','5 月','6 月']
cases=[11800,13450,20100,12250,19300,20350]
# 绘制柱形图
fig=go.Figure(data=go.Bar(x=months,y=cases,marker_
color='blue')) # 通过 marker_color 参数设置柱形图的颜色
```

笔记

```
# 设置标题和坐标轴标签
fig.update_layout(
    title='南京池杉湖景区前两季度游客访问量统计',
    xaxis_title='月份',
    yaxis_title='人数',
    font=dict(family="SimHei",size=12) # 设置图表的字体
)
# 显示图形
fig.show()
```

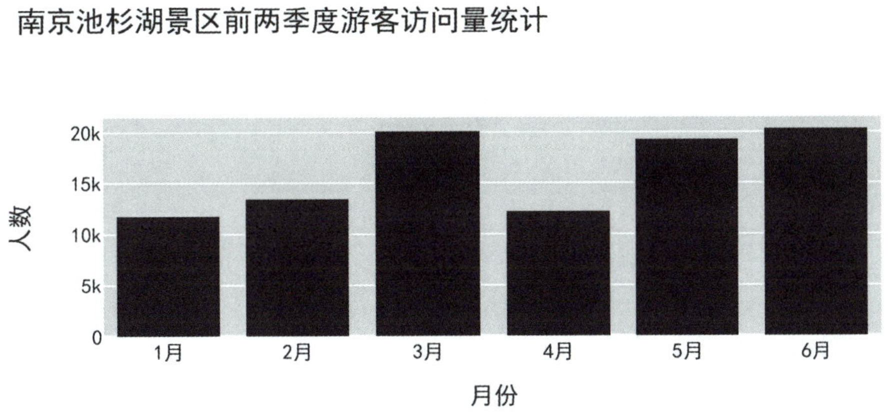


图 5-79　Plotly 实现数据可视化的效果图

## 任务测试

请使用 Matplotlib 绘制一个清晰、易读的折线图，展示一家旅游网站全年每月的访问量变化，包括合适的标题、坐标轴标签以及图例（如果需要）。此外，确保图表中的月份和访问量数据准确无误。

数据集：

月份：['1 月 ', '2 月 ', '3 月 ', '4 月 ', '5 月 ', '6 月 ', '7 月 ', '8 月 ', '9 月 ', '10 月 ', '11 月 ', '12 月 ']

访问量：[3200，4300，5000，4800，5600，6100，7000，6700，7600，

笔记

8200，9000，9700]

要求：

（1）请为图表添加标题“2023 年旅游网站每月访问量”。

（2）确保 x 轴标签为“月份”，y 轴标签为“访问量（千人次）”。

（3）如果环境支持中文显示，请确保图表中的中文能够正确显示；否则，可使用英文标签代替。

理论篇

技术篇

# 实战篇

# 项目六

## 旅游消费行为分析

笔记

### 职业能力目标

1. 能够根据不同任务需求，熟练运用爬虫工具获取景区游记数据。

2. 能够掌握数据清洗、整理和分析的方法，将采集的游记数据进行有效的处理，以便进行不同的视角分析。

3. 能够具备运用数据分析方法和工具，对旅游消费行为进行深入分析和解读。

4. 能够在数据采集和分析过程中，及时解决遇到的技术问题和数据异常情况。

### 典型工作任务

1. 运用八爪鱼爬虫工具，从在线旅游网站中爬取避暑旅游景区游记数据，分析客源地分布特征和基本行为特征，包括出行时间、游玩天数、游玩类型、出游伴侣和人均消费。

2. 对抓取到的数据进行清理，删除不以避暑为旅游动机的游记、不以长白山为旅游目的地的网络游记、删除记录旅行信息不完整、不适合用于文本内容分析的游记，去除噪声和无效信息。

3. 运用数据分析方法和工具，分析游客的基本特征、理解旅游者的决策行为并探索旅游者的消费偏好，并将分析结果以可视化的方式展示。

4. 归纳总结旅游消费行为的特点，形成相关报告和结论，提出改进旅游消费行为分析的建议和措施。

笔记

# 任务一 采集并清洗旅游游记数据

## 任务引例

**旅游者基本特征**

2018年，文化和旅游部发布的《关于实施旅游服务质量提升计划的指导意见》中明确提出“大力开发避暑旅游产品，推动建设一批避暑度假目的地”。研究发现，出于个人隐私保护的考虑，网络游记很少出现旅游者人口统计特征，但可以抓取到出游时间、出行天数、人均消费、游玩伴侣、出游方式等模块信息，通过描述性统计分析得出旅游者基本特征。

本任务以长白山旅游景区为例，数据来源于用户生成内容（User Generated Content，简称UGG），以游客旅行结束后在网上分享的实际游览行程相关的游记为主。选取了携程网为主要数据来源，利用八爪鱼爬虫软件从在线旅游网站中爬取长白山避暑旅游相关网络游记数据，利用Excel中的PowerQuery清洗游记数据，利用Excel可视化。

## 任务准备

登录八爪鱼采集器并检查Excel版本，双击下载好的八爪鱼采集器，登录账号，如图6-1、图6-2所示。双击Excel，在【账户】中查看Excel版本，保证产品信息是Microsoft Office 2016以上，如图6-3所示。

笔记

图 6-1　登录注册界面

图 6-2　登录成功界面

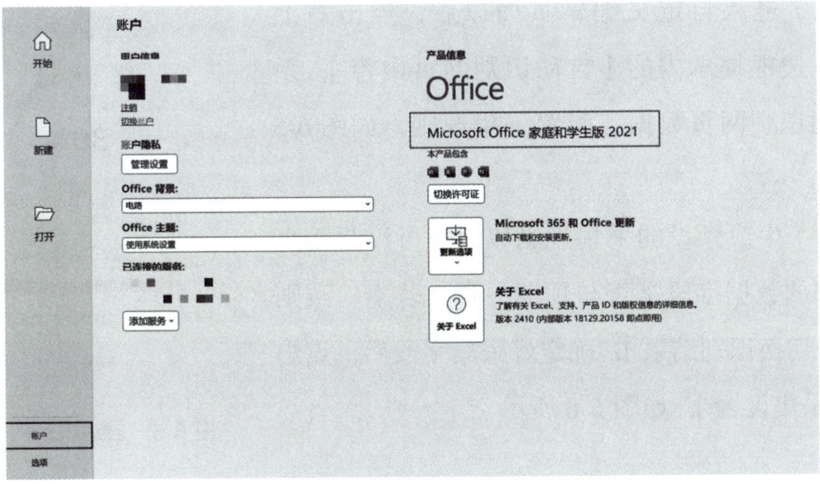


图 6-3　Excel 产品信息

笔记

# 任务执行

## 一、用户生成内容数据采集

在八爪鱼采集器中有多种数据采集方式，包括自动识别采集数据和自定义规则采集数据。自动识别采集中，系统会自动识别网页数据配置采集规则，自定义规则采集需要用户设定规则定义流程步骤，模拟人浏览网页的操作来实现采集数据，每一步都需要自己先设置好才能开始采集。针对两种采集模式将分别展开介绍。

### （一）自动识别采集

【操作步骤】

（1）在主页的搜索框内输入要采集的网址（以携程网为例），点击【开始采集】，进入采集网站，如图 6-4 所示。

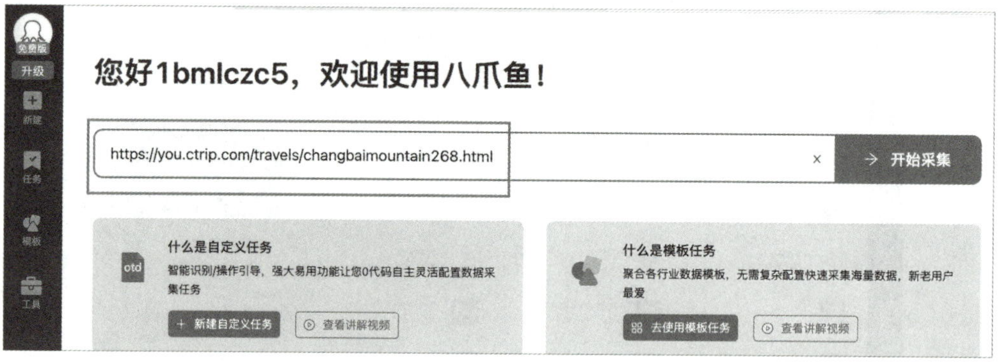


图 6-4　输入网址开始采集

（2）进入自定义编辑页面以后，点击右上角黄色边框提示内的【自动识别网页内容】，系统自动识别网页数据，配置采集规则，如图 6-5 所示。

图 6-5　自动识别网页数据

（3）生成预设的采集规则以后，可以观察页面底部的数据字段是否与预期一致，若不一致则选择【切换识别结果】，确定好采集字段后，点击【生成采集设置】，如图 6-6 所示。

笔记

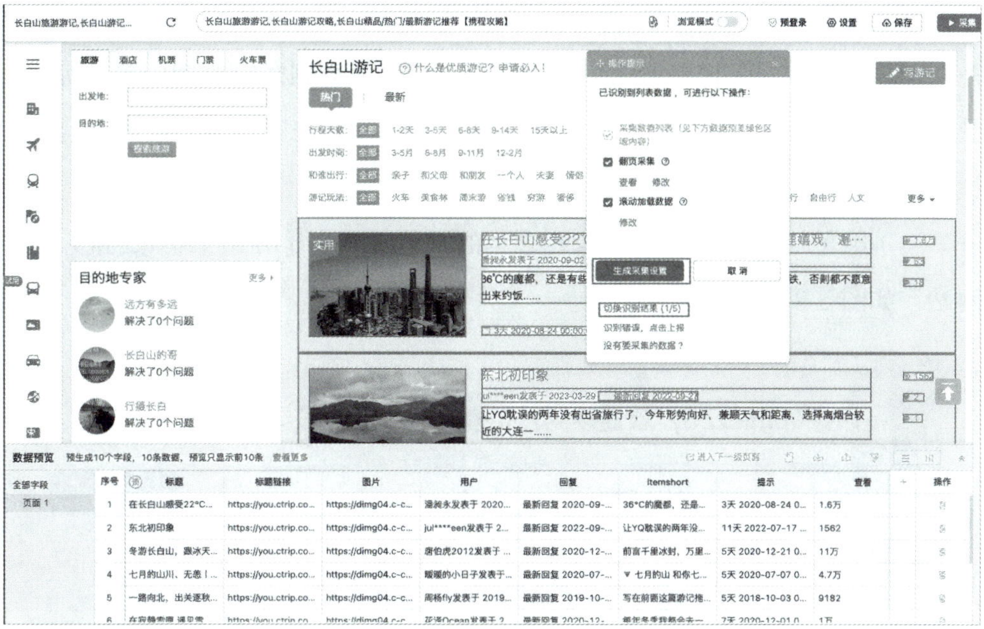


图 6-6　采集设置页面

可以看到客户端右侧出现采集规则，底部绿色的预选字段变为白色，如图 6-7 所示。

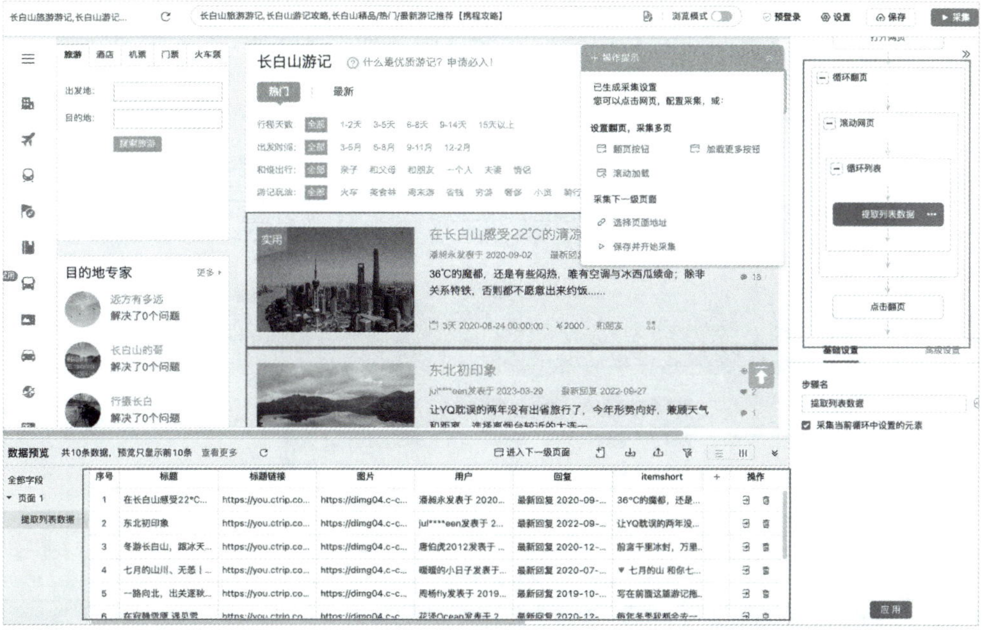


图 6-7　生成采集规则

## （二）自定义规则采集

自定义规则采集实操说明

上述为自动识别采集步骤，该采集方法的优点是可快速生成采集规则。但

笔记

是，无法满足所有应用场景的数据采集要求，而自定义规则采集则可以解决这一问题。以携程网中长白山用户游记数据，自定义规则采集挖掘用户的游记感受、游玩天数、游玩时间、人均消费、游玩伴侣、玩法和其他游玩地等信息。

【操作步骤】

（1）在主页的搜索框内输入要采集的网址，点击【开始采集】，进入采集网站，如图 6-8 所示。

图 6-8　输入网址开始采集

（2）单击标题名“在长白山感受 22 ℃的清凉，漫步森林氧吧，与梅花鹿嬉戏，邂逅醉美天池”后，将出现相似元素提示对话框，单击【选中全部相似元素】，可将该页面所有游记的标题名选中，如图 6-9 所示。

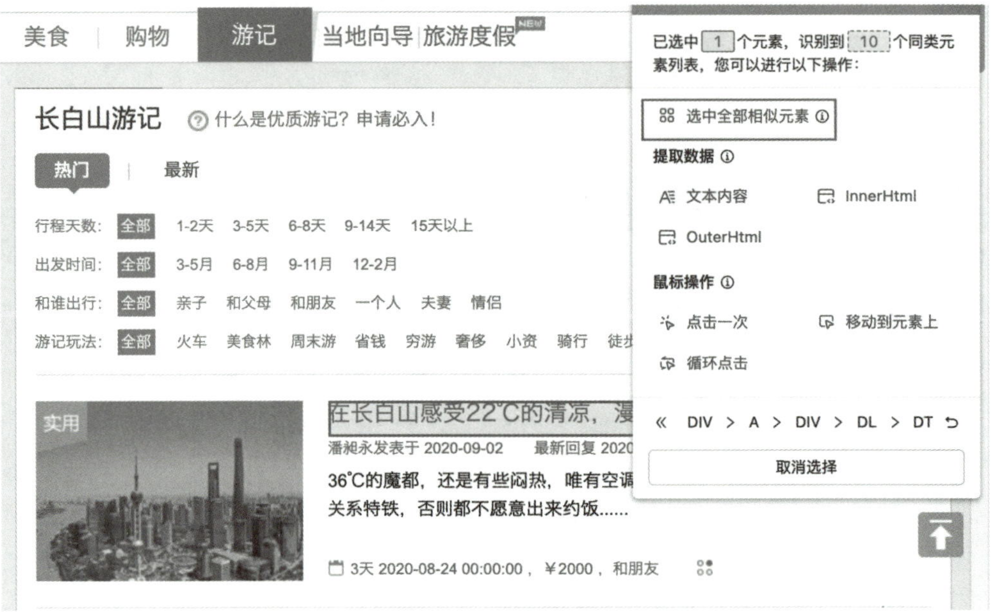


图 6-9　选中全部相似元素

笔记

（3）左下角数据预览中可以看到相应字段详情，单击【文本内容】，将选中相应预览文本内容，如图 6-10 所示。

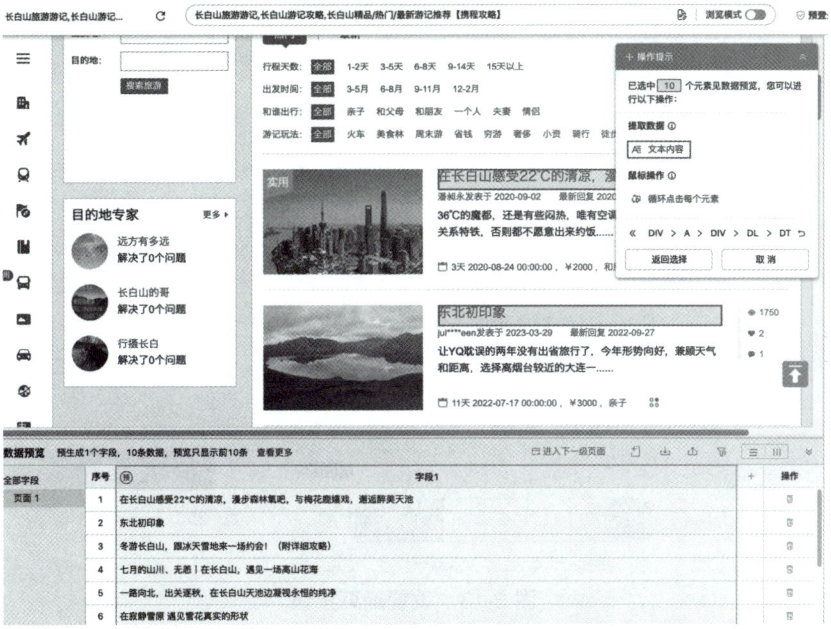


图 6-10　采集文本内容

此时，底部绿色的预选字段变为白色，如图 6-11 所示。

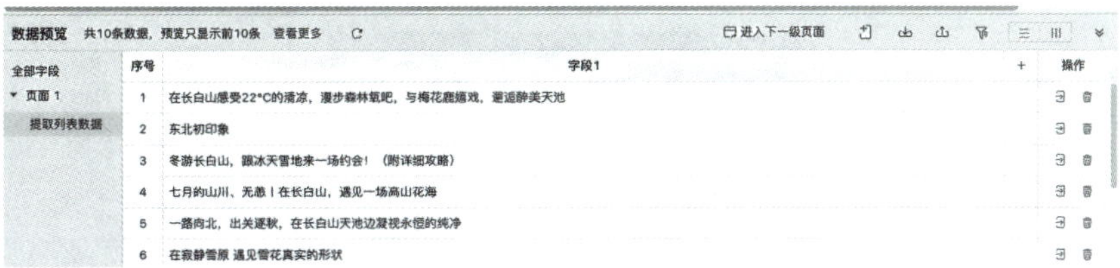


图 6-11　确认采集文本内容

（4）由于长白山的游记数据有多页，因此需要设置循环翻页，单击【翻页按钮】，如图 6-12 所示。

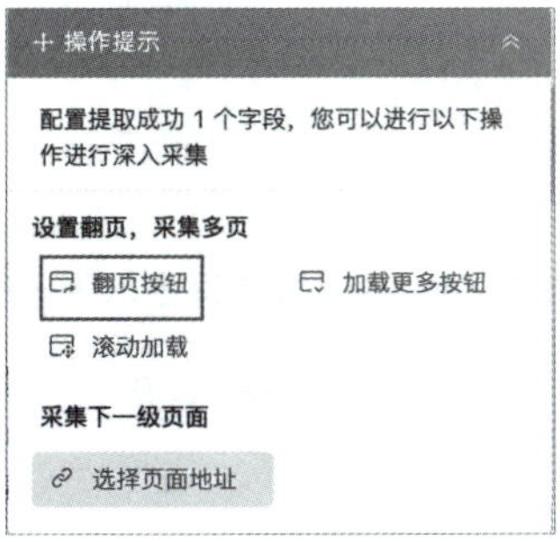


图 6-12　设置翻页规则

笔记

（5）单击网页底端的【下一页】，再单击【确定】，如图 6-13 所示。

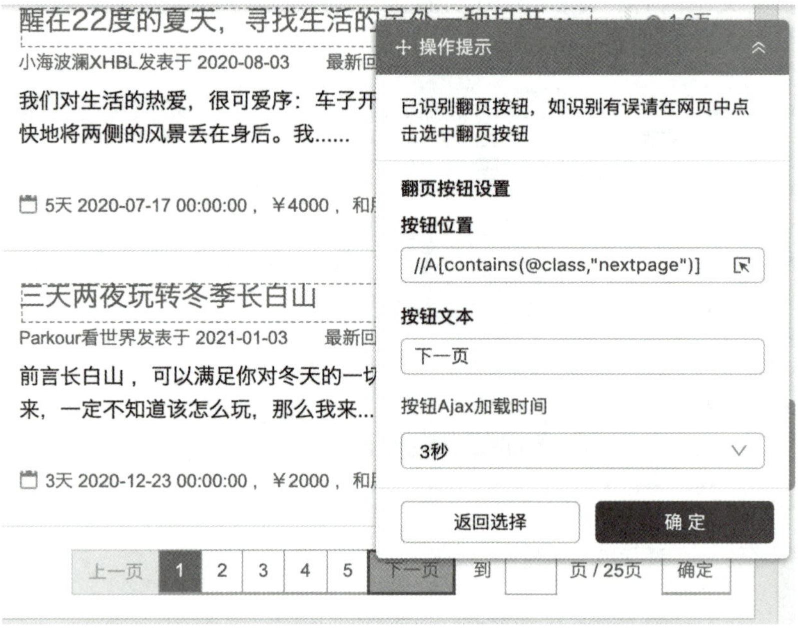


图 6-13　设置翻页按钮

（6）单击客户端右侧的【提取列表数据】以采集下一级页面，单击【从网页选择】，再单击游记标题名，进入下一级页面，如图 6-14 所示。

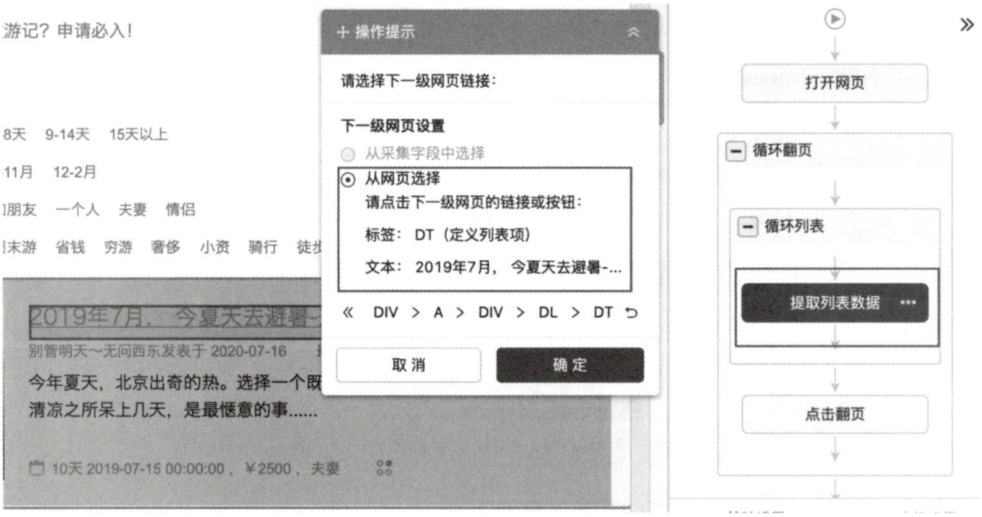


图 6-14　从网页选择进入下一级

（7）进入下一级页面后，选择需要采集的字段，单击【元素中数据内容】，如图 6-15 所示。

笔记

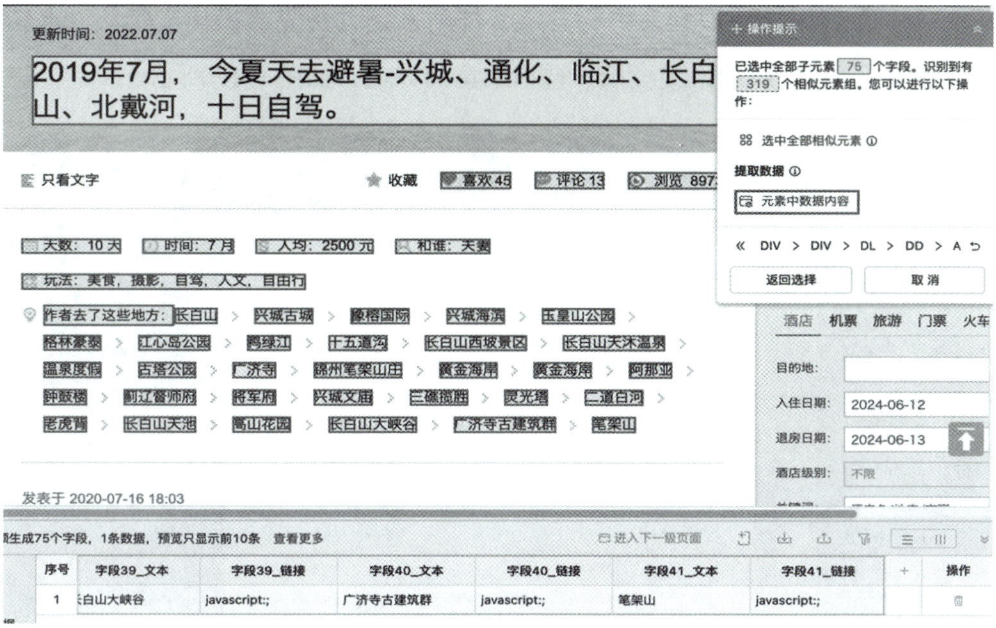

图 6-15　提取选取字段的数据内容

（8）客户端右侧将生成自定义规则的采集流程，如图 6-16 所示。

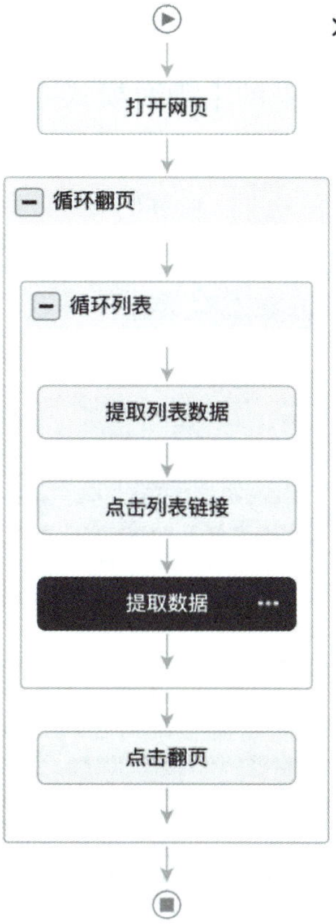


图 6-16　采集规则

笔记

（9）在利用自动识别采集和自定义规则采集方法完成操作步骤后，点击右上角【采集】，启动采集页面，选择采集的方式，如图 6-17 所示。

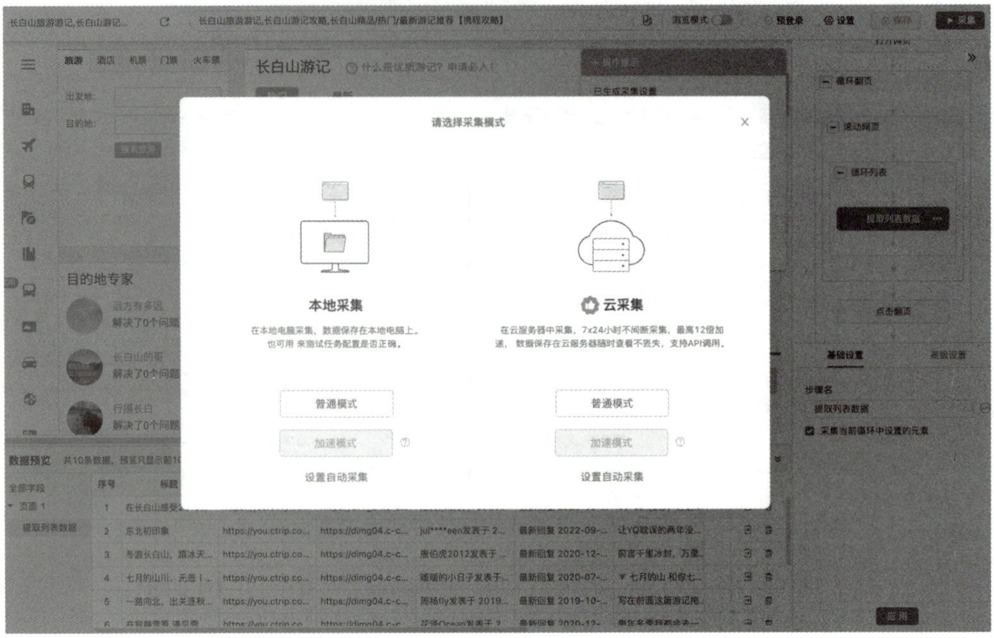


图 6-17　采集方式

（10）点击【本地采集】中的【普通模式】，等待采集过程，如图 6-18 所示。

图 6-18　正在采集页面

（11）采集完成，单击【导出数据】，如图 6-19 所示。

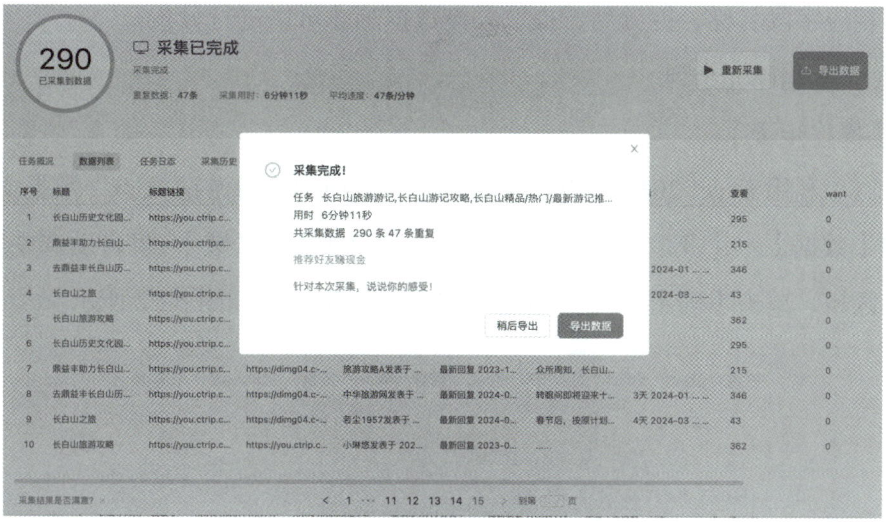


图 6-19　导出数据

（12）单击【去重数据】，去除重复的数据，如图 6-20 所示。

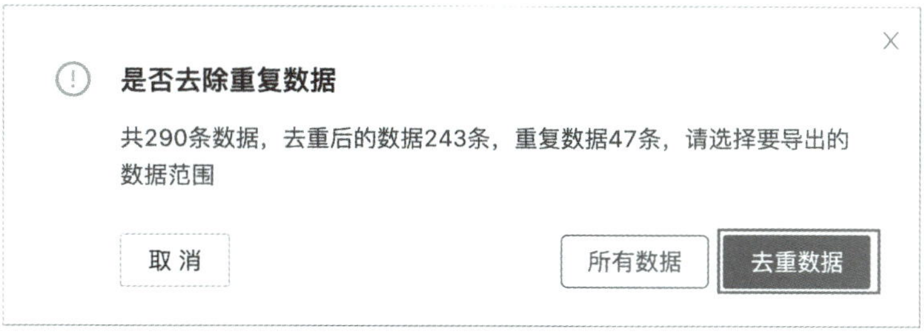


图 6-20　去重数据

（13）选择导出文件类型，默认 Excel 格式。单击【确定】，如图 6-21 所示，导出即可。

图 6-21　选择导出类型

## 二、用户生成内容数据预处理

导出的游记数据需要进行数据的预处理。具体包括删除无关列和重复列、

笔记

用户生成内容数据预处理实操说明

笔记

整理相应字段名称、拆分列、提取关键数据等才可以进行分析。

### （一）删除冗余列

【操作步骤】

（1）利用 Excel 2016 或以上版本打开“长白山旅游游记 .xlsx”数据文件，单击【数据】—【获取和转换数据】—【来自表格 / 区域】，将自动选中所有数据区域，单击【确定】，进入 Power Query 编辑器，如图 6-22 所示。

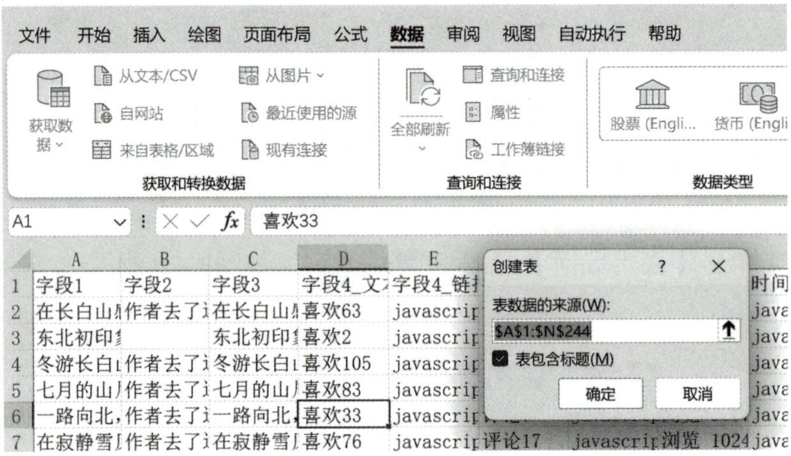


图 6-22　导入数据

（2）单击【主页】—【转换】—【将第一行用作标题】，如图 6-23 所示。

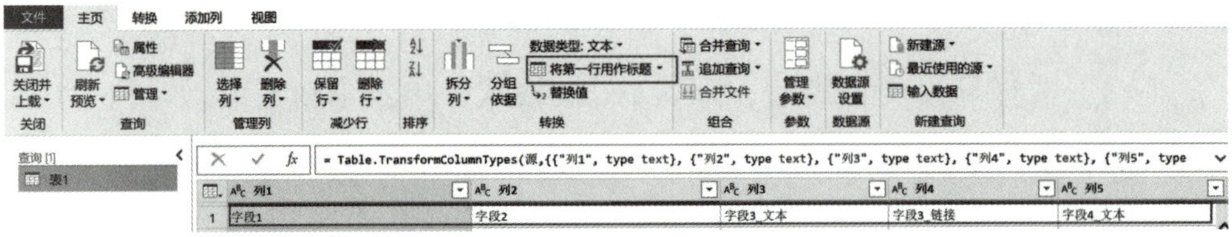


图 6-23　将第一行用作标题

（3）选中第二列、链接列和其他重复列，单击【主页】—【删除列】，如图 6-24 所示。

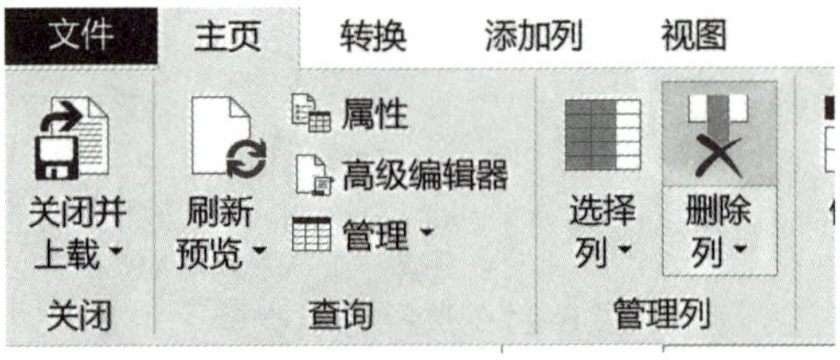


图 6-24　删除列

笔记

## （二）拆分列

【操作步骤】

（1）选中第二列数据，单击【主页】—【拆分列】—【按照从非数字到数字的转换】，如图 6-25 所示。

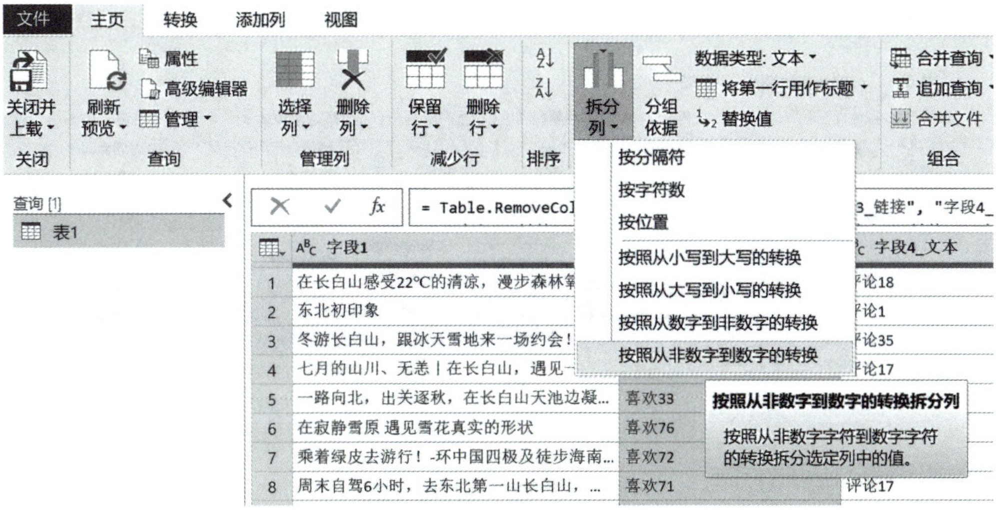


图 6-25　按照从非数字到数字的转换拆分列

（2）双击标题名，修改第一列标题名为“游记标题”；第三列标题名为“喜欢数”，选中第二列数据，删除数据都为“喜欢”的数据列，结果如图 6-26 所示。

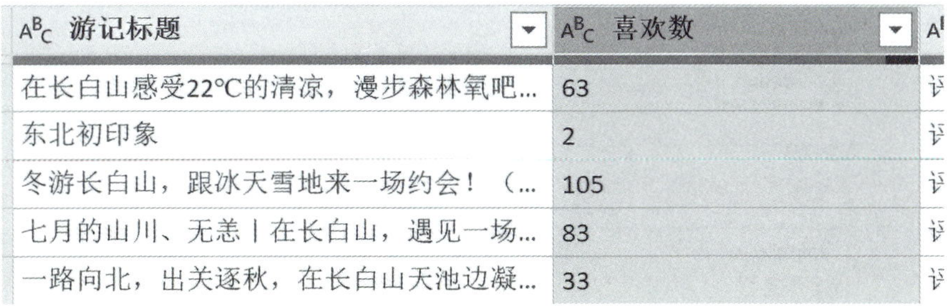


图 6-26　删除列

（3）重复步骤 1 和步骤 2，拆分“评论数”“浏览数”“游玩天数”“游玩月份”“人均消费”“游玩伴侣”数据列，并修改数据类型为整数，将“11 万 +”替换为“110000”，结果如图 6-27 所示。

笔记

| 评论数 | 浏览数 | 游玩天数 | 游玩月份 | 人均消费 | 游玩伴侣 |
| --- | --- | --- | --- | --- | --- |
| 18 | 16400 | 3 | 8 | 2000 | 和朋友 |
| 1 | 1751 | 11 | 7 | 3000 | 亲子 |
| 35 | 110000 | 5 | 12 | 3000 | 和朋友 |
| 17 | 47325 | 5 | 7 | 3500 | 和朋友 |

图 6-27　替换数据

（4）选中“玩法”列，单击【主页】—【拆分列】—【按分隔符数】拆分列，如图 6-28 所示。

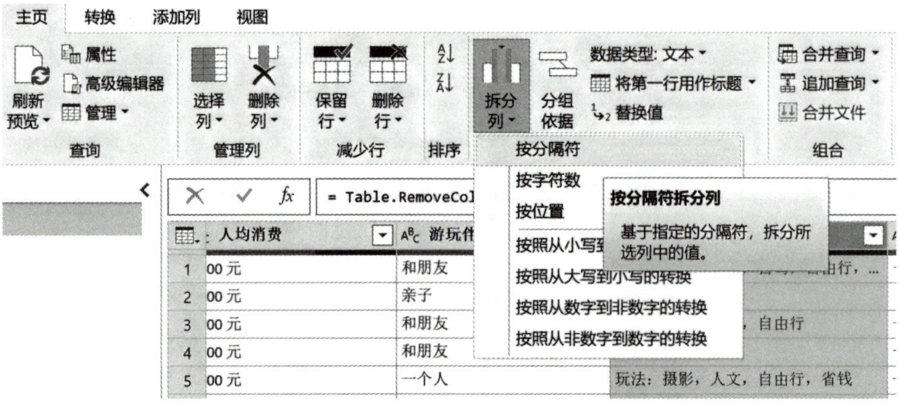


图 6-28　按字符数拆分列

（5）Power Query 将自动检索该列数据第一次出现的分隔符冒号，单击【确定】，如图 6-29 所示。

图 6-29　设置分隔符

（6）删除“玩法”数值列，选中“字段 9.2”列，单击【主页】—【拆分列】—【按分隔符数】拆分列，在【拆分列】选项卡中选择【按分隔符拆分列】，在弹出的对话框中，单击【确定】，修改字段名为“玩法 1”……“玩法

10”，结果如图 6-30 所示。

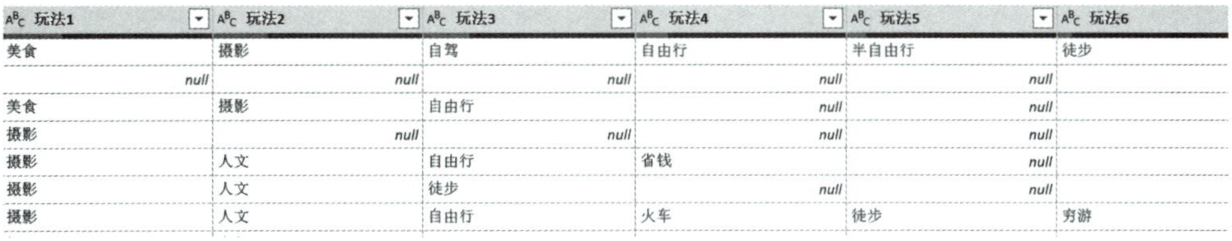

| 玩法1 | 玩法2 | 玩法3 | 玩法4 | 玩法5 | 玩法6 |
|---|---|---|---|---|---|
| 美食 | 摄影 | 自驾 | 自由行 | 半自由行 | 徒步 |
| null | null | null | null | null | |
| 美食 | 摄影 | 自由行 | null | null | |
| 摄影 | null | null | null | null | |
| 摄影 | 人文 | 自由行 | 省钱 | null | |
| 摄影 | 人文 | 徒步 | null | null | |
| 摄影 | 人文 | 自由行 | 火车 | 徒步 | 穷游 |

图 6-30　删除“玩法”列

（7）在采集数据中，由于游记作者的打卡地众多，可单击【主页】—【关闭并上载】，利用 Excel 的填充柄工具对标题名进行序列填充，如图 6-31 所示。

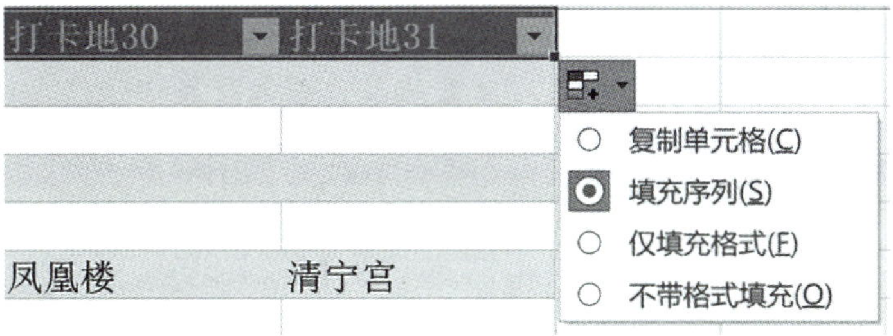


图 6-31　填充标题

## （三）缺失值填充

### 1. 对“喜欢数”“评论数”“浏览数”的空值进行零填充

【操作步骤】

（1）选中“喜欢数”数据列，单击【转换】—【替换值】，如图 6-32 所示。

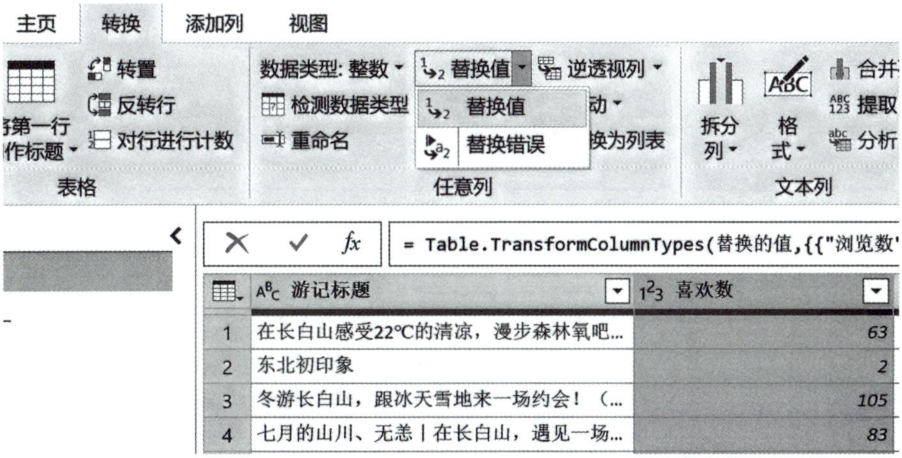


图 6-32　替换值按钮

（2）在弹出的替换值对话框中，将空值替换成“0”，如图 6-33 所示。

笔记

笔记

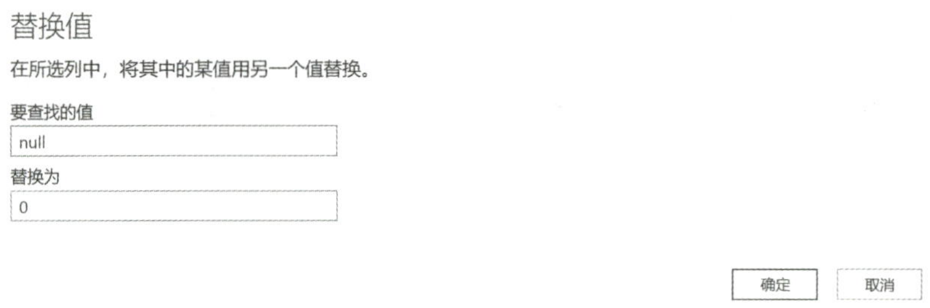


图 6-33　空值替换成“0”

（3）同理，将“评论数”“浏览数”列的空值替换为“0”。

### 2. 对“游玩天数”“人均消费”的空值进行均值填充

【操作步骤】

（1）选中“游玩天数”列，点击右侧的小箭头，在弹出的对话框中取消勾选 null，单击【确定】，筛选出不为空的数据，如图 6-34 所示。

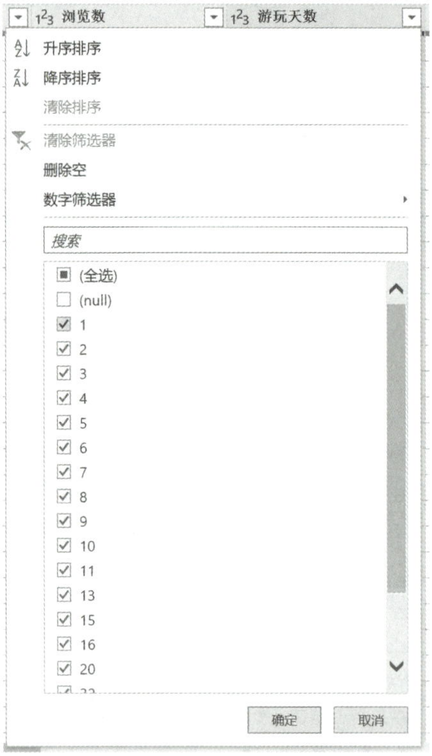


图 6-34　筛选游玩天数不为空的数据

（2）单击【转换】—【统计信息】—【平均值】，计算“游玩天数”的平均值，采用四舍五入的方法，“游玩天数”的平均值为 6，如图 6-35、图 6-36 所示。

笔记

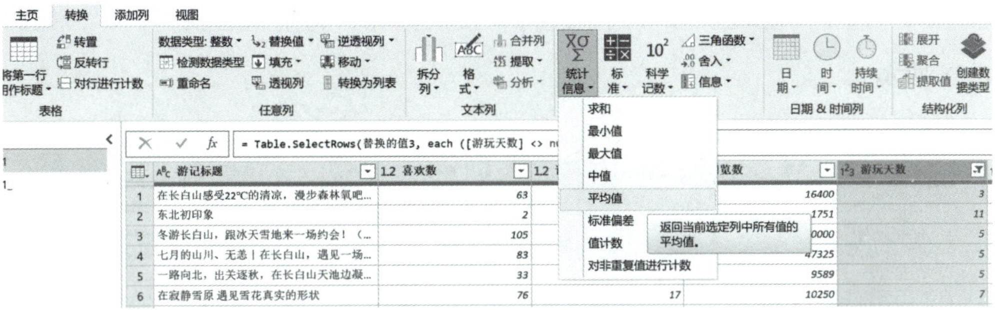


图 6-35　平均值按钮

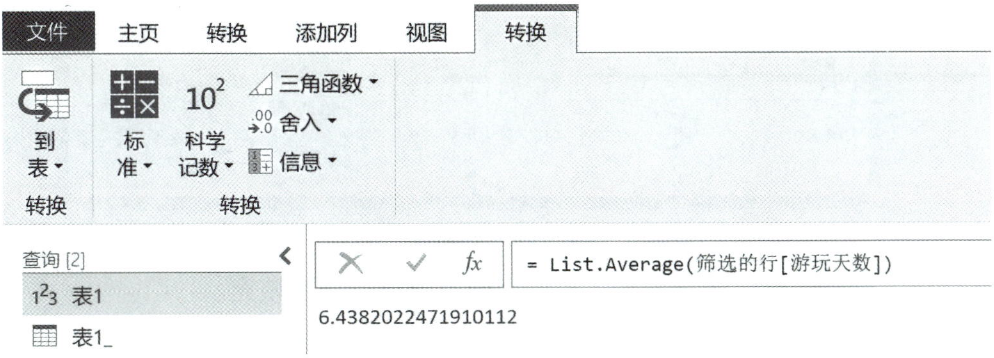


图 6-36　“游玩天数”平均值

（3）在页面右侧的【应用的步骤】中，删除末尾“计算的平均值”和“筛选的行”两个步骤，如图 6-37 所示。

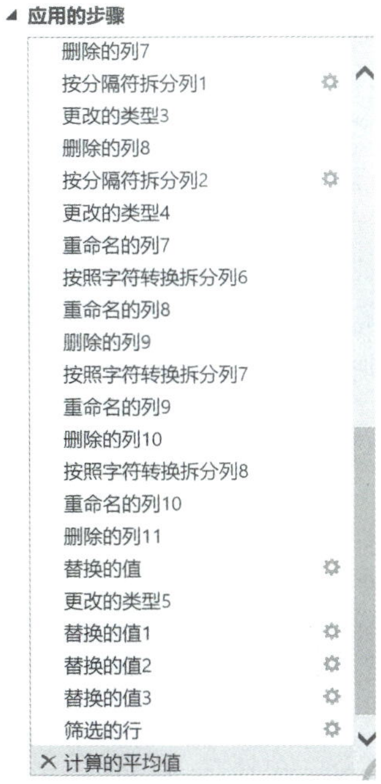


图 6-37　删除步骤

笔记

（4）选中“游玩天数”列，进行替换值操作，将空值替换为“6”，如图6-38所示。

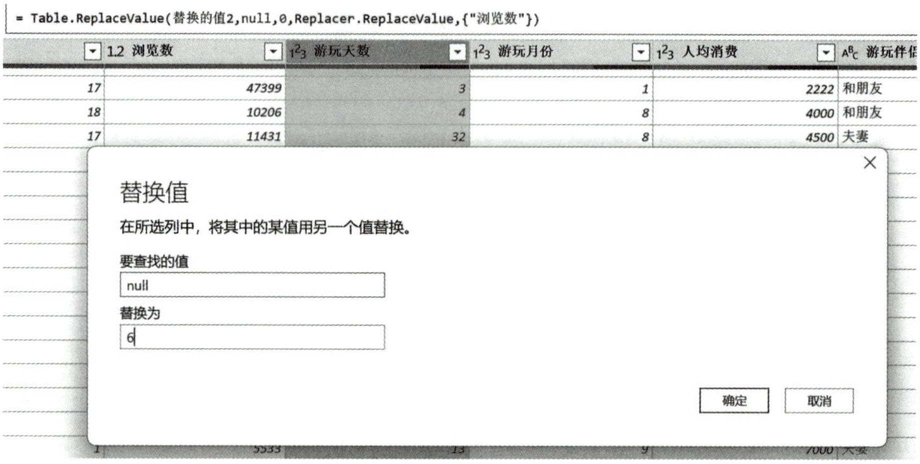


图 6-38　替换值

（5）同理，将“人均消费”数据列的空值进行均值填充。

### 3. 对“游玩月份”的空值进行众数填充

【操作步骤】

（1）选中“游玩月份”列，单击右侧小箭头，在弹出的对话框中取消勾选null，单击【确定】按钮，筛选出不为空的月份，如图6-39所示。

图 6-39　筛选不为空的月份

笔记

（2）选中“游玩月份”列，单击【转换】—【分组依据】，在弹出的分组依据对话框中设置相关参数，如图 6-40 所示，单击【确定】，计算出每个月份的出现次数。

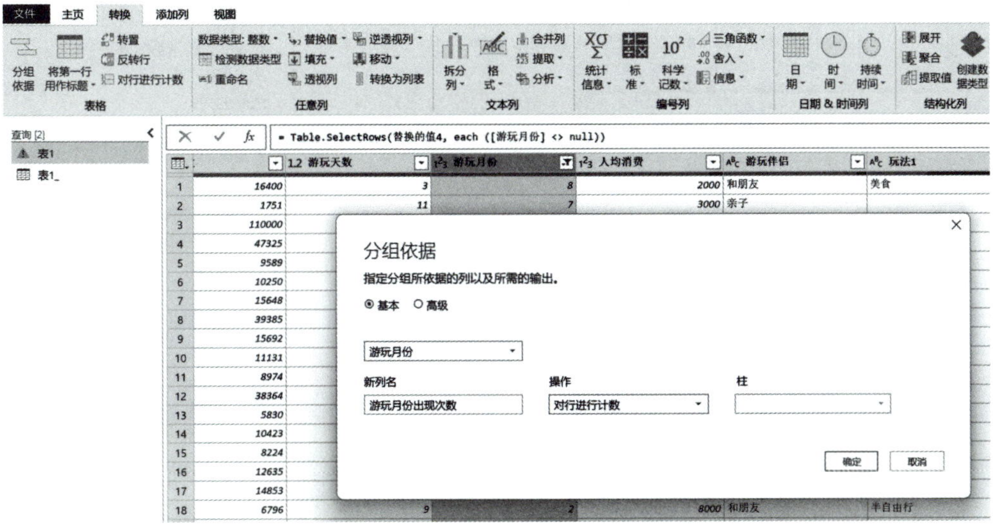


图 6-40　设置分组依据

（3）选中“游玩月份出现次数”列，单击“游玩月份出现次数”列右侧的小箭头，选择【降序排序】，将月份出现次数由多到少排序，如图 6-41 所示。

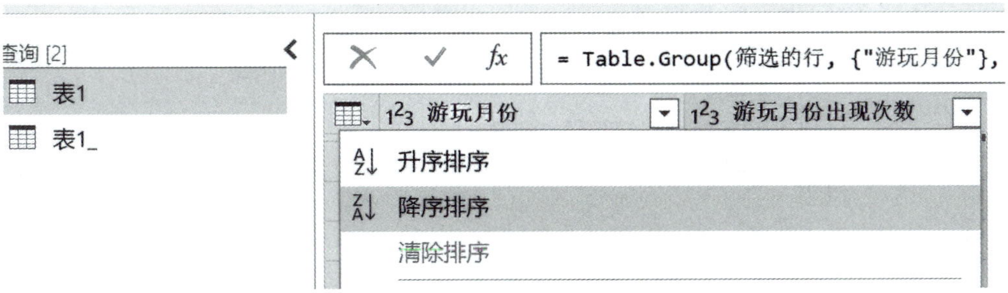


图 6-41　游玩月份出现次数降序排序

（4）“游玩月份出现次数”降序排列的结果如图 6-42 所示，可以看到 7 月游玩出现次数最多，因此“游玩月份”数据列的众数是 7。

（5）在页面右侧的【应用的步骤】中，删除“分组的行”步骤，回到源数据，如图 6-43 所示。

笔记

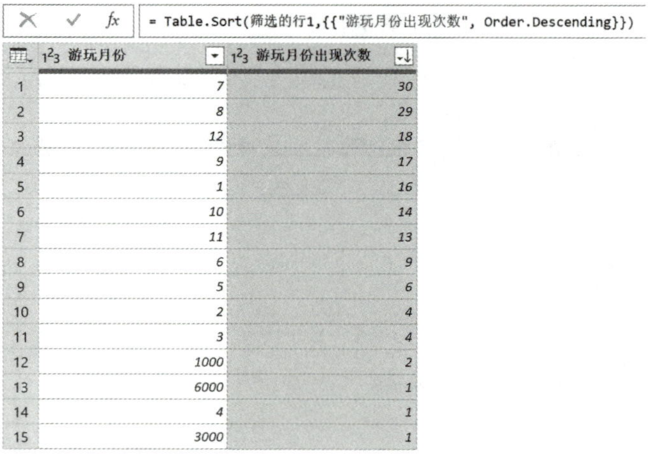


图 6-42 降序排序结果

图 6-43 删除步骤

（6）选中“游玩月份”列，进行替换值操作，将空值替换为“7”，如图 6-44 所示。

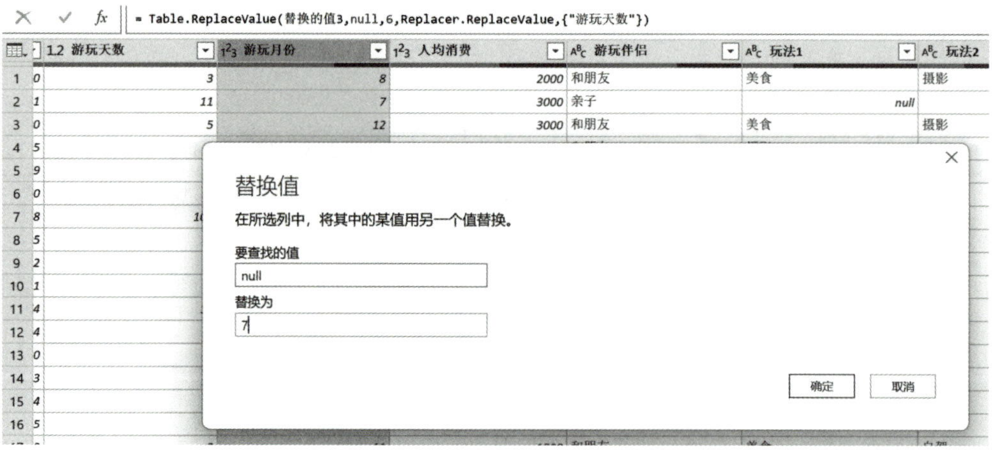


图 6-44 替换值

（7）从图 6-42 中可以看到存在异常月份“1000”“6000”“3000”，因此需要删除这些异常数据。单击“游玩月份”列右侧的小箭头，在弹出的对话框中取消勾选“1000”“6000”“3000”，如图 6-45 所示。

笔记

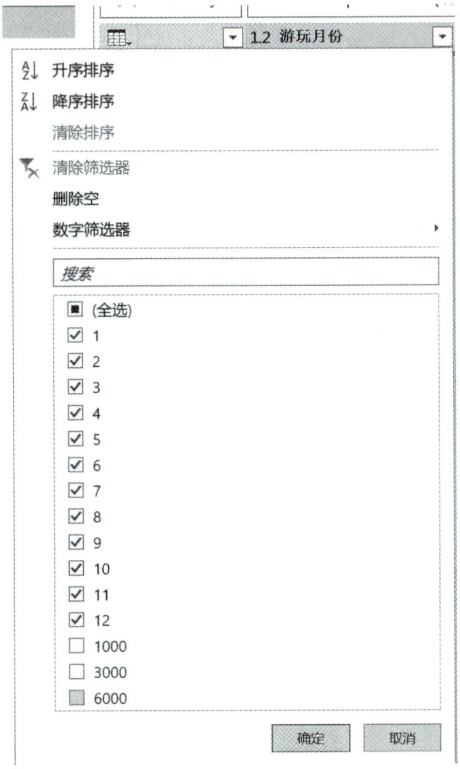


图 6-45　筛选值

## 任务小结

本任务主要围绕网络游记数据展开分析，首先通过八爪鱼采集器对携程网的游记数据进行抓取。然后对得到的数据进行预处理，包括删除冗余列、拆分列和缺失值填充等，最后筛选得到有效数据。

## 任务拓展

在进行缺失值填充时，除了零填充、均值填充和众数填充，还有其他填充方式，如中位数填充、随机值填充、回归填充、多重插补法、热卡填充以及最近邻填充。

笔记

## 任务测试

素材："项目 6.1.xlsx"，数据源包括游客 ID、年龄、性别、籍贯、教育程度、职业、家庭月收入水平、主要旅行目的地选择因素、旅行方式、旅行计划制定参考来源、旅行前功课程度、消费金额、消费项目、消费方式和消费金额分配。

要求：选择合适的缺失值填充方法，对"家庭月收入水平"数据的缺失值进行填充。

笔记

# 任务二 分析旅游者消费行为

## 任务引例

**探索未知的魅力**

王某、张某和李某三个旅行者身上具有不同的基本特征，决定了在旅行中各自不同的决策行为。

王某是一位30岁的IT工程师，来自广东，本科毕业。作为一个技术人员，他对于文化和历史充满好奇，他习惯于在社交媒体上寻找旅行灵感，喜欢自由行的方式，通过旅行网站预订机票和酒店。他在旅行前会做大量的功课，了解目的地的历史文化和当地特色美食。因为收入水平一般，所以他会精打细算，旅行预算相对紧凑。

张某是一位30岁的金融从业者，来自北京的女硕士。她热爱美食和购物，而且对于旅游体验有着极高的追求。因此，她更倾向于通过朋友的推荐或旅行社来安排行程。她的旅行预算相对宽裕，通常会选择信用卡支付，并在目的地尽情享受美食和购物的乐趣。

李某是一位40岁的江苏企业家，本科学历。他对于自然风光和户外运动情有独钟，喜欢挑战和冒险。他经常选择自由行的方式，通过旅行网站或者直接联系当地旅行社进行行程安排。由于收入水平较高，他经常选择费用相对较高的旅游产品或者高端户外探险，而且在旅行前也会充分准备，确保每一次旅行都能留下深刻的印记。

这三位旅游者的故事，展示了不同基本特征对于旅游者决策行为的影响。无论是对于旅行方式的选择、目的地的偏好，还是对于消费水平的考量，都体现了个体的不同需求和偏好。通过识别旅游者的基本特征，可以更好地理解他们的决策行为，帮助更有效的指导和服务旅游行业。

笔记

## 任务准备

对任务一清洗后得到的数据进行统计分析，包括出行时间分析和游玩天数分析，并将结果可视化，打开“长白山旅游游记 .xlsx”的“清洗后”数据表。

## 任务执行

旅游者基本特征实操说明

### 一、旅游者基本特征

对任务一清洗后得到的数据进行统计分析，包括出行时间分析和游玩天数分析，并将结果可视化。

#### （一）出行时间分析

在“长白山旅游游记 .xlsx”的“清洗后”数据中，对 12 个月份的游记数量进行统计，并以折线图的方式呈现变化趋势，分析月份对出行前往长白山景区游玩的影响。

【操作步骤】

（1）在 Power Query 中打开数据表，选中“游玩月份”列，单击【转换】—【分组依据】，在弹出的对话框中输入相关参数（图 6-46），再单击【确定】，对游玩月份计数。

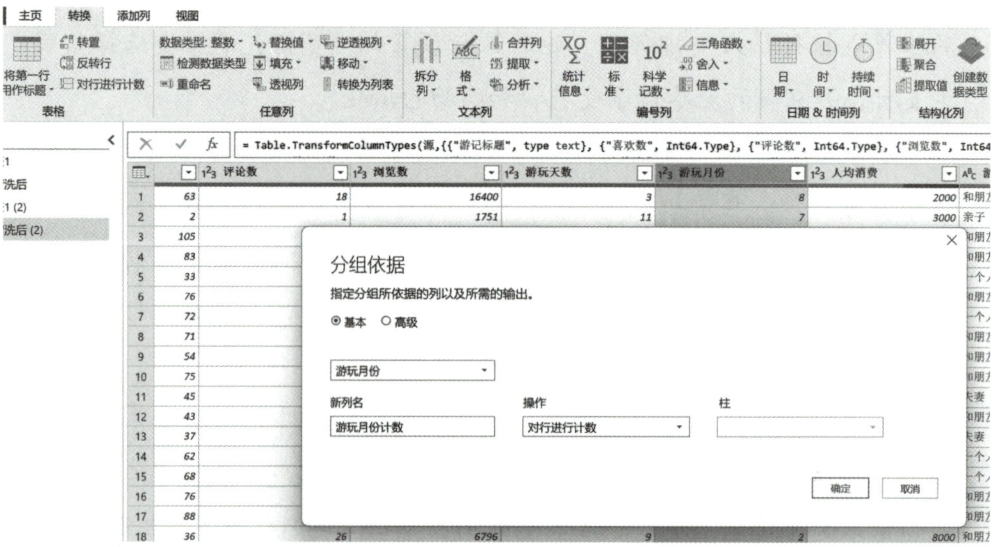


图 6-46　分组依据

笔记

（2）对“游玩月份”列进行【升序排序】，如图 6-47 所示。

图 6-47　游玩月份升序排序

（3）从排序的结果（图 6-48）可以看到 7 月的游玩月份计数为 108 次，异常偏高，这因为在上述“游玩月份”缺失值填充时，7 月和 8 月游玩出行频次分别为 30 和 29，利用众数 7 对缺失值进行填充后导致 7 月的游玩次数异常偏高。而 7 月和 8 月正值暑假，为使分析结果更加可靠，接下来将 7 月和 8 月数据合并汇总。

| | 游玩月份 | 游玩月份计数 |
|---|---|---|
| 1 | 1 | 16 |
| 2 | 2 | 4 |
| 3 | 3 | 4 |
| 4 | 4 | 1 |
| 5 | 5 | 6 |
| 6 | 6 | 9 |
| 7 | 7 | 108 |
| 8 | 8 | 29 |
| 9 | 9 | 17 |
| 10 | 10 | 14 |
| 11 | 11 | 13 |
| 12 | 12 | 18 |

图 6-48　游玩月份计数

笔记

（4）单击“游玩月份”列右侧的箭头，在弹出的下拉框中取消勾选 8 月，单击【确定】，筛选出 1—7 月和 9—12 月的数据，如图 6-49 所示。

图 6-49　筛选月份

（5）鼠标右击 7 月游玩月份计数数据区域，在弹出的对话框中选择【替换值】，输入相关参数（图 6-50），以实现 7 月和 8 月游玩计数汇总。

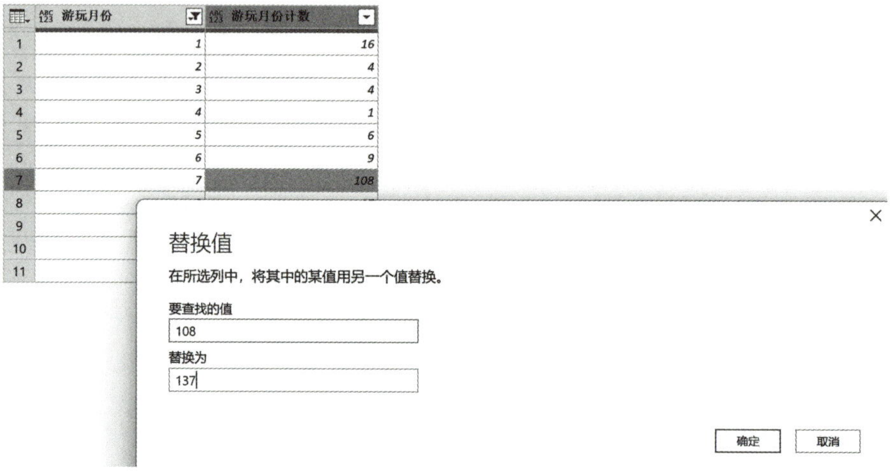


图 6-50　分类汇总

（6）单击“游玩月份”列左侧按钮，在弹出的对话框中选择【文本】，如图 6-51 所示。

笔记

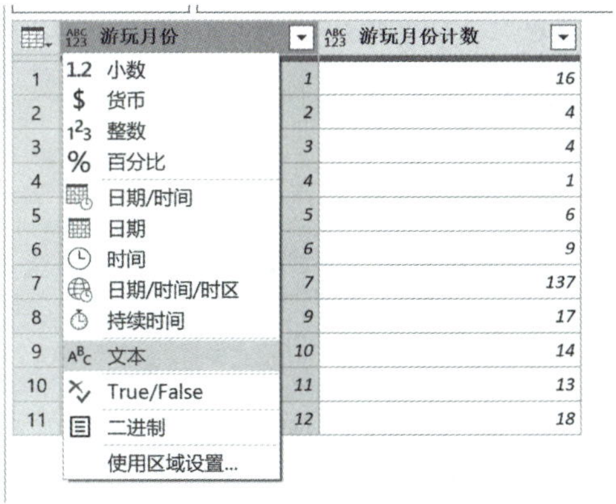


图 6-51　修改数据类型

（7）鼠标右击 7 月游玩月份数据区域，在弹出的对话框中选择【替换值】，输入相关参数（图 6-52），以实现月份合并。

图 6-52　替换值

（8）单击【关闭并上载】右侧的箭头，在弹出的对话框中选择【关闭并上载至】，如图 6-53 所示。

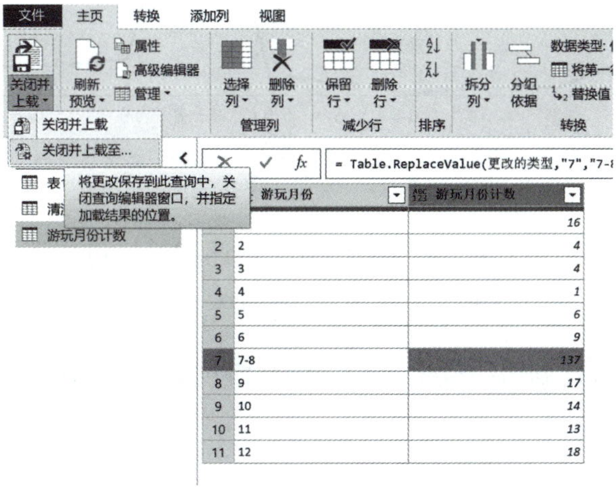


图 6-53　关闭并上载至

笔记

（9）在弹出的对话框中设置显示方式为“表”，选择数据的放置位置为“新工作表”，单击【确定】，如图 6-54 所示。

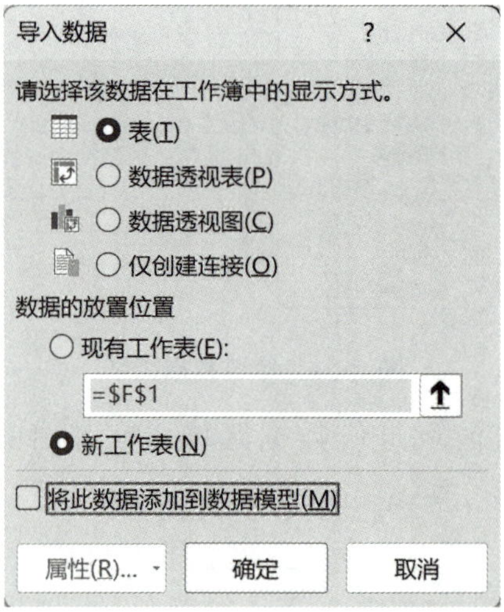


图 6-54　导入 Excel

（10）回到 Excel 中，选中 A1:B12 区域，单击【插入】—【图表】—【插入折线图或面积图】，选择【二维折线图】，设置坐标轴标题和数据标签，效果如图 6-55 所示。

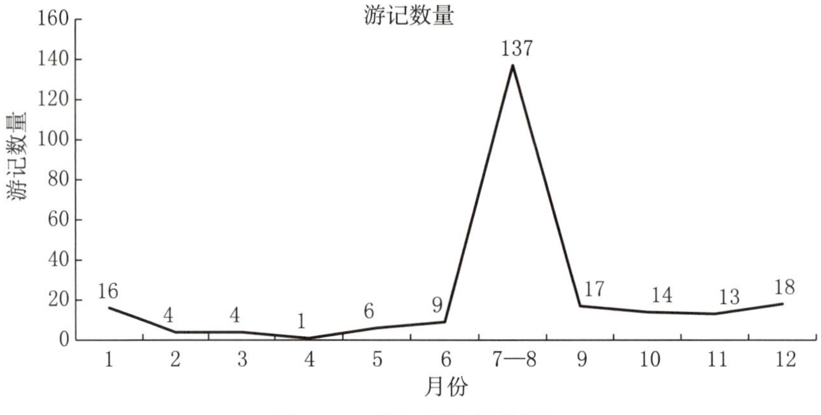


图 6-55　游记数量折线图

从图 6-55 可以发现，6—8 月游记数量迅速增长，进入三伏天（7 月中旬—8 月中旬），长白山 22 ℃对高温城市游客产生巨大吸引力，且随着暑假的陆续开始，长白山避暑计划纷纷提上日程，因而游记数量达到峰值。

## （二）游玩天数分析

在“长白山旅游游记 .xlsx”的“清洗后”数据中，对 12 个月份的游记天数进行统计，并以柱形图的方式呈现变化趋势，分析月份对长白山景区游玩时长的影响。

笔记

【操作步骤】

（1）在 Power Query 中打开数据表，选中“游玩天数”“游玩月份”两列，单击【主页】—【删除列】—【删除其他列】，只保留“游玩天数”“游玩月份”两列数据，如图 6-56 所示。

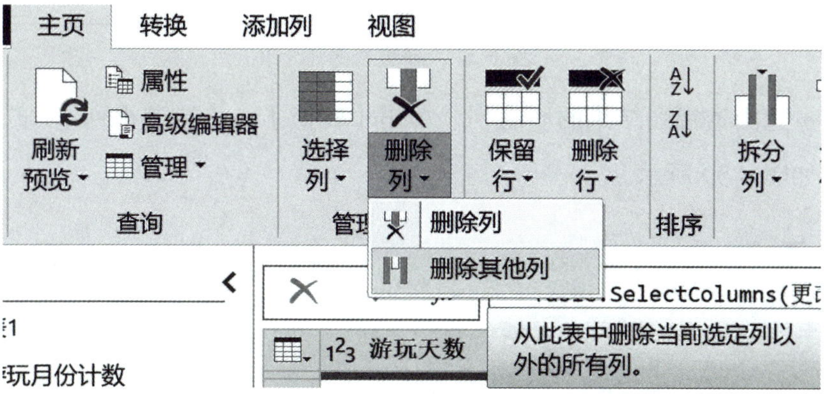


图 6-56　删除其他列

（2）选中“游玩月份”列，单击【转换】—【透视列】，如图 6-57 所示。

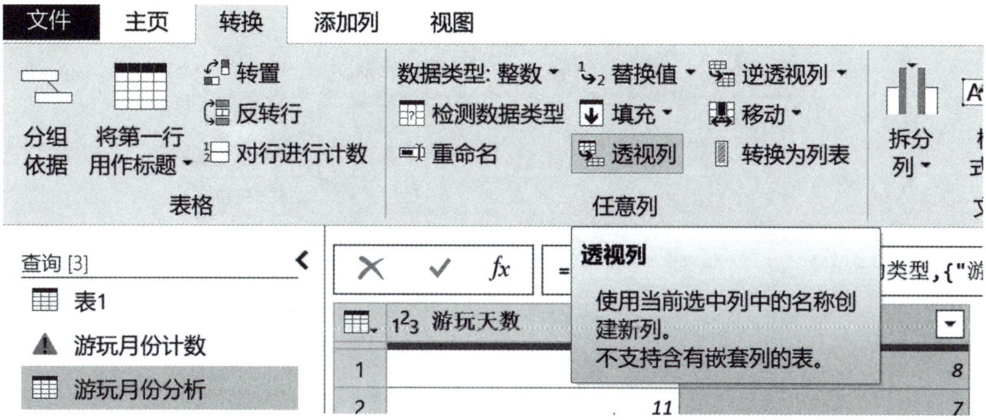


图 6-57　透视列转换

（3）在弹出的对话框中，设置值列为“游玩天数”，单击【高级选项】，将聚合值函数设置为平均值，以求出每个月份的游玩天数平均值，如图 6-58 所示。

笔记

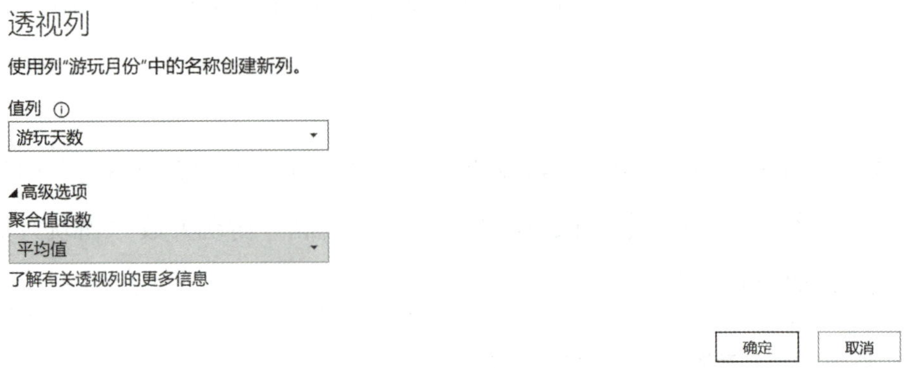


图 6-58　设置透视列

（4）选中透视列结果的所有列，单击【转换】—【逆透视列】，实现数据转换，如图 6-59 所示。

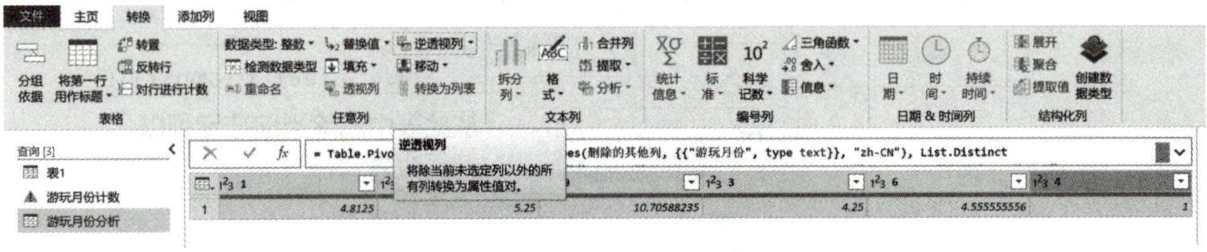


图 6-59　逆透视列转换

（5）修改标题名称分别为“月份”和“游玩天数”，如图 6-60 所示。

| 月份 | 游玩天数 |
|---|---|
| 8 | 7.862068966 |
| 7 | 5.5 |
| 12 | 3.666666667 |
| 10 | 7.857142857 |
| 5 | 21 |
| 11 | 4.384615385 |
| 1 | 4.8125 |
| 2 | 5.25 |
| 9 | 10.70588235 |
| 3 | 4.25 |
| 6 | 4.555555556 |
| 4 | 1 |

图 6-60　修改标题

（6）单击“月份”和“游玩天数”左侧的数据类型修改按钮，将数据类型改为“整数”，单击“月份”右侧的箭头，对月份进行升序排列，效果如

笔记

图 6-61 所示。

| 1²3 月份 | 1²3 游玩天数 |
|---:|---:|
| 1 | 5 |
| 2 | 5 |
| 3 | 4 |
| 4 | 1 |
| 5 | 21 |
| 6 | 5 |
| 7 | 6 |
| 8 | 8 |
| 9 | 11 |
| 10 | 8 |
| 11 | 4 |
| 12 | 4 |

图 6-61　月份升序排列

（7）单击【关闭并上载】右侧箭头，在弹出的对话框中选择【关闭并上载至】，设置显示方式为“表”，选择数据的放置位置为“新工作表”，单击【确定】，结果如图 6-62 所示。

| 月份 | 游玩天数 |
|---:|---:|
| 1 | 5 |
| 2 | 5 |
| 3 | 4 |
| 4 | 1 |
| 5 | 21 |
| 6 | 5 |
| 7 | 6 |
| 8 | 8 |
| 9 | 11 |
| 10 | 8 |
| 11 | 4 |
| 12 | 4 |

图 6-62　Excel 导入结果

（8）回到 Excel 中，选中 A1:B13 区域，单击【插入选项卡】—【图表】—【推荐的图标】，选择【簇状柱形图】，如图 6-63 所示。

笔记

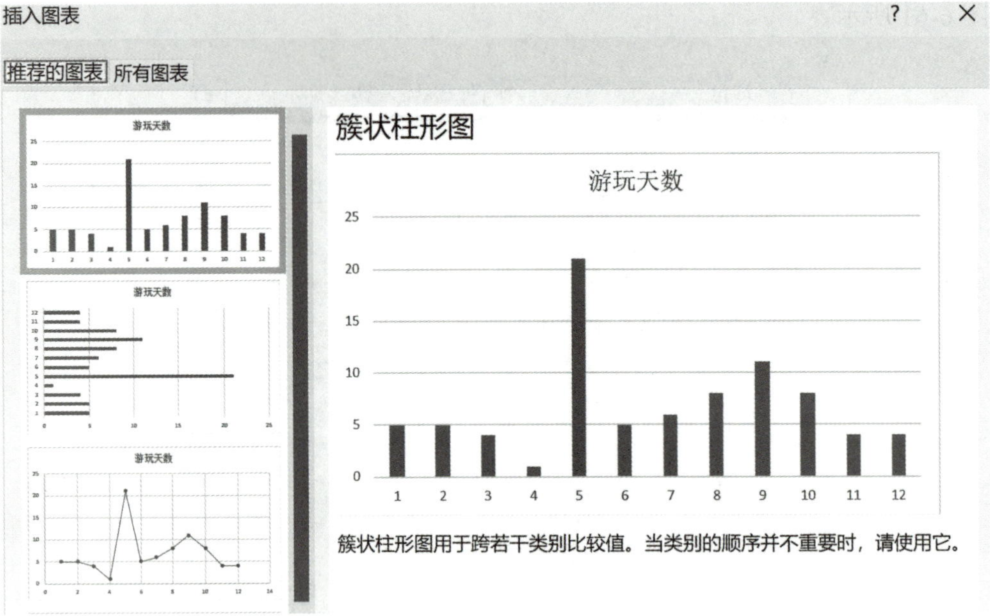


图 6-63 插入簇状柱形图

（9）设置坐标轴标题和数据标签，效果如图 6-64 所示。

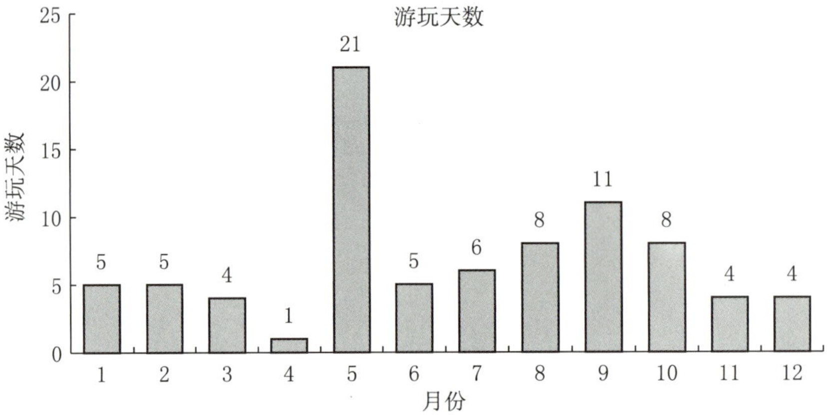


图 6-64 游玩天数柱形图

从图 6-64 可以发现，第一个小高峰出现在 5 月份，这是因为 5 月是长白山的春季，此时山上的积雪开始融化，长白山的天池依然冰封，形成了“冰封天池”的独特景观，很多冰雪爱好者会常驻长白山景区一睹大自然风采。另外，相比冬季的严寒和夏季的多雨，这个季节的天气更加宜人，适合户外活动和观光。第二个小高峰出现在 9 月，9 月的长白山天气较为稳定，雨水和阴天相对较少，能大概率看到天池，并且避开了 7、8 月的旅游高峰期，游客数量相对较少，旅游体验更好，适合长时间的休闲放松。

## 二、旅游者决策行为

### （一）人均消费分析

在“长白山旅游游记.xlsx”的“清洗后”数据中，将出游长白山景区的人均消费金额划分成不同游玩类型，进行统计分析后并绘制柱形图。

【操作步骤】

（1）在 Power Query 中打开数据表，选中“游玩天数”“人均消费”列，单击【主页】—【删除列】—【删除其他列】，如图 6-65 所示。

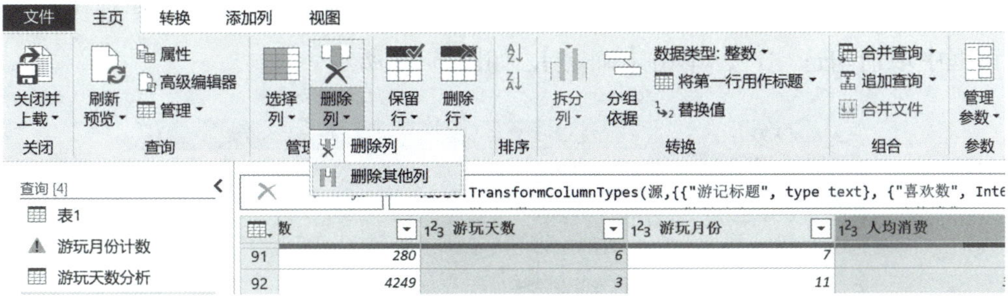


图 6-65　删除其他列

（2）由于人均消费金额和游玩天数关系密切，因此需要计算出每天人均消费再进行下一步分析。先选中“人均消费”数据列，再选中“游玩天数”数据列，单击【添加列】—【标准】—【除（整除）】，如图 6-66 所示。

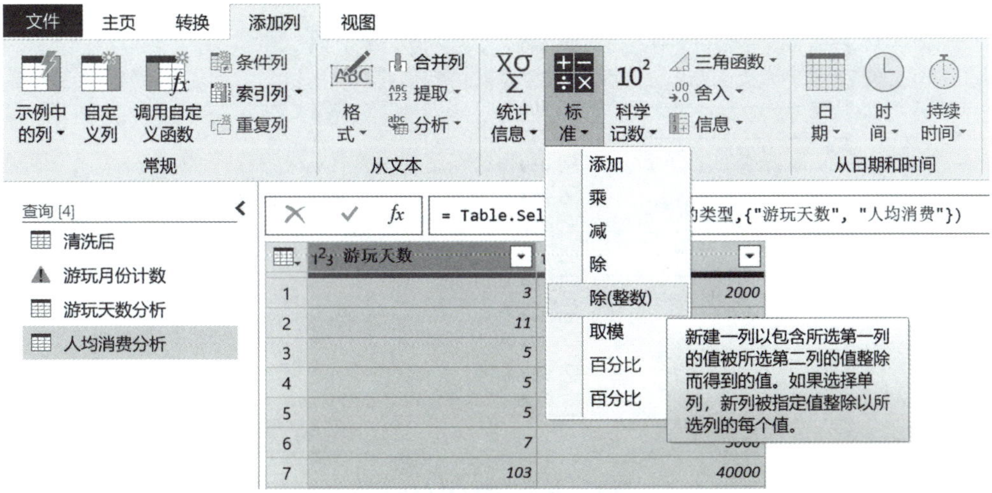


图 6-66　添加除（整除）

（3）修改新添加列的标题名为“每天人均消费”，结果如图 6-67 所示。

笔记

旅游者决策行为实操说明

笔记

| 游玩天数 | 人均消费 | 每天人均消费 |
| --- | --- | --- |
| 3 | 2000 | 666 |
| 11 | 3000 | 272 |
| 5 | 3000 | 600 |
| 5 | 3500 | 700 |
| 5 | 4000 | 800 |
| 7 | 5000 | 714 |
| 103 | 40000 | 388 |
| 3 | 2000 | 666 |

图 6-67　修改标题

（4）去除异常数据，单击“每天人均消费”列右侧小箭头，在弹出的对话框中取消勾选“1”，单击【确定】，如图 6-68 所示。

图 6-68　去除异常数据

（5）选中“每天人均消费”列，单击【主页】—【删除列】—【删除其他列】，以删除“游玩天数”和“人均消费”两列数据，如图 6-69 所示。

笔记

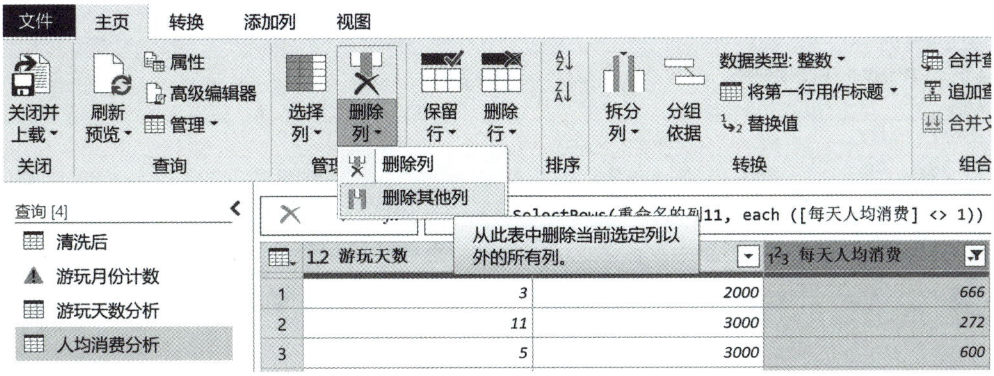


图 6-69　删除其他列

为使分析结果更具直观性，将每天人均消费金额低于 400 的定义为基础游，将每天人均消费金额介于 400 元与 1 000 元之间的定义为标准游，将每天人均消费金额介于 1 000 元与 2 000 元之间的定义为精选游，将每天人均消费金额 2 000 元以上的定义为顶级游。

（6）选中“每天人均消费”列，单击【添加列】—【条件列】，如图 6-70 所示。

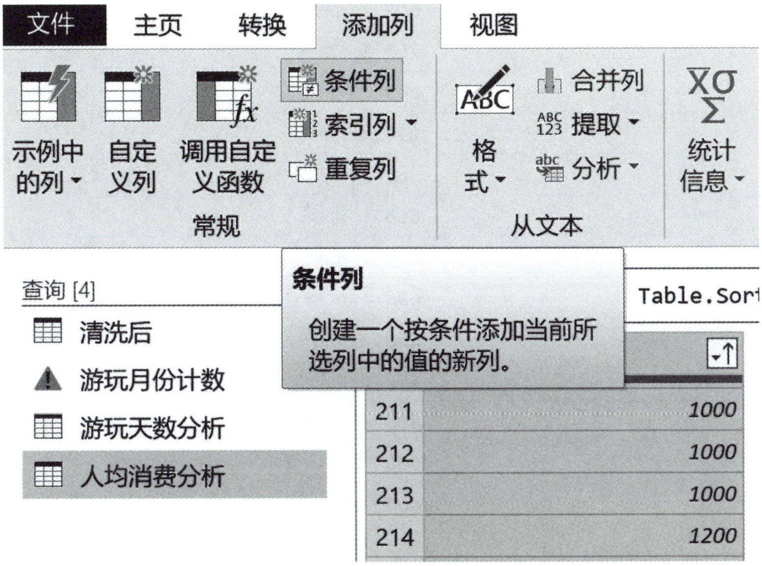


图 6-70　添加条件列

（7）在弹出的添加条件列对话框中，输入相关参数，单击【确定】，如图 6-71 所示。

笔记

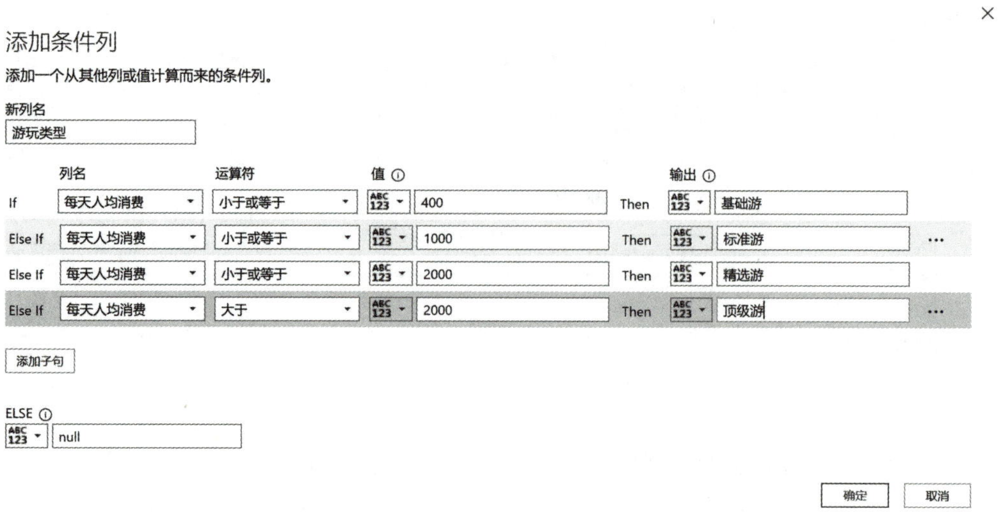


图 6-71　设置条件列

（8）修改数据列标题为“游玩类型”，如图 6-72 所示。

| 每天人均消费 | 游玩类型 |
| --- | --- |
| 666 | 标准游 |
| 272 | 基础游 |
| 600 | 标准游 |
| 700 | 标准游 |
| 800 | 标准游 |
| 714 | 标准游 |
| 388 | 基础游 |
| 666 | 标准游 |
| 800 | 标准游 |
| 666 | 标准游 |
| 250 | 基础游 |
| 666 | 标准游 |
| 800 | 标准游 |
| 1000 | 标准游 |
| 1000 | 标准游 |
| 1666 | 精选游 |

图 6-72　修改标题

（9）选中“游玩类型”列，单击【转换】—【分组依据】，在弹出的对话框中输入相关参数，如图 6-73 所示。

笔记

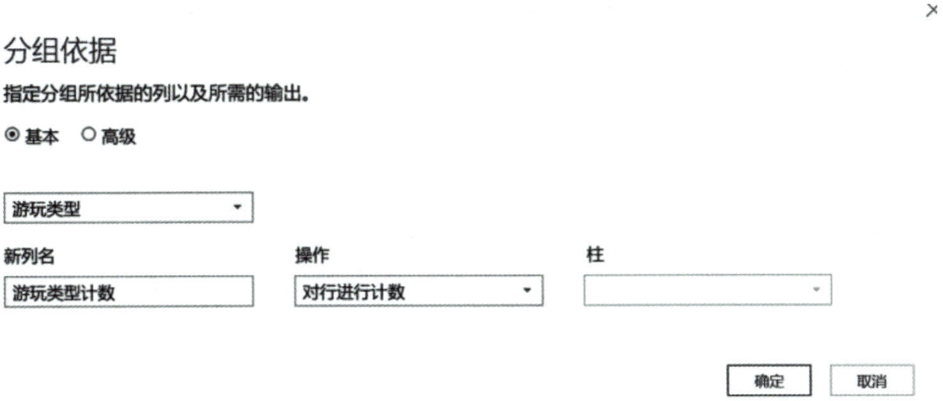


图 6-73 设置分组依据

（10）选中“游玩类型”列，单击【添加列】—【标准】—【除】，如图 6-74 所示。

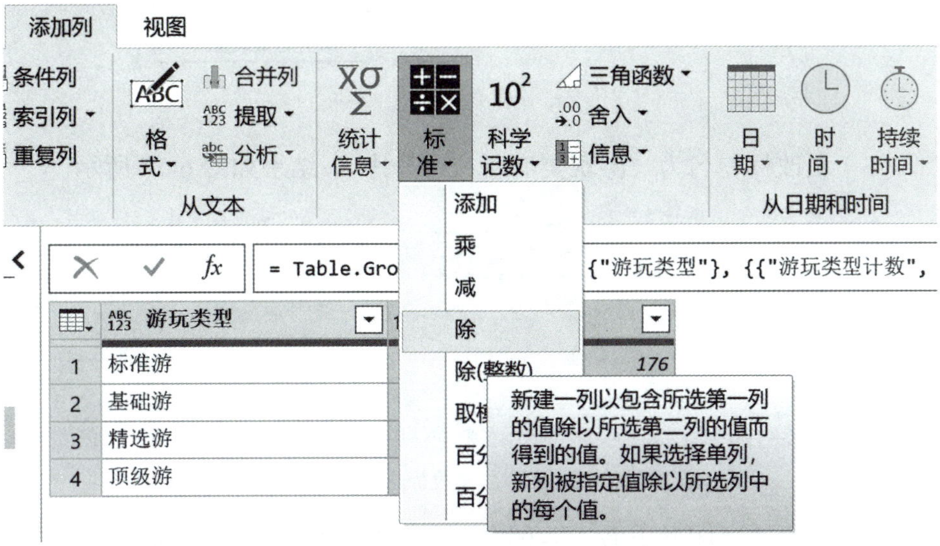


图 6-74 添加除

（11）在弹出的对话框中输入总数“238”，以计算每种游玩类型所占比例，如图 6-75 所示。

图 6-75 设置除

笔记

（12）单击新添加列左侧数据类型选择按钮，在弹出的下拉菜单中选择【百分比】，如图 6-76 所示。

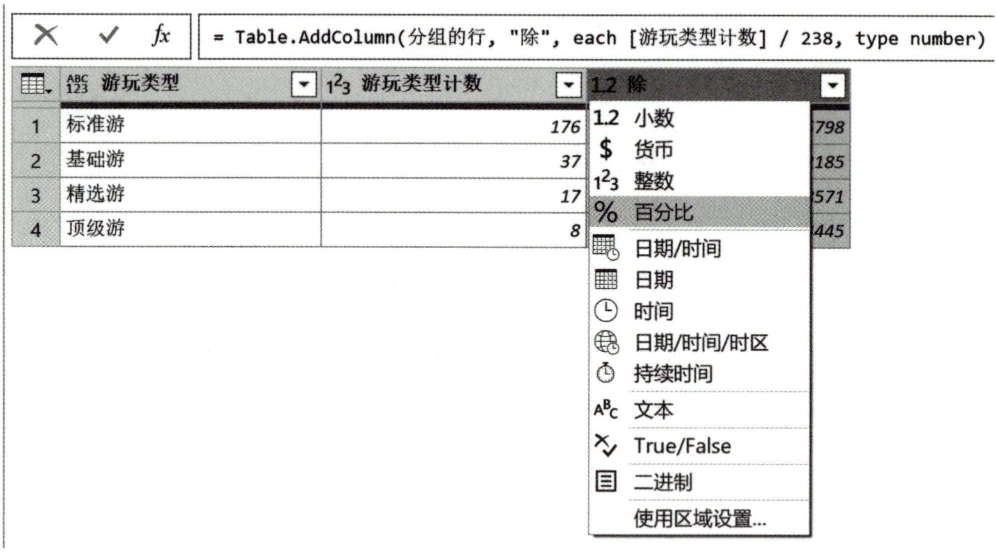


图 6-76　修改数据类型

（13）更改标题名为“游玩类型所占百分比”，结果如图 6-77 所示。

| | 游玩类型 | 游玩类型计数 | 游玩类型所占百分比 |
|---|---|---|---|
| 1 | 标准游 | 176 | 73.95% |
| 2 | 基础游 | 37 | 15.55% |
| 3 | 精选游 | 17 | 7.14% |
| 4 | 顶级游 | 8 | 3.36% |

图 6-77　修改标题名

（14）单击【关闭并上载】右侧箭头，在弹出的对话框中选择【关闭并上载至】，设置显示方式为“表”，选择数据的放置位置为“新工作表”，单击【确定】按钮，结果如图 6-78 所示。

| 游玩类型 | 游玩类型计数 | 游玩类型所占百分比 |
|---|---|---|
| 标准游 | 176 | 73.95% |
| 基础游 | 37 | 15.55% |
| 精选游 | 17 | 7.14% |
| 顶级游 | 8 | 3.36% |

图 6-78　Excel 数据界面

笔记

（15）回到 Excel 中，选中 A1:C5 区域，单击【插入】—【图表】—【推荐的图标】，选择【簇状柱形图】，如图 6-79 所示。

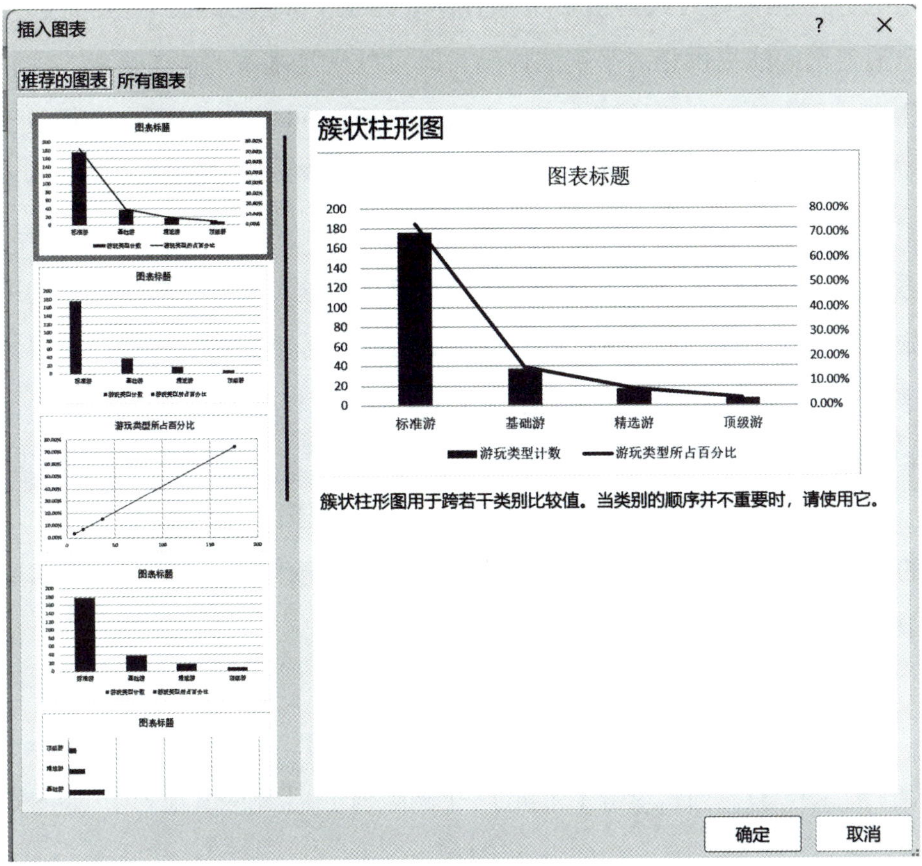


图 6-79　插入簇状柱形图

（16）设置图表标题，坐标轴标题和数据标签，效果如图 6-80 所示。

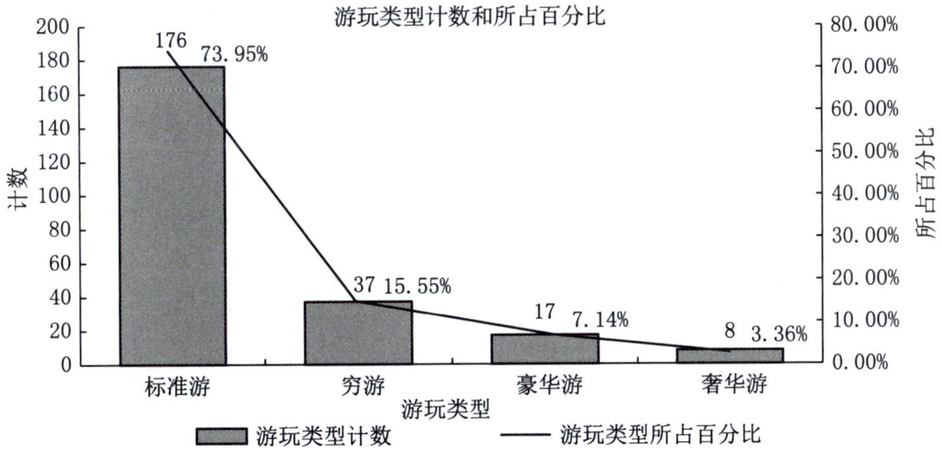


图 6-80　游玩类型计数和所占百分比的簇状柱形图

笔记

对238篇游记记录的人均消费进行分析，统计不同游玩类型的游记数量和所占比例。可以发现，去长白山游玩的游客选择标准游的比例最高，占73.95%，这说明每天人均消费金额在400元至1 000元的游客占绝大多数。这个消费区间能提供相对平衡的体验，既可以满足基本的旅游需求，如较好的住宿、一定品质的餐饮和常规的交通方式等，同时游客又不会觉得过于昂贵而有很大经济压力。另外，长白山作为一个知名旅游目的地，其整体旅游资源和设施能够较好地匹配这个消费层次。在这个价格范围内，可以有较多合适的住宿、餐饮和游玩项目可供选择。最后，这可能也与旅游市场的引导和旅游产品的设计有关。旅行社、在线旅游平台等推出的较多产品主要集中在这个区间，从而使得选择标准游的游客比例相对较高。

### （二）旅游打卡地分析

在“长白山旅游游记.xlsx”的“清洗后”数据中，统计游客在长白山景区的所有打卡地点，并对打卡地点的游记数量进行统计，筛选出打卡次数大于10的景点，最后采用饼图展示。

【操作步骤】

（1）在Power Query中打开数据表，选中“打卡地1”列，按着Shift键选中“打卡地31”列，单击【主页】—【删除列】—【删除其他列】，如图6-81所示。

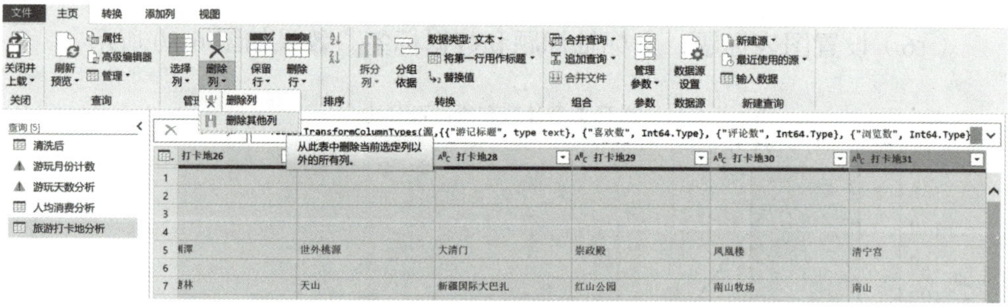

图6-81　删除列

（2）选中打卡地的31列数据，单击【转换】—【逆透视列】，如图6-82所示。

笔记

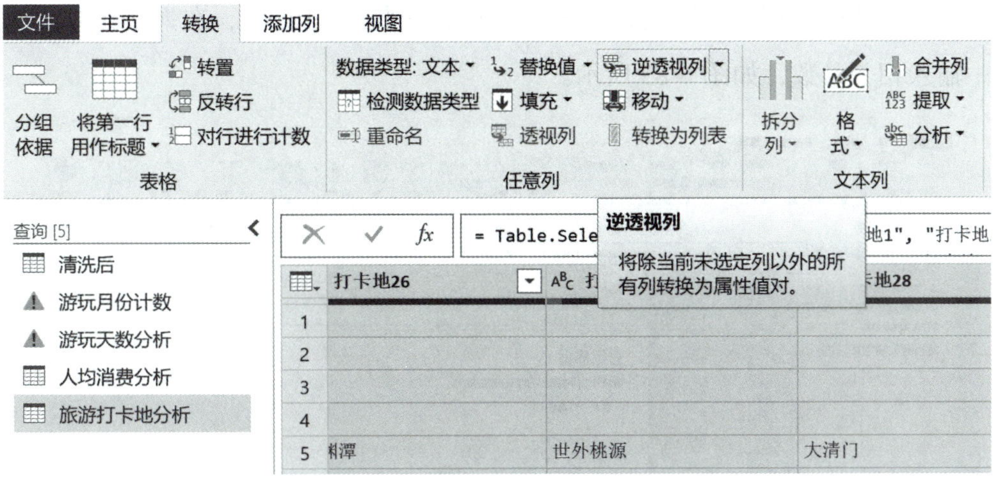


图 6-82 逆透视列

（3）将逆透视结果的第二列标题名改为“打卡地”，单击“打卡地”标题右侧箭头，在弹出的对话框中取消勾选【空白】选项，以将空值筛选掉，如图 6-83 所示。

（4）删除第一列，结果如图 6-84 所示。

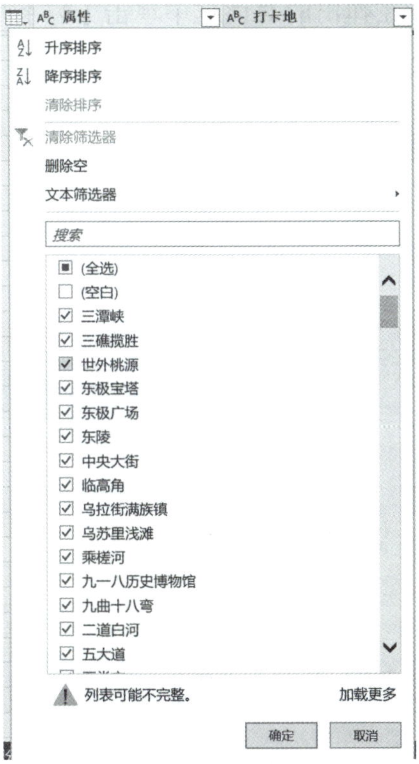


图 6-83 筛选数据

图 6-84 删除第一列后结果

笔记

（5）选中“打卡地”列，单击【转换】—【分组依据】，在弹出的对话框中输入相关参数，如图 6-85 所示。

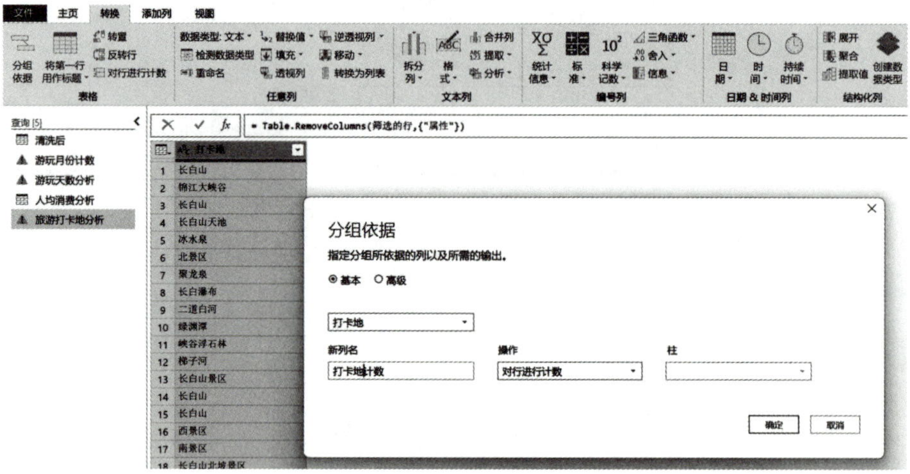


图 6-85　设置分组依据

（6）单击新增“打卡地计数”列右侧箭头，在弹出的对话框中单击【降序排序】，如图 6-86 所示。

（7）单击“打卡地计数”列右侧箭头，在弹出的对话框中单击【数字筛选器】，选择【大于或等于】，如图 6-87 所示。

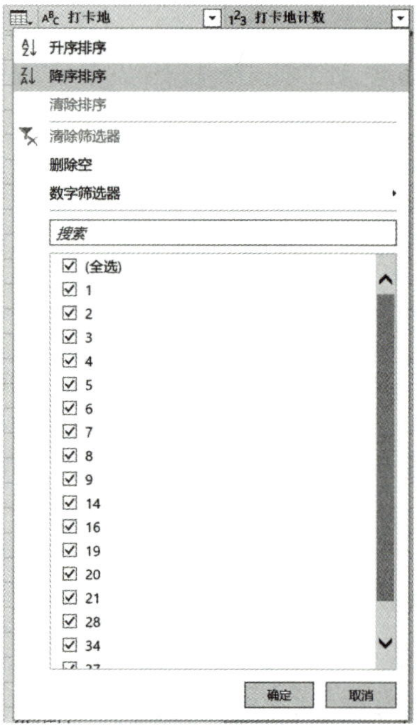


图 6-86　打卡地计数降序排序

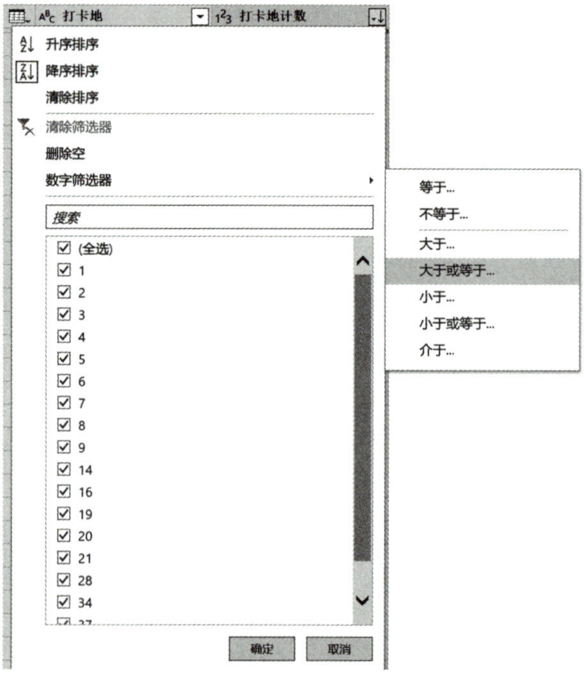


图 6-87　打卡地计数筛选

笔记

（8）在弹出的筛选行对话框中，输入“10”，以筛选游记中打卡出现 10 次及以上的地点，如图 6-88 所示。

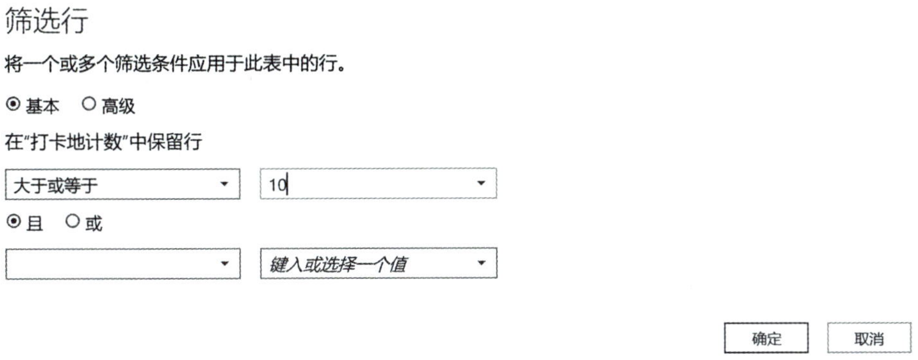


图 6-88　筛选行

（9）筛选结果如图 6-89 所示。

（10）单击【关闭并上载】右侧箭头，在弹出的对话框中选择【关闭并上载至】，设置显示方式为“表”，选择数据的放置位置为“新工作表”，单击【确定】按钮，结果如图 6-90 所示。

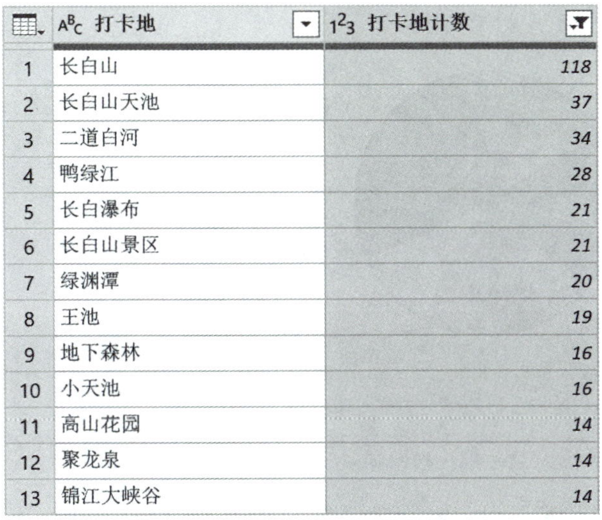

| | 打卡地 | 打卡地计数 |
|---|---|---|
| 1 | 长白山 | 118 |
| 2 | 长白山天池 | 37 |
| 3 | 二道白河 | 34 |
| 4 | 鸭绿江 | 28 |
| 5 | 长白瀑布 | 21 |
| 6 | 长白山景区 | 21 |
| 7 | 绿渊潭 | 20 |
| 8 | 王池 | 19 |
| 9 | 地下森林 | 16 |
| 10 | 小天池 | 16 |
| 11 | 高山花园 | 14 |
| 12 | 聚龙泉 | 14 |
| 13 | 锦江大峡谷 | 14 |

图 6-89　筛选结果

| | A | B |
|---|---|---|
| 1 | 打卡地 | 打卡地计数 |
| 2 | 长白山 | 118 |
| 3 | 长白山天池 | 37 |
| 4 | 二道白河 | 34 |
| 5 | 鸭绿江 | 28 |
| 6 | 长白山景区 | 21 |
| 7 | 长白瀑布 | 21 |
| 8 | 绿渊潭 | 20 |
| 9 | 王池 | 19 |
| 10 | 小天池 | 16 |
| 11 | 地下森林 | 16 |
| 12 | 锦江大峡谷 | 14 |
| 13 | 聚龙泉 | 14 |
| 14 | 高山花园 | 14 |

图 6-90　Excel 数据界面

（11）回到 Excel 中，选中 A1:B14 区域，单击【插入】—【图表】—【插入饼图或环形图】，选择【饼图】，如图 6-91 所示。

笔记

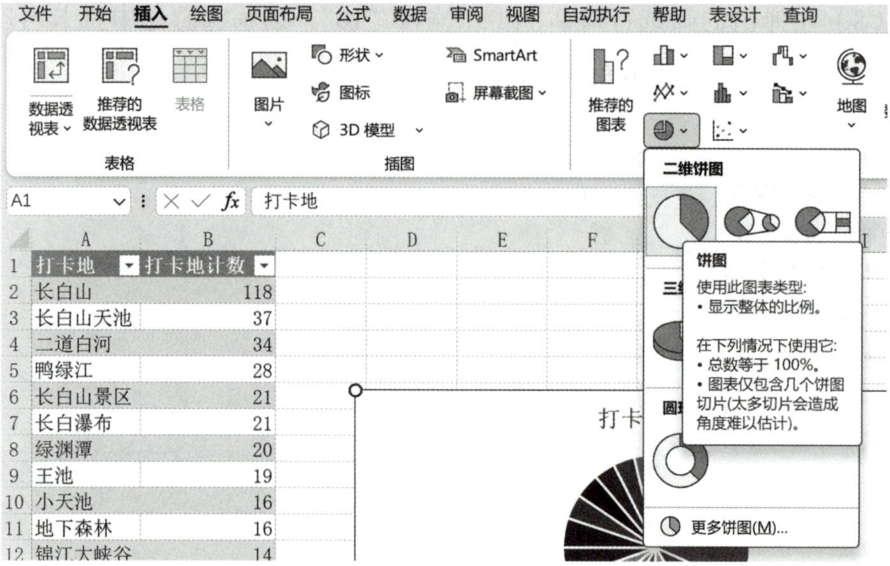


图 6-91 插入饼图

（12）修改图例到右侧，将数据标签改为“数据标注”，并将图表调整成合适大小，如图 6-92 所示。

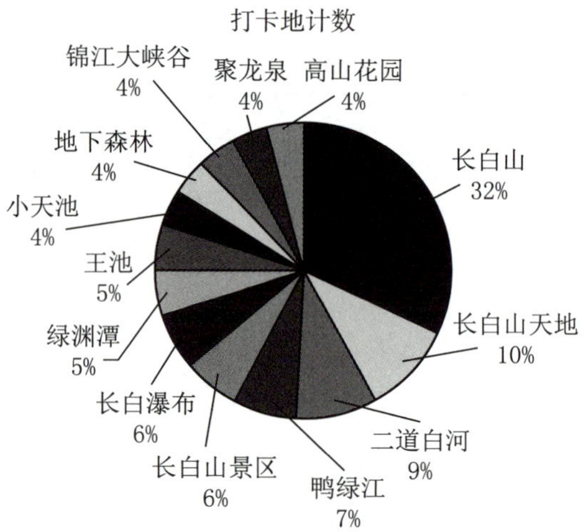


图 6-92 打卡地计数饼图

由图 6-92 可知，打卡长白山景点的次数最多，32% 的游记中都推荐长白山为第一打卡地，这主要因为长白山拥有壮观的火山地貌、神秘的天池、广袤的原始森林等奇特景观，从而吸引了众多游客前往打卡。另外，长白山是中国著名的山脉和旅游胜地，在历史和文化中具有重要地位，承载着丰富的传说和故事。而且，无论是夏季的葱郁森林、冬季的冰雪世界，还是春秋的多彩景色，长白山在不同季节都有别样魅力，适合人们在不同时间前往打卡。

## 任务小结

笔记

本任务介绍了游客的消费行为，包括旅游者基本特征和旅游者决策行为。在旅游者基本特征中，分析了出行时间和游玩天数，并采用图表进行可视化，最后发现暑假7月和8月的游记数量最多，并且选择在5月前往的游客最多。在旅游者决策行为中，分析了人均消费和旅游打卡地，并采用图表进行可视化，发现人均消费400元至1 000元的游客最多，另外，选择长白山景区作为第一打卡地点的游客最多。

## 任务拓展

除上述统计内容外，也可对清洗后的源数据进行玩法的统计分析，其操作步骤与旅游打卡地分析步骤类似。同样对“玩法计数”大于或等于10次的进行筛选，采用“排列图”对结果可视化。其参考效果如图6-93所示。

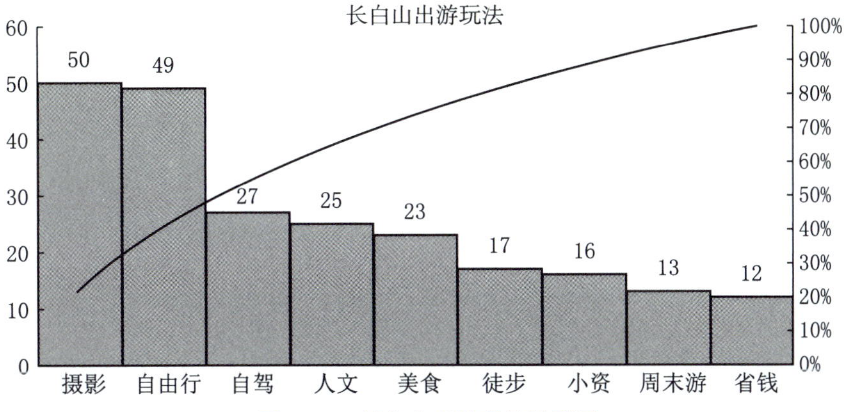


图6-93　长白山出游玩法排列图

## 任务测试

素材：“项目6.1.xlsx”，数据源包括条目游客ID、年龄、性别、籍贯、教育程度、职业、家庭月收入水平、主要旅行目的地选择因素、旅行方式、旅行计划制定参考来源、旅行前功课程度、消费金额、消费项目、消费方式和

笔记

消费金额分配。

要求：

（1）分析旅行计划制定参考来源的统计分析，结果采用饼图表示。

（2）分析旅行前功课程度对消费金额的影响，结果采用柱形图表示。

# 项目七

# 旅游客流趋势分析

笔记

## 职业能力目标

1. 能够理解旅游市场的时间分布特征，包括历史旅游客流数据、节假日旅游客流数据等，以识别和理解其时间分布的模式和规律。

2. 能够识别并分析影响旅游客流时间分布的主要因素，如节假日、气候、旅游政策、文化活动等。

3. 能够运用数据可视化工具（如 FineBI、PowerBI、ECharts 等）将旅游客流的空间分布数据以图表、地图等形式展现出来。

4. 能够掌握空间分析方法，如空间聚类、热点分析、空间插值等，以揭示旅游客流的空间分布特征和规律。

## 典型工作任务

从旅游业相关的数据库中提取旅游客流数据。使用 Excel 或类似的数据处理工具，对数据进行初步清洗，包括去除重复项、处理缺失值、修正异常数据等，确保数据的准确性和可靠性。分析旅游客流的时间分布特征，选择合适的图表类型进行数据可视化。

笔记

# 任务一 分析旅游客流时间分布特征

## 任务引例

**旅游客流时间分布特征**

在信息全球化的时代背景下，旅游大数据的飞速发展推动着旅游目的地智慧化的进展。与问卷调查、抽样调查等不同，旅游大数据因其大样本的特性，较难对其进行分析，且游客的需求呈现出旅游方式多元化、旅游消费大众化、旅游线路长途化等特征，因此想要分析出趋势更加困难。随着我国旅游业的迅猛发展，旅游流时间分布的不均匀性问题越来越突出，如旅游流的季节性波动，旺季客流量太多破坏生态环境，淡季设施利用率低等。对旅游目的地的旅游质量、游客感知、社会文化等带来一定程度的负面影响。

因此本任务从旅游客流趋势进行分析，要求：

（1）为旅游客流时间分布不均匀提出解决建议。

（2）为旅游目的地提前预警、分流游客提供依据。

## 任务准备

### 一、数据获取

南京是首批“全国智慧旅游试点城市”之一，在智慧旅游发展方面也处于江苏省乃至全国的前列。因此，本任务以南京市为研究对象，对旅游流的时间分布及流量预测进行研究。与传统的问卷、抽样调查等方式收集的数据

笔记

不同，大数据覆盖范围广、时间跨度长，在旅游流领域的研究中发挥了重要作用。利用大数据技术可以在短时间内获取数据，其具有时间敏感性、大样本性、规模性、连续性、全面性等特点，提高了研究的准确性、及时性。

本任务利用南京智慧旅游平台的监测数据，获取 2016—2017 年我国 31 个省市自治区（不包含港澳台地区）每日实际到访南京市的游客量，对南京市旅游流时间分布进行研究。数据包括游客的年龄、性别、客源地、在景区驻留时长、旅游流路线等，还包括南京 21 个 4A 级景区、5 个 3A 级景区以及其他热门景区的每日每个时间段的旅游流量。

## 二、时间分层法

在客流预测中，时间分层法主要应用于分析客流数据在时间维度上的变化规律和趋势。这种方法的核心思想是将客流数据按照时间进行划分，形成不同的层次或时间段，然后针对每个层次或时间段进行独立的分析和预测。旅游流时间分布特征，如图 7-1 所示。

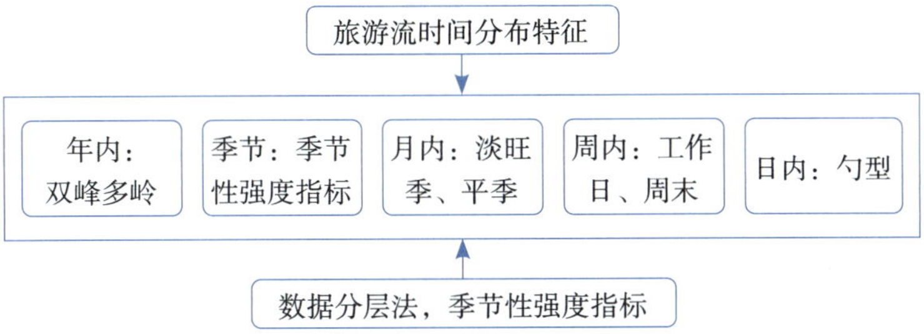


图 7-1　旅游流时间分布特征

具体来说，时间分层法可以根据预测的需要，将客流数据分为不同的时间周期，如小时、日、周、月、年等。在每个时间周期内，可以进一步分析客流量的变化规律，如季节性变化、周期性波动、趋势性增长等。通过对不同时间周期的客流量数据进行比较和分析，可以更加深入地理解客流量的动态变化特征，并据此建立更加精确的预测模型。

此外，时间分层法还可以与其他预测方法相结合，如时间序列分析、回归分析等，以提高预测的准确性和可靠性。例如，在时间序列分析中，可以利用移动平均法、指数平滑法或 ARIMA 模型等方法对时间序列数据进行处理和分析，从而预测未来一段时间的客流量。而在回归分析中，可以建立客流量与各种影响因素之间的数学关系模型，通过回归分析来预测客流量的变化趋势。

笔记

需要注意的是，时间分层法在客流预测中的应用需要考虑到数据的完整性和准确性。同时，由于客流量的变化受到多种因素的影响，如节假日、天气、政策等，因此在预测过程中需要综合考虑这些因素对客流量的影响，以提高预测的精度和可靠性。

## 任务执行

### 一、南京市旅游流年内分布特征分析

南京市旅游流年内分布特征分析实操说明

使用“南京市旅游流年内流量数据”数据，整合 2017 年南京游客量（剔除南京市本地游客）数据，并将每年的旅游人数数据制作成曲线图，以直观展示南京游客流量的月度变化，从而识别出旅游高峰期，并根据时间段或者天气状况的不同进行说明，进而对南京旅游流年内的总体分布规律和特点进行分析。

【操作步骤】

（1）打开 FineBI5.1，点击【数据准备】—【数据列表】—【添加分组】，为分组命名“客流趋势分析”，点击分组【客流趋势分析】—【添加业务包】，业务包命名为“南京市旅游流时间分布”，如图 7-2 所示。

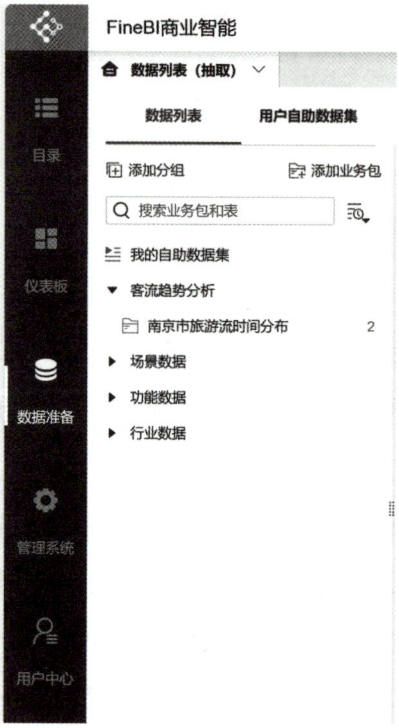


图 7-2 FinBI【数据准备】界面

（2）点击业务包【南京市旅游流时间分布】—【添加表】—【Excel 数据集】，选择素材包中的“南京市旅游流年内分布 .xlsx”文件，将文件中的任务 7.1 添加到 FineBI 中，如图 7-3 所示。

笔记

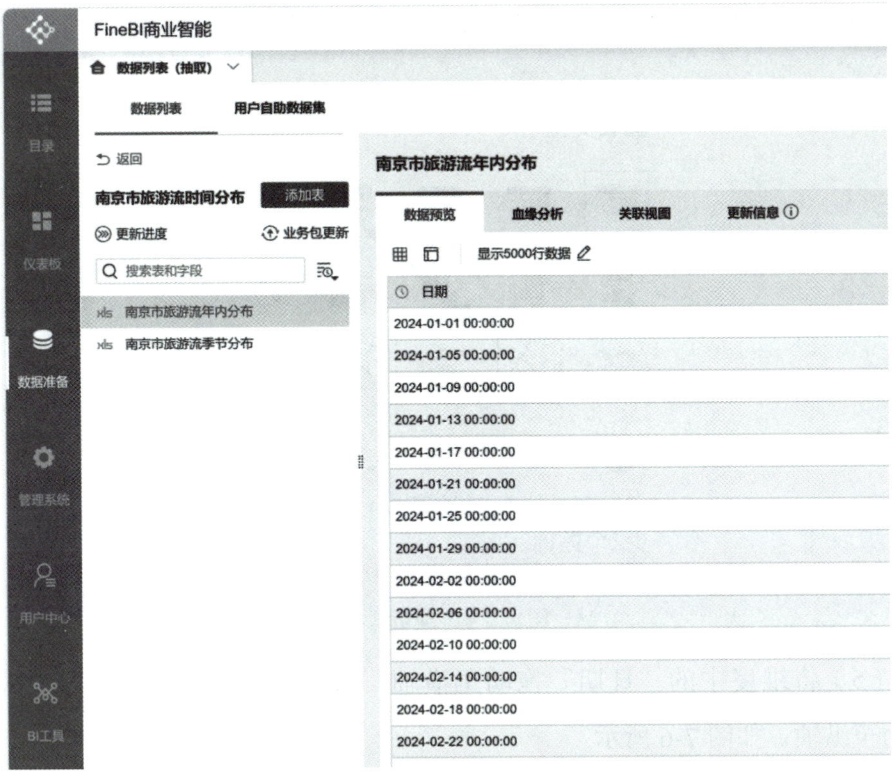


图 7-3　上传 EXCEL 数据

（3）选择表“南京市旅游流年内分布”，点击右上角【创建组件】，仪表板命名为“南京市旅游流年内分布”，单击【确定】进入组件设计制作中，设置组件名称为“南京市旅游流年内分布”，如图 7-4 所示。

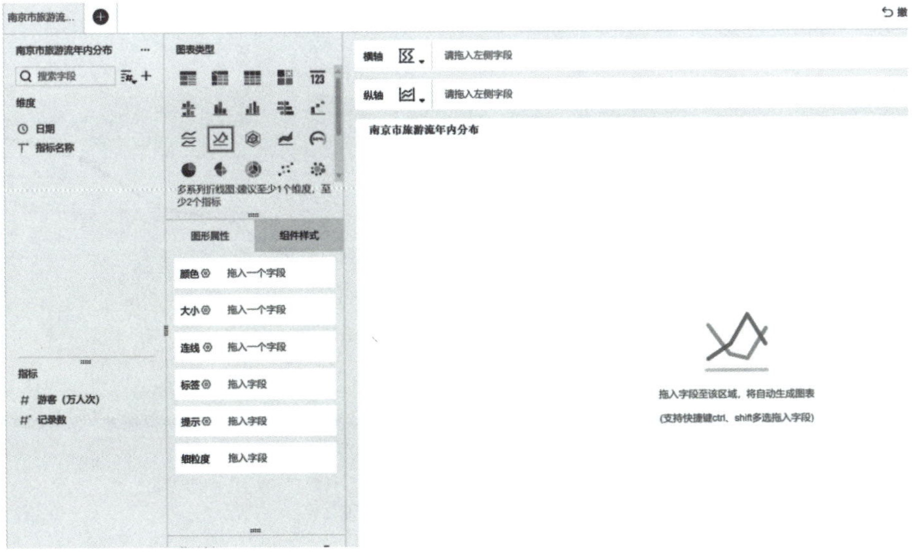


图 7-4　创建组件

笔记

（4）选择图表类型为“多系列折线图”，如图 7-5 所示。

图 7-5　选择折线图

（5）将维度中的“日期”拖动至横轴，将指标中的“游客（万人次）”拖动至纵轴，如图 7-6 所示。

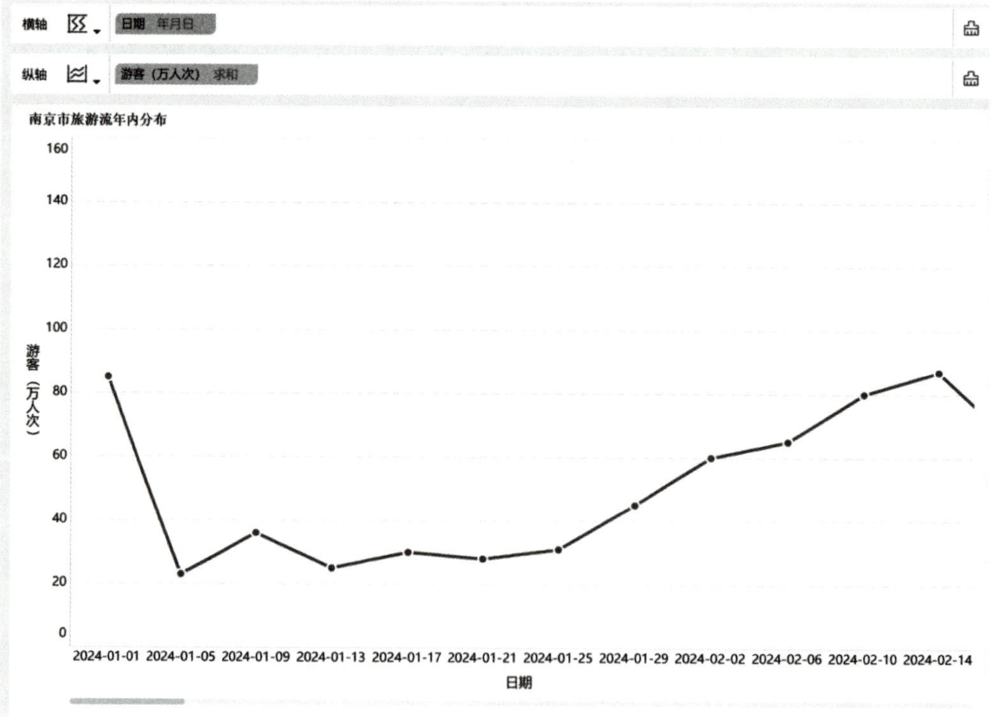


图 7-6　设置横轴纵轴

（6）点击横轴中的【日期】—【更多分组】—【月日】，如图 7-7 所示。

笔记

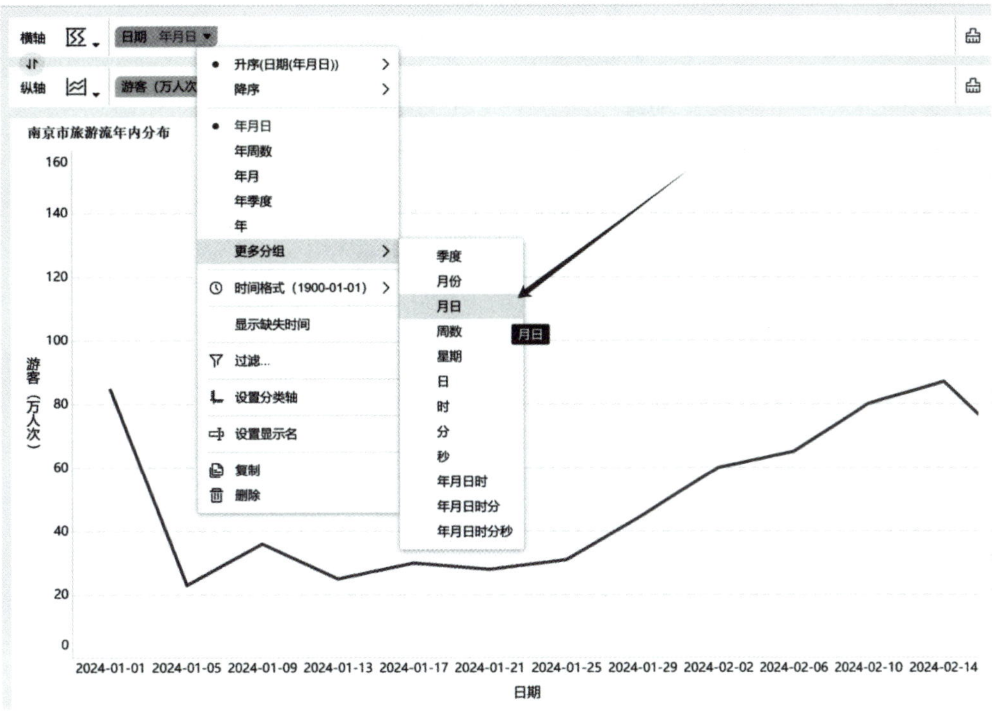


图 7-7　选择月日

（7）点击【图形属性】—【连线】进行设置，将样式修改为“曲线”，将标记点设置为“无”，如图 7-8 所示。

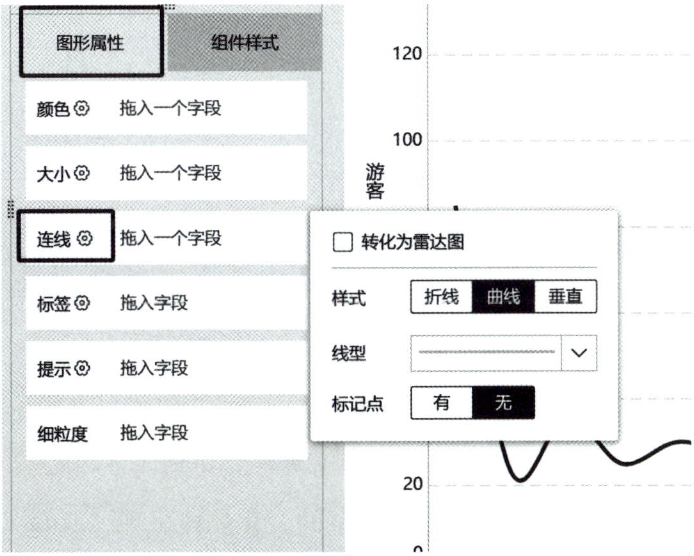


图 7-8　选择连线样式

（8）点击【组件样式】—【自适应显示】，将显示修改为“整体适应”，如图 7-9 所示。

笔记

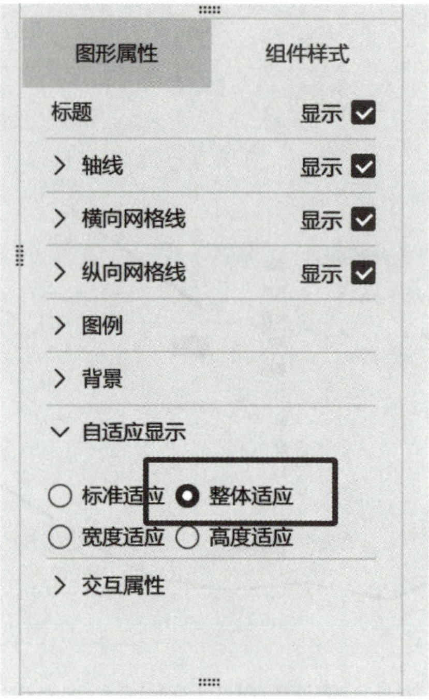


图 7-9　选择整体适应

设置完成后，效果如图 7-10 所示。

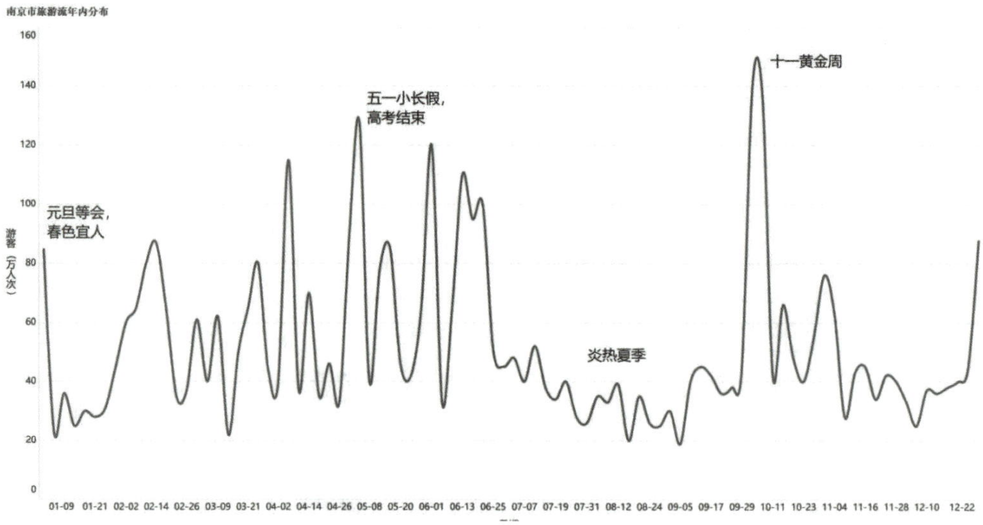


图 7-10　南京旅游流量总体变化图

从图 7-10 可以看出，南京旅游流量的变化总体呈现“双峰”分布。图中有两个相对突出的主峰：五一小假期和十一黄金周。在两个旅游季节，客流量以“井喷”的方式增长，游客数量一直在高位波动。与此同时，南京市旅游流年内分布具有明显的“多岭谷”的特征，图中密密麻麻的小高峰或低岭

笔记

是由于一个个双休日及节假日而形成，而这无数个小高峰和低岭形成了南京市旅游流客流量年内分布结构。

南京市旅游流年内不同时段呈现出“对称性”和“周期性”等特征。南京市旅游流年内分布结构包括了从旅游平季到旺季到淡季，再到旺季的连续不断转化的过程。11 月中下旬到 1 月底为南京市旅游淡季，由于处于寒冷冬季，这一时间段游客量较少。但是元旦期间，游客量出现反季节的增长趋势。2—4 月为南京市旅游平季，这段时间内，游客量适中。在春节假期、元宵灯会、清明小假期时，游客量出现了对称性变化，前期和后期客流量较少，其间客流量激增，且波动较小。5—6 月为南京市旅游旺季，这段时间内客流量都处于较高的位置。在“五一”小长假，端午小假期以及高考结束 10 号后出现了三个小峰值，且变化趋势较为相似。8—9 月为南京市的旅游淡季，虽处于学生暑假期间，但恰逢夏季，天气炎热，酷暑难耐，游客量较少，处于低迷期。10 月为南京市旅游旺季，由于“十一”小长假的存在，旅游流量出现了一年中的高峰值，黄金周期间，游客量一直处于较高位置，且假期前后的游客量呈现出对称性。

根据南京市旅游流量“双峰多岭”结构特征，将南京市旅游的淡旺季进行了划分，并对其持续时间、主要特征进行了总结，并在每个时间段选取了最具代表性的典型周、月。由表 7-1 可以看出，南京的旅游淡季时间较长，从 7 月—9 月中旬以及 11 月—1 月底。

表 7-1　南京淡旺季持续时间

| 时段 | 持续时间（月日） | 主要特征 | 典型月 | 典型周 |
|---|---|---|---|---|
| 淡季 | 7 月—9 月中旬 | 酷热夏季，气候干燥，客流量明显减少 | 8 月 | 8.1—8.8 |
| | 11 月—1 月底 | 严寒冬季，气候不舒适，客流量明显减少 | 11 月 | 11.5—11.12 |
| 平季 | 2 月—4 月 | 冬季向春季过渡，气候不舒适向舒适过渡，游客量回升 | 3 月 | 3.8—3.15 |
| 旺季 | 5 月—6 月 | 春夏过渡期间，五一、端午、高考几个节点，气候较为舒适，游客量较大、高位波动 | 6 月 | 6.1—6.8 |
| | 9 月中旬—10 月底 | 十一黄金周，秋高气爽，游客量大、峰值出现 | 10 月 | 10.1—10.7 |

笔记

在人们工作假期制度以及天气、气候舒适程度的综合影响下，南京市全年旅游流分布呈“双峰多岭”特征，在不同时期呈现出鲜明的对称性和相似性，淡季时间也较长。为了使旅游流年内分布更均衡，避免淡季对旅游业以及相关行业带来损失，南京市可以开发相应的旅游点来吸引游客在淡季时前往，比如在寒冷的冬季可以进一步开发汤山温泉度假区，加大宣传力度，给游客在冬季带来温暖，吸引游客前往。

## 二、南京市旅游流季节分布特征分析

南京市旅游流季节分布特征分析实操说明

根据南京市 2015—2017 年每日游客量（剔除南京市本地游客）数据，绘制南京市 2015—2017 年旅游流季节性变化图，按照中国气象局标准划分春夏秋冬四季。

【操作步骤】

（1）打开 FineBI5.1，点击【数据准备】—【数据列表】—【添加分组】，为分组命名“客流趋势分析”，点击分组【客流趋势分析】—【添加业务包】，为业务包命名“南京市旅游流季节分布”，如图 7-11 所示。

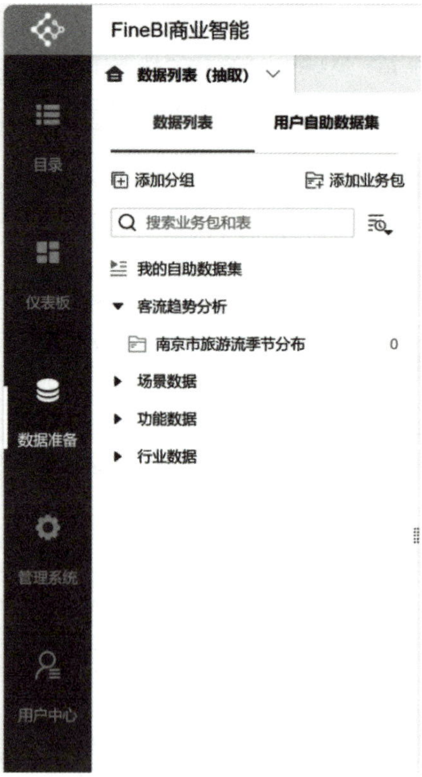


图 7-11　添加业务包

笔记

（2）点击业务包【南京市旅游流季节分布】—【添加表】—【Excel 数据集】，选择素材包中的“南京市旅游流月内分布 .xlsx”文件，将文件中的“南京市旅游流季节分布”添加到 FineBI 中，如图 7-12 所示。

| T 季节 | # 年份 | # 游客（万人次） |
|---|---|---|
| 春 | 2,016 | 52 |
| 夏 | 2,016 | 45 |
| 秋 | 2,016 | 46 |
| 冬 | 2,016 | 39 |
| 春 | 2,017 | 63 |
| 夏 | 2,017 | 45 |
| 秋 | 2,017 | 50 |
| 冬 | 2,017 | 42 |

图 7-12　添加素材

（3）选择表“南京市旅游流季节分布”，点击右上角【创建组件】，仪表板命名为“南京市旅游流季节分布”，单击【确定】进入到组件设计制作中，设置组件名称为“南京市旅游流季节分布”，如图 7-13 所示。

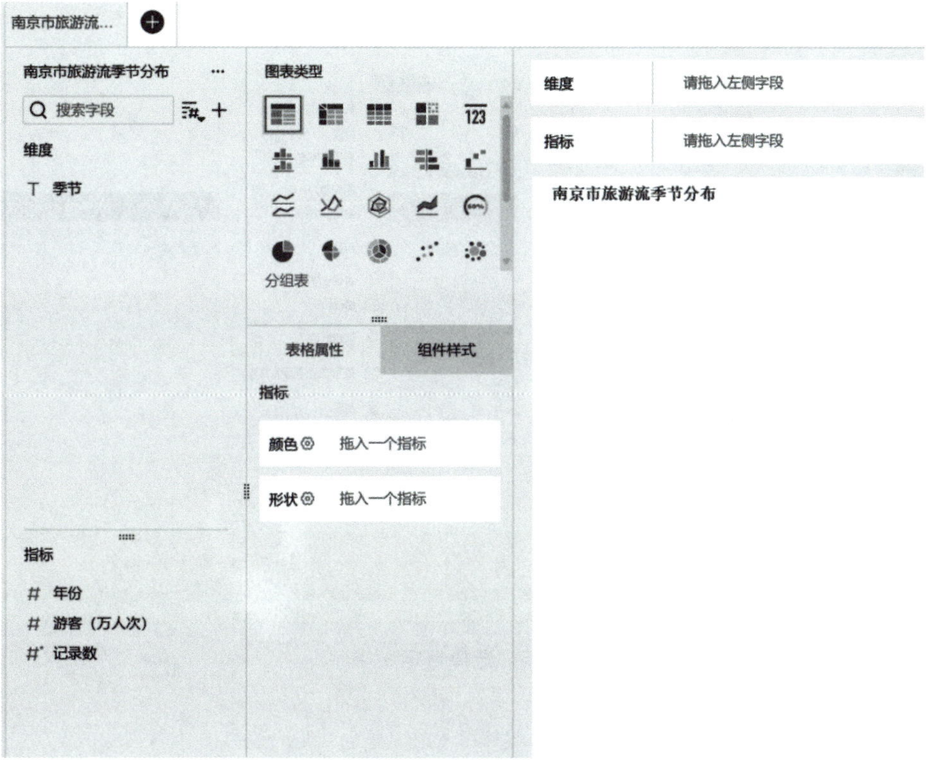


图 7-13　创建组件

笔记

（4）选择图表类型为“多系列折线图”，如图 7-14 所示。

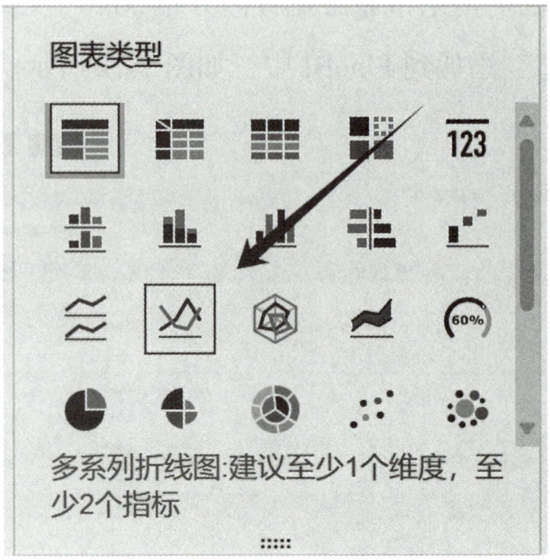


图 7-14 选择多系列折线图

（5）将维度中的“季节”拖动至横轴，点击“季节指标”，选择自定义排序，拖动顺序，将顺序调整为春、夏、秋、冬，如图 7-15、图 7-16 所示。

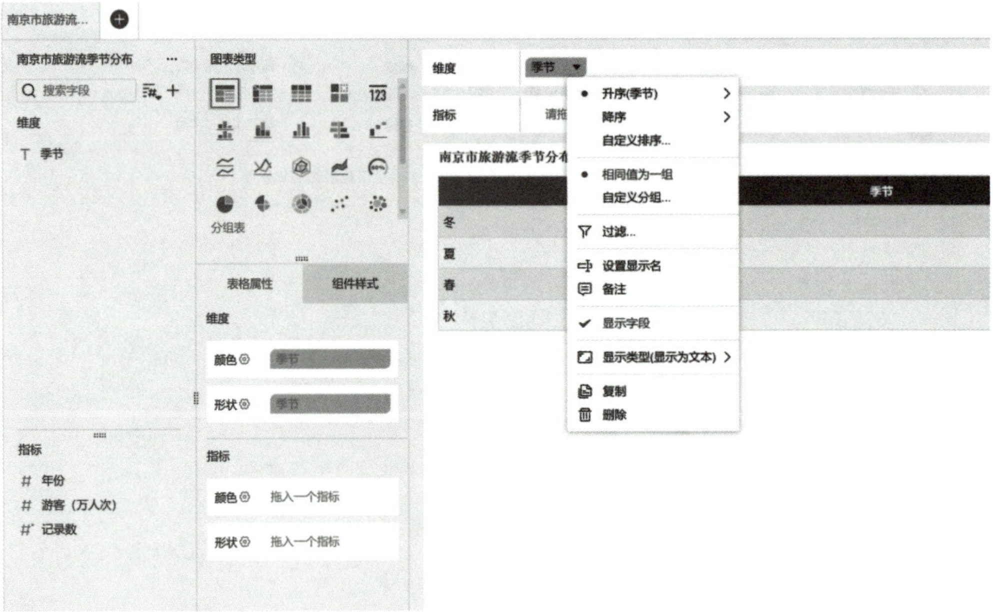


图 7-15 选择自定义排序

笔记

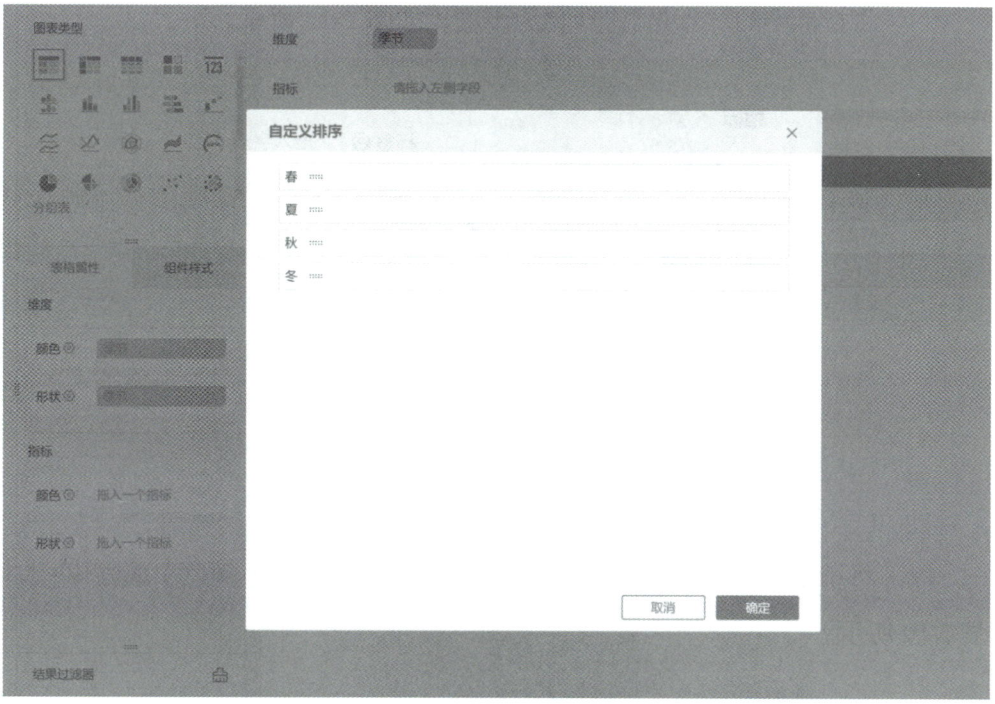


图 7-16　调整指标顺序

（6）将指标中的“游客（万人次）”拖动至纵轴，如图 7-17 所示。

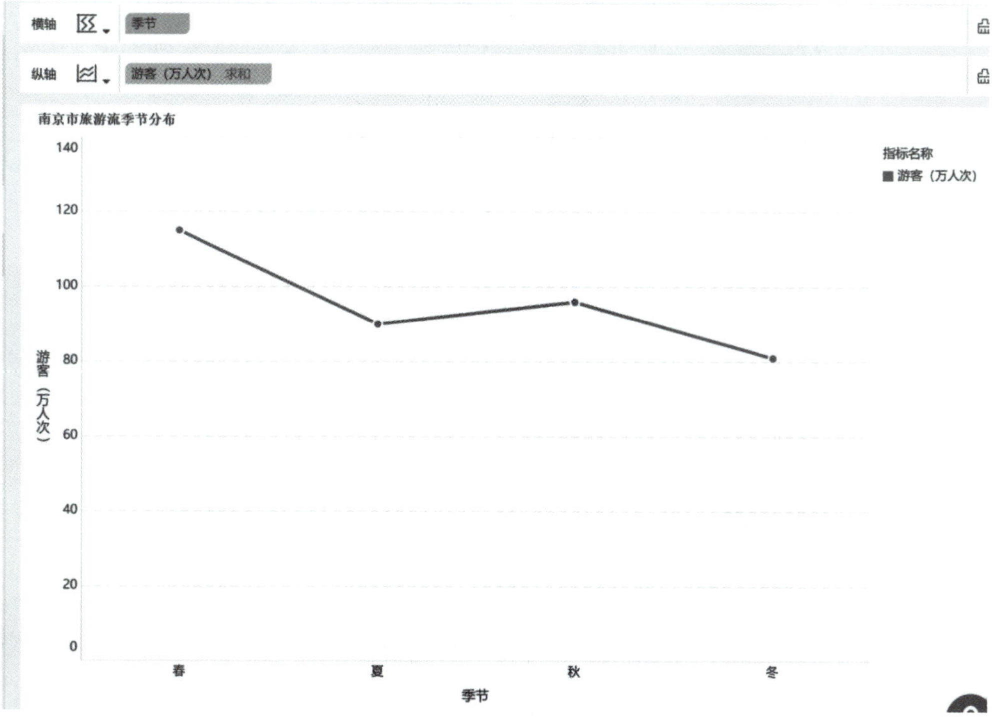


图 7-17　季节与游客人数折线图

笔记

（7）将指标中的“年份”，转化为维度，如图 7-18 所示。

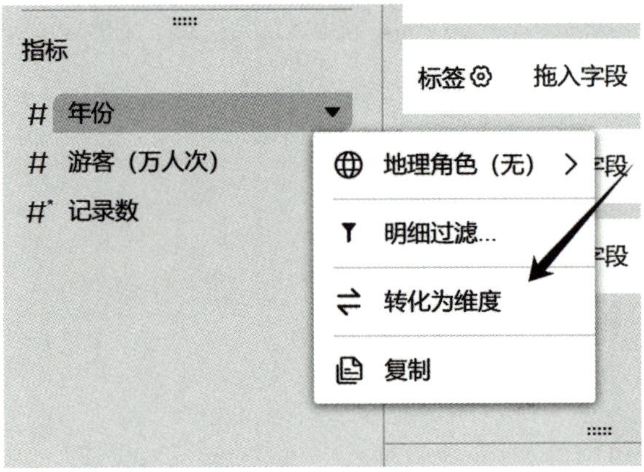


图 7-18　转化维度

（8）将维度中的“年份”，拖动到【图形属性】中的【颜色】属性中，如图 7-19 所示。

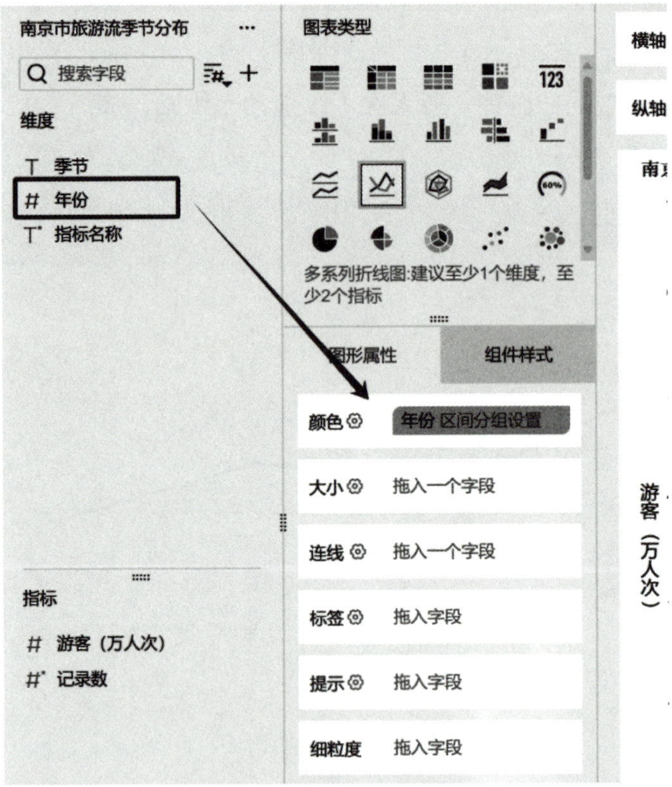


图 7-19　将年份设置为颜色区分

设置完成后，最终效果如图 7-20 所示。

笔记

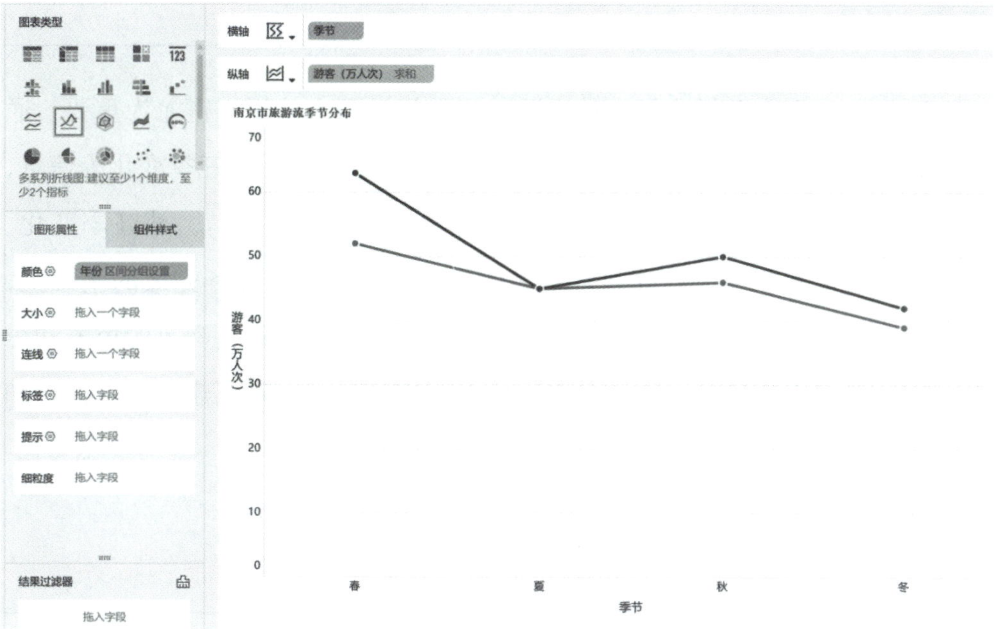


图 7-20　南京市旅游流季节分布图

从图 7-20 可以看出，南京市游客量季节分布变化较为明显，夏季和冬季游客量较小，秋季居中，春季客流量较大，整体上呈现出夏季客流量 < 冬季客流量 < 秋季游客量 < 春季游客量的分布状况。原因可能是，春季气候适宜外出开展旅游活动，且有清明、五一法定节假日，春节为南京市的最佳旅游季节。秋季风高气爽，气候虽不如春季温和，但也较为适合外出旅游，且有中秋小长假、“十一”黄金周在其中，游客量相对于春季少，但多于夏季、冬季。而冬季气温寒冷，出行较为不便，南京无山岳型景区，其间又逢春节长假，元旦节和夫子庙元宵灯会，游客人数少于春秋季，但超过夏季。夏季气候炎热，且多暴雨导致闷热、出行很不方便，又无节假日，导致客流量骤减。

## 任务小结

本任务以利用 FineBI 进行数据可视化为重点，通过学习将复杂的数据集转换为直观的图表，以及设置制作仪表板，并对南京市旅游流的年内及季节时间分布进行分析并提出改进办法。

笔记

## 任务拓展

随着旅游业的不断发展，对旅游客流数据的深入分析变得尤为重要。通过客流趋势分析，可以了解游客的出行规律、旅游热点、淡旺季变化等信息，为旅游资源的优化配置、市场营销策略的制定提供有力支持。淡旺季变化、节假日效应、季节性波动等因素对客流影响巨大，在本任务完成的基础上，利用 FineBI 的过滤、排序、分组等功能，对客流数据进行更深入的挖掘和分析，在提出优化建议时，要结合实际情况和市场需求，确保建议的可行性和有效性。

## 任务测试

素材：“南京市旅游周内特征 .xlsx”

要求：利用 FineBI 工具，对 2017 年南京市旅游周内特征进行可视化分析，识别出行周内的特征分布并进行分析。

# 任务二 分析旅游客流空间分布特征

笔记

## 任务引例

**南京市旅游客流空间分布特征**

南京市旅游客源市场呈阶梯状分布。以2016年12月9日至2017年12月9日的旅游流量为例进行分析研究，在剔除南京本地居民的情况下，江苏省内其他12个地级市游客量占总游客量的27.6%，安徽省游客量占14.9%，浙江、上海、山东、河南、广东、北京、辽宁、湖北游客量分别占全国游客量的8.6%、7.3%、4.6%、4.3%、4.2%、3.9%、2.4%、2.2%。

要求：针对南京市旅游客流分布完成可视化分析。

## 任务准备

通过获取到的数据，从空间方面对南京市的国内旅游流（剔除南京本地游客）进行研究。利用FineBI数据可视化方法，借助南京智慧旅游平台上各景区游客的数量以及游客游玩线路的统计数据，研究南京旅游流客源地分布特征，来宁游客市内分布特征以及最热旅游路线，为相关部门提供旅游业发展建议。此外，可以为相关旅游景区，尤其是在节假日期间提供及时、准确的管理决策意见。

## 任务执行

### 一、南京市旅游流客源地分布特征分析

使用“南京市旅游流客源地数据”数据，将来南京的游客人数数据制作

南京市旅游流客源地分布特征分析实操说明

笔记

成漏斗图，以直观展示游客客源地分布特征变化。

【操作步骤】

（1）打开“南京市旅游流客源地数据”工作表，将文件中的“任务 7.2”添加到 FineBI 中，如图 7-21 所示。

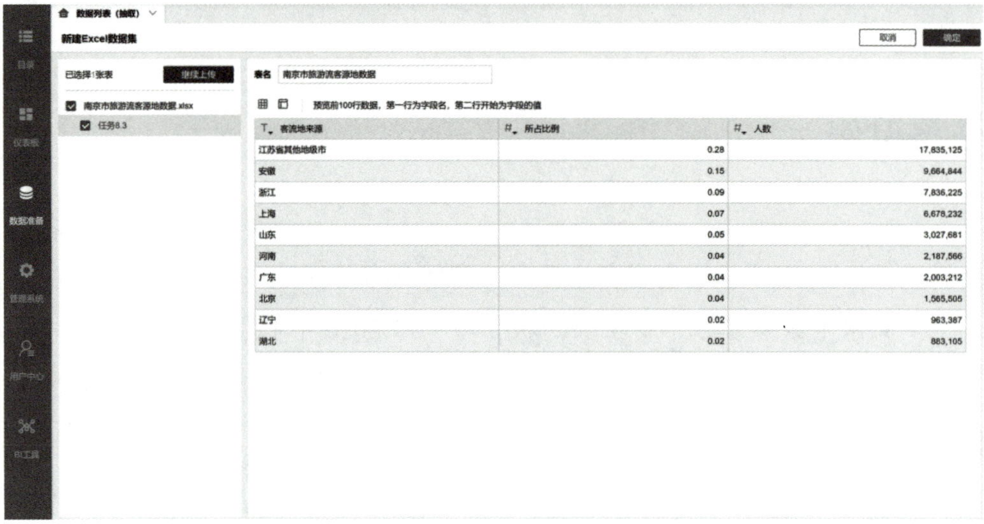


图 7-21　添加数据

（2）点击添加图表组件，将左边维度“客源地来源”拖入右边维度字段，将左边指标“人数”拖入右边指标字段，如图 7-22 所示。

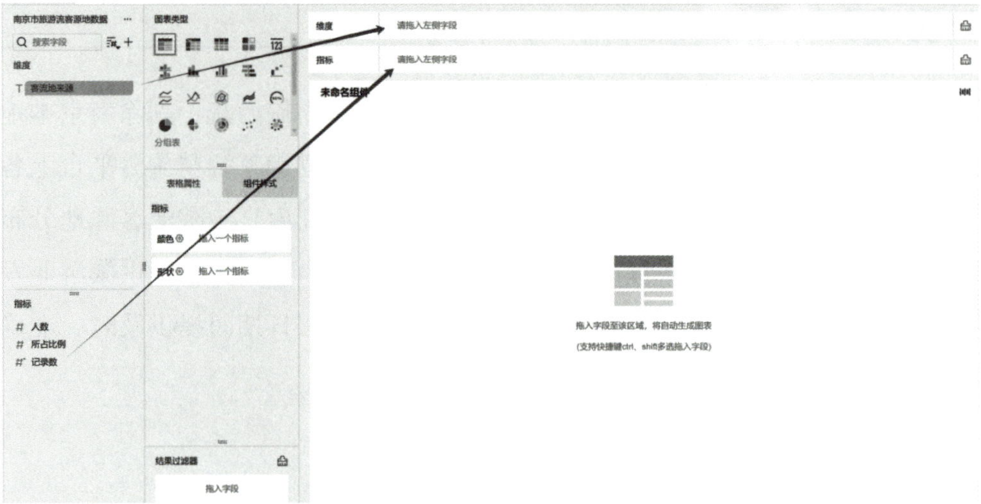


图 7-22　选择指标

（3）在图表类型中选择【漏斗图】，此时图表中显示了南京市旅游流客源覆盖的省份，如图 7-23 所示。

笔记

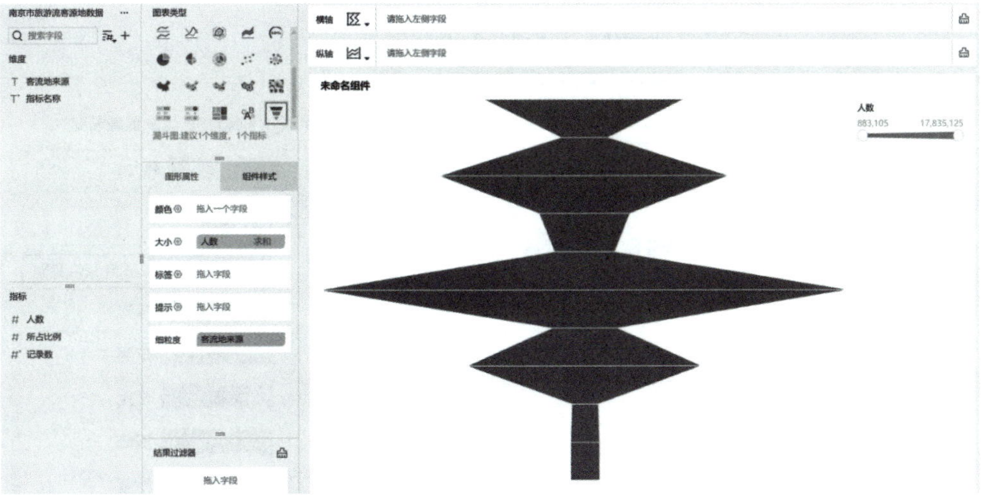


图 7-23　设置漏斗图

（4）在图形属性中选择【细粒度】，点击【客源地来源】的倒三角，选择“降序［人数（求和）］”，选择“人数（求和）”。此时图表中显示了南京市旅游流客源覆盖的省份人数降序漏斗图，如图 7-24 所示。

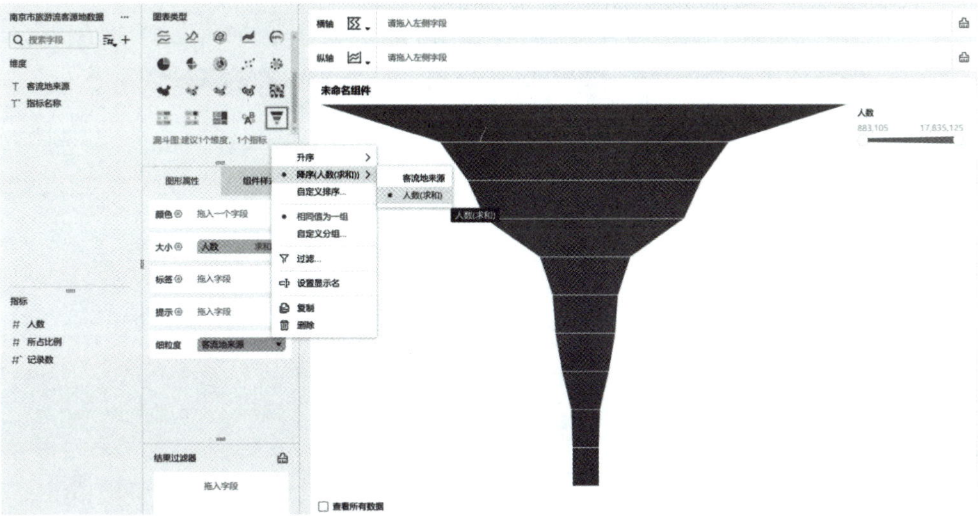


图 7-24　设置降序排序

（5）将指标下的“人数”拖入图形属性中的【颜色】栏，渐变类型选择【区域渐变】，渐变方案选择自己喜欢的颜色即可，还可以根据指标数据自定义渐变区间，如图 7-25 所示。将维度下的“客源地来源”与指标下的“所占比例”拖入图形属性中的【标签】栏。

笔记

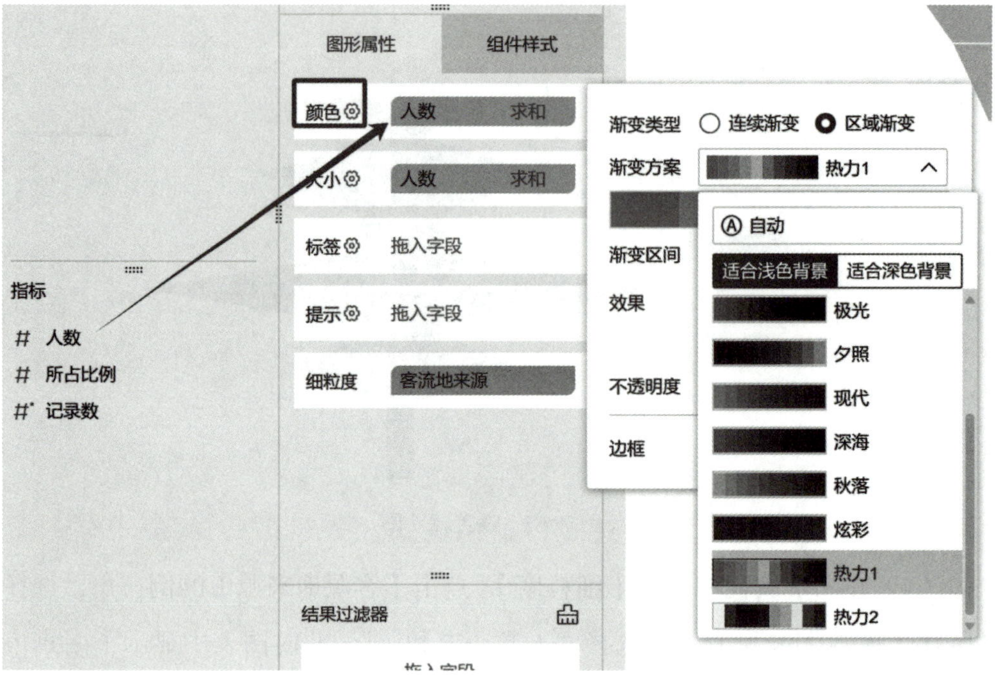


图 7-25 设置热力图颜色

设置完成后，最终效果如图 7-26 所示。

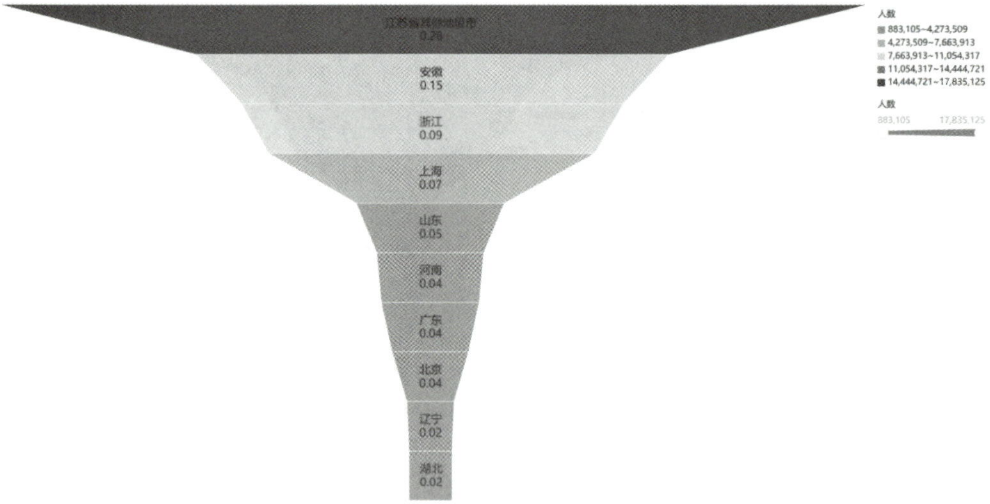


图 7-26 南京市旅游流客源地分布图

从图 7-26 可以看出，南京市旅游一级客源市场主要以江苏省内 13 个区市为核心，以长三角地区为主要片区，呈现客源地游客量向周边距离衰减格局。此外，南京市旅游游客量在包含南京本地游客和剔除南京本地游客两种情况下，呈现出两种完全不同的格局。

在包含南京本地游客量的情况下，江苏省每月游客量占全国游客量的（不包含港澳台地区）72% 以上，而其他省份只占据剩下的 28%；剔除南京本地居民游客量，江苏省每月游客量达到 25% 以上，最高的是 2017 年的 12 月份，江苏省游客量占全国游客量的（不包含我国港澳台地区）31.8%，最低的是 2017 年的 2 月份，占全国游客量的（不包含我国港澳台地区）21.8%。剩下 75% 的省外游客量也主要集中于安徽、浙江、上海等长三角地区。

笔记

## 二、南京市旅游流空间分布特征分析

使用“南京市旅游流空间分布数据”数据，将来南京的游客人数数据在南京市内的分布制作成聚合气泡图，以直观展示来南京游客的空间分布特征变化。

南京市旅游流空间分布特征分析实操说明

【操作步骤】

（1）打开“南京市旅游流客源地数据”工作表，将文件中的“南京市旅游流空间分布数据”添加到 FineBI 中，如图 7-27 所示。

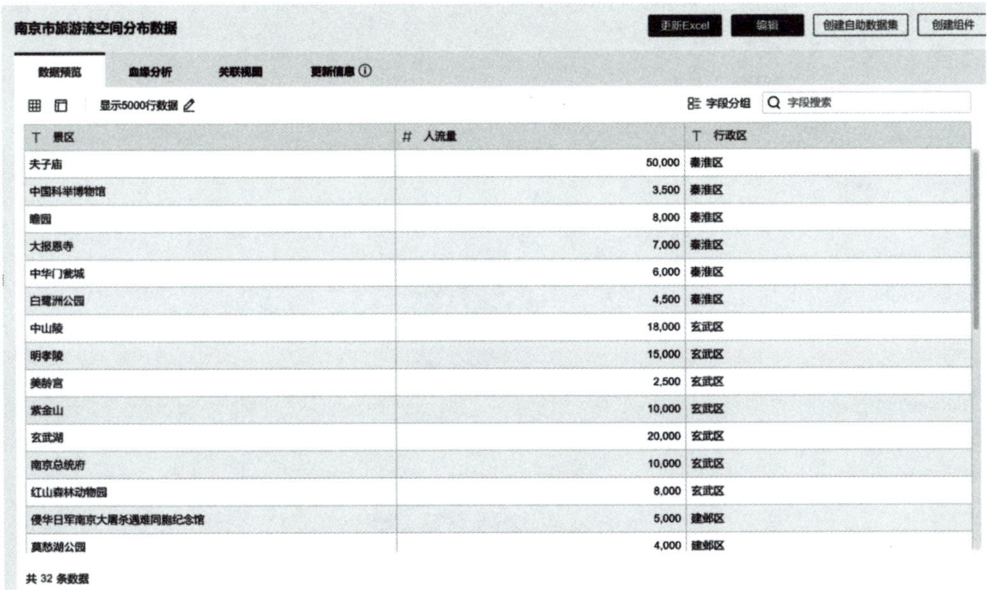


| T 景区 | # 人流量 | T 行政区 |
|---|---|---|
| 夫子庙 | 50,000 | 秦淮区 |
| 中国科举博物馆 | 3,500 | 秦淮区 |
| 瞻园 | 8,000 | 秦淮区 |
| 大报恩寺 | 7,000 | 秦淮区 |
| 中华门瓮城 | 6,000 | 秦淮区 |
| 白鹭洲公园 | 4,500 | 秦淮区 |
| 中山陵 | 18,000 | 玄武区 |
| 明孝陵 | 15,000 | 玄武区 |
| 美龄宫 | 2,500 | 玄武区 |
| 紫金山 | 10,000 | 玄武区 |
| 玄武湖 | 20,000 | 玄武区 |
| 南京总统府 | 10,000 | 玄武区 |
| 红山森林动物园 | 8,000 | 玄武区 |
| 侵华日军南京大屠杀遇难同胞纪念馆 | 5,000 | 建邺区 |
| 莫愁湖公园 | 4,000 | 建邺区 |

共 32 条数据

图 7-27　添加数据

（2）创建组件并命名为“聚合气泡图”。

（3）点击添加图表组件，将左边维度“景区”拖入右边横轴字段，将左边指标“人流量”拖入右边纵轴字段，如图 7-28 所示。

笔记

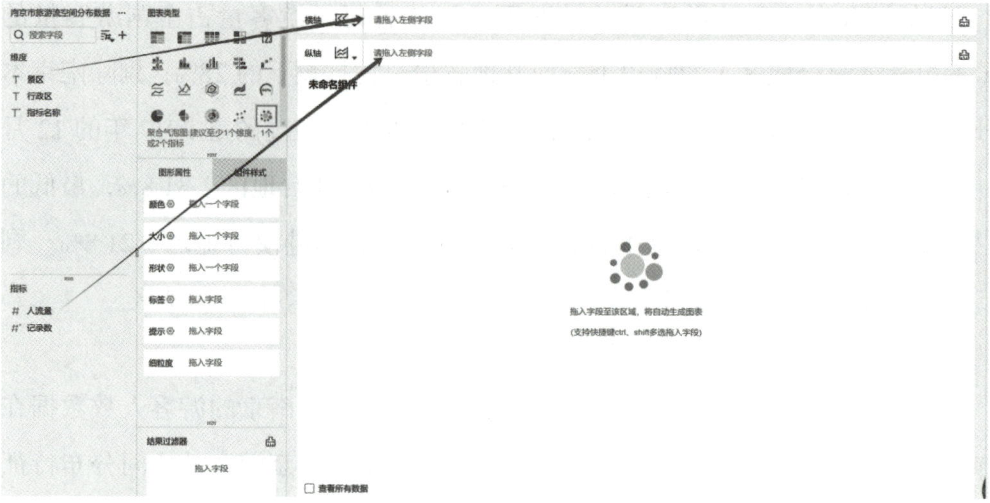


图 7-28　选择指标

（4）在图表类型中选择【聚合气泡图】，此时图表中显示了南京市各景区旅游客流量，如图 7-29 所示。

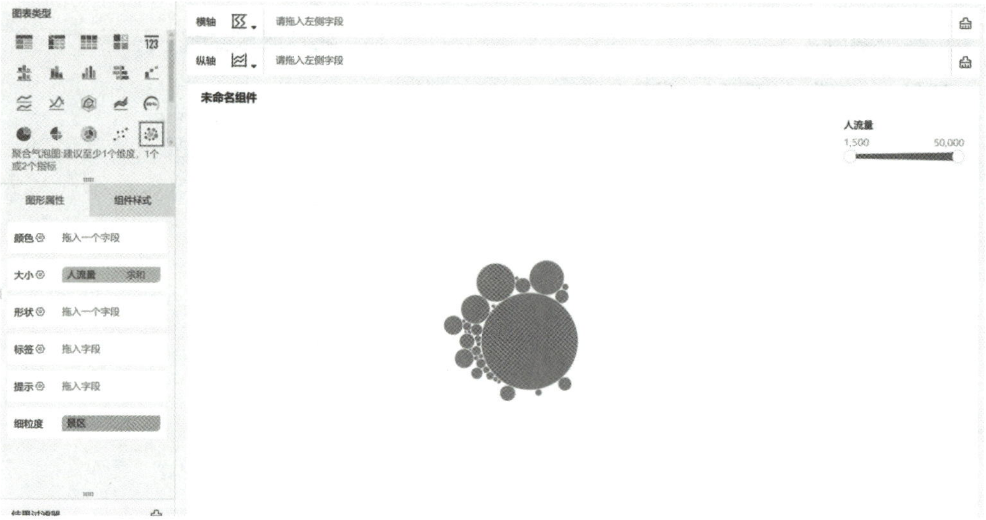


图 7-29　设置聚合气泡图 1

（5）将维度下的“行政区”拖入图形属性中的【颜色】栏，将维度下的“景区”拖入图形属性中的【标签】栏，如图 7-30 所示。

笔记

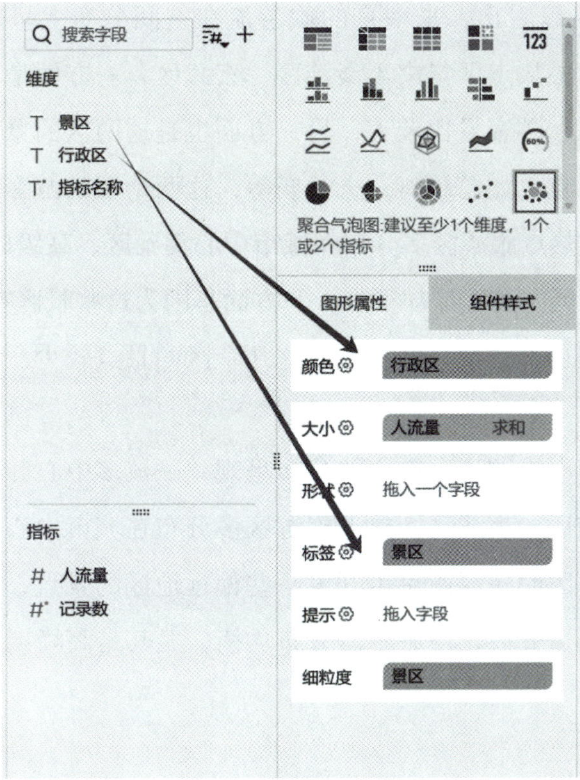


图 7-30 设置聚合气泡图 2

设置完成后，最终效果如图 7-31 所示。

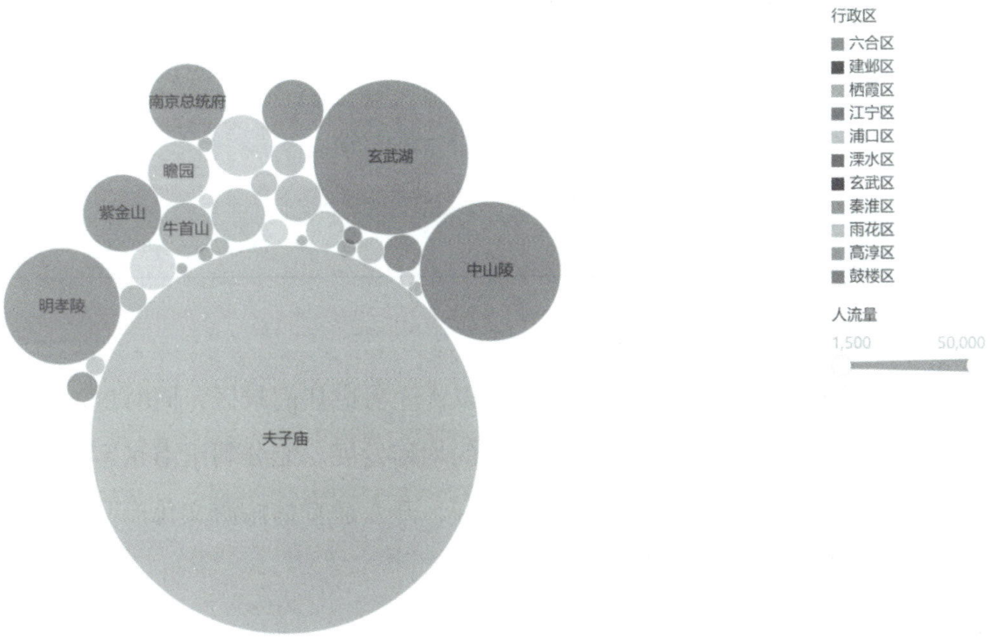


图 7-31 南京市旅游流空间分布数据聚合气泡图

笔记

从图 7-31 可以看出，来南京的旅游流在空间分布上呈现出“一核多中心”的特征，核心热点区集中于秦淮区、玄武区，一方面是因为这两个区属于南京的中心区，游客量比较大，另一方面也是这两区的景点相对较多，且景区多为著名景点，如总统府、夫子庙等，这两个区的游客量相对较多。可以看出南京市的热点旅游区多分布在城市中心集聚区、高级旅游景区集聚区。而高淳区、浦口区的游客量却很少，一方面是因为这些景区在南京市的郊区，比较偏远，交通也不方便；另一方面这几个区的景点较少，游客量可能就相对较少。

综上，南京市旅游流在市内的分布呈现“一核多中心”的特征，核心热点区集中于秦淮区、玄武区，热点旅游区多分布在城市中心集聚区、高级旅游景区集聚区。因而建议南京市开发一些偏远地区的景点，比如农家乐、房车露营等，向周边分流，使旅游流分布均衡，尤其是高峰期更好地对热门景点进行分流。

## 任务小结

本任务以利用 FineBI 进行数据可视化为重点，通过学习将复杂的数据集转换为直观的图表，并对南京市旅游流的空间分布进行分析并提出相应的建议。

## 任务拓展

如何平衡南京市旅游流的空间差异？

在规划旅游线路时，南京旅游业可以优先考虑热门景区，同时也注重北部旅游资源的开发，促进区域内旅游业的均衡发展。充分利用南京客流的溢出效应，根据不同客源地的游客旅游偏好，开发适宜的旅游文化产品，进一步增强生态公园等旅游项目的吸引力。

## 任务测试

笔记

腊月二十六—正月十八举行了夫子庙元宵灯会，为期 22 天。依照南京智慧旅游平台的数据，利用“素材 7.3”绘制热力图，分析研究了 2 月份夫子庙的南京游客量和外地游客量变化及旅游流客源地分布。

笔记

# 项目八

# 旅游评论情感分析

## 职业能力目标

1. 能够准确识别旅游评论中的关键信息，包括景点描述、服务体验、情感倾向等。

2. 能够运用情感分析技术，对旅游评论中的情感倾向进行准确判断，区分积极、消极或中性的情感态度。

3. 能够对旅游评论数据进行清洗、整理和分析；掌握常用的情感分析模型，能够根据具体需求进行选择和调整。

## 典型工作任务

1. 从各大旅游网站或社交媒体平台收集旅游评论数据，并进行必要的预处理操作，如去除重复评论、处理特殊字符等。

2. 对评论数据进行情感标注，为后续的情感分析提供基础。

3. 根据项目的具体需求，选择合适的情感分析模型，如基于规则的方法、基于机器学习的方法或基于深度学习的方法；利用标注好的数据对模型进行训练，优化模型性能。

笔记

# 任务一<br>旅游评论数据预处理与分析

## 任务引例

**旅游入住酒店客人评论**

小明在国庆节期间入住某酒店，但体验并不是很好。他提前打电话预订了房间，并确认好了入住时间。由于路上出了一些意外，当小明到达酒店稍微晚一点时，却被告知预订的房间已经被卖给了其他客人。小明非常失望和生气，感觉酒店对于预订的处理非常不专业。小明打电话向酒店管理方面反映此事，但酒店管理方的态度很冷漠，也没有给出任何实质性的解决方案。这次经历让小明对这家酒店的服务产生了严重的质疑。

通过上述案例，可以看出旅游景区酒店的管理涉及很多技术和细节问题，每一个细节上的失误都可能会产生无法挽回的不良影响。因此，通过技术手段发现问题、解决问题是提高企业经营业绩的重要手段。

## 任务准备

随着电商网络经济的兴起，更多的人选择在线上预订酒店出行，旅游者在进行购买决策之前，常会通过各种渠道获取相关产品信息以及其他旅游者对旅游目的地的评价信息，并以此作为是否继续购买的依据。例如，携程酒店评论之中包含了海量用户或积极或建议或消极的情感观点，酒店可以依据这些评论改善自身的服务，平台可以据此调整对不同评价酒店的资源倾斜，

笔记

消费者可以参考评论选择自己需要的酒店。因此，在如今大数据的背景之下，如何高效地利用这些评论数据就显得尤为重要，其中文本情感分析作为 NLP（nature language processing，自然语言处理）的一个经典问题一直受到相关领域从业人员的广泛关注。

### （一）数据采集

本项目数据集来源于和鲸社区的民宿评论数据集，数据集中包含携程用户的评论数据，根据民宿所在地分为北京、上海、重庆、成都、广州、杭州、南京、苏州、西安共 9 个地区，每个地区的评论数据以 txt 文本的格式存储，数据如图 8-1 所示。

入住体验：位置方便，安静舒适；房东人非常好，做事认真，也非常可爱，下次还会入住。
小区很安静，离地铁站也不远，很方便。房主很好的一位小姑娘，很热情。强烈推荐
非常好的房间！位置极佳！环境舒适！十分开心！！！！！
小区干净也安静，三环里，离地铁不远。屋内也是干净整洁，性价比很高。房东小姐姐热情活泼。
房间很干净，地理位置也好，几分钟就能走到地铁站。因为住惯了老小区，所以住这儿就像在自己家里似的。美超人很好，那几天一直麻烦她，觉得非常不好意思。
总之，大家都快来住她家！性价比超高！
住房性价比拉满，房东妹子超热情
好
非常满意的一次入住，房东小姐姐人超好，房客也很照顾我们，下次有机会还是会来这住的。感谢
姐姐人超级好　社区位置较好　交通方便
房间很好很温馨！
位置很不错的房源，环境也很干净，比想象中的要大
房间和图片一样　很少女心　就是床有点硬　我不太能睡惯
房间和描述的一样，几个玩偶粉粉的很可爱~离传媒大学地铁很近，打车十多块钱。楼下有挺多吃的。房间门口还有接水的机器，半夜想喝水可太方便了。
第二次入住　很好

图 8-1　民宿用户评论数据

### （二）数据预处理

数据预处理是指在进行情感分析任务之前，对原始数据进行清洗、转换和整理的过程。它是文本情感分析的重要步骤，可以提高模型的准确性和性能。在实际的任务工作过程中可根据数据的类型等情况选择性的进行数据处理。数据预处理包括以下几个主要步骤：

（1）数据清洗。去除重复值、处理缺失值和异常值。重复值可能会导致结果偏差，缺失值和异常值可能会影响模型的准确性。

（2）特征选择。选择对目标变量有影响的特征，去除无关或冗余的特征。这可以减少模型的复杂度，提高训练效率。

（3）特征缩放。将不同尺度的特征转换为相同的尺度，以避免某些特征

笔记

对模型的影响过大。常用的特征缩放方法包括标准化和归一化。

（4）特征编码。将非数值型特征转换为数值型特征，以便机器学习算法能够处理。常用的编码方法包括独热编码和标签编码。

（5）数据集划分。将原始数据集划分为训练集、验证集和测试集。训练集用于模型的训练，验证集用于调参和模型选择，测试集用于评估模型的性能。

（6）数据平衡。对于不平衡的数据集，可以采取欠采样或过采样等方法来平衡各类别样本的数量。

（7）数据转换。对数据进行转换，使其符合模型的假设。例如，对数变换、正态化等。

## 任务执行

### 一、爱彼迎评论数据预处理

根据选择数据集，本项目首先针对获取的数据进行合并生成总数据，然后将总数据转化为DataFrame，最后剔除无价值数据。

旅游评论数据预处理与分析实操说明

【操作步骤】

（1）导入项目运行所需库，代码如下：

```
import os
import jieba
import re
from collections import Counter
import pandas as pd
import numpy as np
from gensim.models import word2vec
import gensim
import logging
```

笔记

```
import pyLDAvis
import pyLDAvis.sklearn
from sklearn.feature_extraction.text import
CountVectorizer
from sklearn.decomposition import LatentDirichletAllocation
from wordcloud import WordCloud
import matplotlib.pyplot as plt
import warnings
warnings.filterwarnings("ignore")
```

（2）合并生成总数据，为了对总体数据进行分析，将各个地区的 txt 合并为总数据 .txt 文件，代码如下：

```
# 1. 数据合并
allfile=['北京.txt','上海.txt','重庆.txt','广州.txt','杭州.
txt','南京.txt','西安.txt','成都.txt','苏州.txt']
def hecheng(file_name,File_name='总数据.txt'):
    with open(file_name,encoding='utf-8',mode='r',errors
='ignore') as f1,open(File_name,encoding='utf-8',mode='
a+',errors='ignore') as F:
        for line in f1:
            F.seek(0,2)
            F.write(line)
for i in allfile:
    if str(i).endswith('.txt'):
        hecheng('./爱彼迎民宿/' + i)
```

笔记

（3）将总数据转化为 DataFrame，代码如下：

```
# 2. 数据加载与清洗
import pandas as pd
from wordcloud import WordCloud
import jieba
import matplotlib.pyplot as plt
import PIL
import numpy as np
path ='总数据 .txt'
f=open(path,"r",encoding='utf-8')
data=[]
for line in f.readlines():
   line=line.strip().split("\t")
   data.append(line)
f.close()
minsu=pd.DataFrame(data).dropna(axis=0)
minsu.columns=['comment']
```

（4）剔除无价值数据，本项目主要剔除以下几类数据：

❶ 英文数据，由于北京、上海、重庆等城市都是国际化都市，所以数据集中包含了部分英文数据，在预处理时首先就将数据中的英文评论和评论文本中的空白行去除，具体方法就是将空白行标记为缺失值，再将包含英文字母的评论换为缺失值，然后进行再删去文本中所有缺失值。

❷ 重复词，例如爱彼迎、民宿、北京、上海、重庆、广州、杭州、南京、成都、苏州、西安，这些词虽然频繁出现，但对于分析评论特点没有帮助，数字也是如此。

❸ 短评论，例如挺不错、真的好、特别喜欢，这种只有一个或是几个字的评论，这种没有实际意义的文本数据对于数据分析没有任何帮助，所以对

笔记

少于 5 个字的短文本进行了清除。

代码如下：

```
import re
strinfo=re.compile('[0-9]|爱彼迎|民宿|北京|上海|重庆
|广州|杭州|南京|成都|苏州|西安')
minsu['comment']=minsu['comment'].apply(lambda x:
strinfo.sub('',x))
minsu.replace(to_replace=r'^\s*$', value=np.
nan,regex=True,inplace=True)
minsu.replace(to_replace=r'[a-zA-Z]', value=np.
nan,regex=True,inplace=True)
minsu.dropna(axis=0,how='any',inplace=True)
minsu=minsu[minsu['comment'].apply(len) >= 4]
```

## 二、爱彼迎评论数据分析

首先使用 SnowNLP 进行初步分析，为数据添加 emotion 列，即好评或差评，之后使用 LinerSVC 模型进行好差评的预测，然后为了进一步准确提取正负向评论中的关键词并进行主题分类，本项目使用基于词典匹配的情感倾向分析模型对评论数据的情感进一步准确化并提取其中的关键词，最终进行 LDA 主题分类分别对积极评论以及消极评论进行主题划分。

【操作步骤】

（1）分词并用 SnowNLP 进行初步分析。添加一列 emotion 列，存储情感评分，添加评论情绪列（好评 or 差评），生成可视化词云图，代码如下：

```
# 3. 情感分析
from snownlp import SnowNLP
minsu['emotion']=minsu['comment'].apply(lambda x:
```

笔记

```
SnowNLP(x).sentiments)
def pingjia(emotion):
    if emotion >= 0.4:
        return '好评'
    else:
        return '差评'
minsu['level'] = minsu['emotion'].map(lambda  x:
pingjia(x))
# 4. 词云生成(原代码)
text=''.join(minsu['comment'])
data_cut=' '.join(jieba.lcut(text))
path='停用词汇总 .txt'
f=open(path,"r",encoding='utf-8').read()
word_cloud=WordCloud(font_path="msyh.ttf",
                              background_color="white",
scale=32,
                            stopwords=f)
word_cloud.generate(data_cut)
plt.subplots(figsize=(15,8))
plt.imshow(word_cloud)
plt.axis("off")
plt.savefig("图 8-1-2 词频效果图 .jpg",dpi=1300)
plt.show()
```

笔记

分析效果如图 8-2 所示。

图 8-2 词频效果图

（2）为了后续进行情感分析，生成 word_zong.csv 文件，主要包括索引、词语、词性、情感标签。代码如下：

```
from jieba import posseg
# ============== 新增：生成 word_zong.csv 的代码 ========
======
def generate_word_zong(dataframe,output_file='word_
zong.csv'):
    """ 生成词语总表 csv 文件 """
    # 分词函数
    def fenci(text):
        words=jieba.posseg.cut(text)
        return [(word.word,word.flag) for word in
words if len(word.word) > 1]
    # 应用分词
    seg_word=dataframe['comment'].apply(fenci)
    n_word=seg_word.apply(lambda x: len(x))
    # 构建词语数据
    word_data=[]
```

笔记

```
    for idx,words in enumerate(seg_word):
        for word_pos in words:
            word_data.append({
                'index_content': idx + 1, # 评论索引（从 1 开始）
                'word': word_pos[0], # 词语
                'cixing': word_pos[1], # 词性
                'level': dataframe.iloc[idx]['level'] # 情感标签
            })
    # 创建 DataFrame
    word_df=pd.DataFrame(word_data)
    # 加载停用词
    try:
        with open('停用词汇总.txt','r',encoding='utf-8') as f:
            stopwords=set([line.strip() for line in f if line.strip()])
    except FileNotFoundError:
        stopwords=set()
    # 过滤停用词和无意义词性
    word_df=word_df[~word_df['word'].isin(stopwords)]
    word_df=word_df[word_df['cixing'] != 'x'] # 去除标点符号等
    # 保存为 csv
    word_df.to_csv(output_file,index=False,encoding='utf-8')
    print(f"已生成词语总表文件：{output_file}")
```

笔记

```
    return word_df
# 执行生成
word_zong=generate_word_zong(minsu)
```

词性标注。为了方便模型筛选有实际意义的评论，将评论数据进行分词操作，主要是为了方便情感倾向分析模型关于含有名词评论的筛选，另外在分词的同时，给每个词加上了词性，例如：n 名词、v 动词、x 标点符号等。

```
importjieba.posseg as pseg
import pandas as pd
# 分词函数，同时提取词性
def fenci(text):
    return [(word,flag) for word,flag in pseg.cut(text)]
# 对每条评论进行分词，并提取词性
seg_word=minsu['comment'].apply(fenci)
# 初始化结果列表
results=[]
# 遍历每条评论及其分词结果
for idx,words in seg_word.items():
    for word,cixing in words:
        level=minsu.loc[idx,'level'] # 获取对应评论的情感级别
        results.append({
            'index_content': idx + 1, # 评论索引加1
            'word': word,
            'cixing': cixing,
            'level': level
        })
```

笔记

```
# 转换为 DataFrame
result=pd.DataFrame(results)
# 过滤掉词性为 'x' 的词
result=result[result['cixing'] != 'x']
print(result)
# 删除停用词
path='停用词汇总 .txt'
f=open(path,"r",encoding='utf-8')
stop=f.readlines()
stop=[x.replace('\n','') for x in stop]
word=list(set(word) - set(stop))
result=result[result['word'].isin(word)]
seg_word
```

此处以爱彼迎北京地区的评论数据作为例，展示分词结果如图 8-3 所示。

```
0         [(, x), (入住, v), (体验, n), (:, x), (位置, v), (方...
1         [(小区, n), (很, zg), (安静, nr), (,, x), (离, v), (...
2         [(非常, d), (好, a), (的, uj), (房间, n), (!, x), (位...
3         [(小区, n), (干净, a), (也, d), (安静, nr), (,, x), (...
4         [(房间, n), (很, zg), (干净, a), (,, x), (地理位置, n),...
                                  ...
122119    [(环境, n), (挺, d), (好, a), (的, uj), (,, x), (附近...
122120    [(很, zg), (温馨, nr), (舒适, a), (,, x), (地段, n), ...
122121    [(位置, v), (非常, d), (方便, a), (,, x), (走, v), (一...
122122    [(地理位置, n), (绝佳, z), (,, x), (管家, n), (耐心, a),...
122123    [(离, v), (地铁, n), (近, a), (,, x), (出行, v), (方便...
Name: comment, Length: 97155, dtype: object
```

图 8-3 分词结果

说明：有时因为设备性能和 Jupyter Notebook 软件限制，数据量大时运行会极为缓慢，将数据拆成 9 份来运行会更快，如果代码运行较慢就拆分成几份然后合并。

笔记

词性标注并且去除停用词之后的数据结果如图 8-4 所示。

```
        index_content word cixing level
1                   1    入住      v   好评
2                   1    体验      n   好评
4                   1    位置      v   好评
5                   1    方便      a   好评
7                   1    安静     nr   好评
...               ...   ...    ...   ...
2778138        122124    方便      a   好评
2778140        122124    卫生     an   好评
2778141        122124    良好      a   好评
2778143        122124    设施      n   好评
2778144        122124    齐全     nr   好评

[2268614 rows x 4 columns]
```

图 8-4　词性标注及去除停用词结果

## 任务小结

本任务主要完成对获取的原始数据进行清洗、转换和整理的过程。它是情感分析的重要步骤，可以提高模型的准确性和性能。任务中完成了数据清洗工作，主要包括去除重复值、处理缺失值和异常值；完成数据集划分，将原始数据集划分为训练集、验证集和测试集等工作。同时根据预处理后的结果对数据进行简单的词云图可视化和词性标注与去除停用词等内容的可视化。

## 任务拓展

根据给定的数据集，使用 Python 编程语言，参考任务一中的方法完成数据平衡和数据转换的预处理工作。

## 任务测试

请根据给定的淘宝商品评论数据集，使用 Python 语言完成数据集的预处理，主要包括分词、去停用词、词性标注等内容。

笔记

# 任务二
# 旅游评论数据情感预测

## 任务引例

### 入住酒店客人评价情感态度判断

王女士是一位热爱旅行的自由职业者，因为工作和个人兴趣而前往不同的城市。最近，一次旅行目的地市中心的五星级酒店——冠御宾馆进行预订。在预订前，王女士仔细阅读了其他客人对该酒店的评论，并特别关注了他们对酒店服务的情感态度。通过对这些评论的分析，王女士认为冠御宾馆在服务态度、房间质量和餐饮方面都得到了客人的高度认可。特别注意到，评论中多次提到了酒店员工的热情服务和细致关怀，这让她对即将到来的住宿体验充满了期待。入住后，王女士发现冠御宾馆确实如评论中所描述的那样，无论是从服务态度、房间质量还是餐饮方面，都超出了她的预期。特别是酒店的前台服务员小李，她的热情和专业让王女士感受到了宾至如归的温暖。在王女士需要帮助时，小李总是能够迅速响应并提供有效的解决方案。

在离开酒店前，王女士也留下了自己的评论："这次入住冠御宾馆的体验非常愉快，酒店员工的热情服务和细致关怀让我印象深刻。房间干净舒适，早餐也非常美味。我会向我的朋友们推荐这家酒店。"

通过这个案例，可以看到，酒店住宿体验的情感态度分析对于潜在客人来说是非常重要的。通过仔细阅读和分析其他客人的评论，王女士对冠御宾馆有了初步的了解和期待，并在实际入住后得到了验证。这也说明了，优质的服务和细致入微的关怀是酒店赢得客人好评和推荐的关键因素。

笔记

# 任务准备

## 一、情感分析定义

情感分析，也称为情绪人工智能（Emotion AI）或观点挖掘，是一种自然语言处理（NLP）技术。情感分析主要涉及识别、提取、量化和研究文本数据中的情感状态和主观信息，情感分析广泛应用于多个领域，如市场营销、客户服务、临床医学等，帮助理解人们对特定话题或产品的看法和态度。情感分析的基本任务是分类给定文本的极性，即挖掘出文本中的意见是积极（褒义）的、消极（贬义）的还是中性的，一些更高级的情感分析技术还可以识别更复杂的情绪状态，如“愤怒”“悲伤”和“快乐”等。

## 二、情感分析方法分类

情感分析的实现过程通常包括数据收集、特征提取、模型训练、模型评估和模型应用等步骤，在实现过程中，会使用到机器学习、深度学习等技术。根据使用算法的差异，情感评估可以分为基于情感词典的情感评估、基于机器学习的情感评估、基于深度学习的情感评估。

### （一）基于词典的情感分析

基于情感词典的方法，是指根据不同情感词典所提供的情感词的情感极性，来实现不同粒度下的情感极性划分，该方法的一般流程如图 8-5 所示。

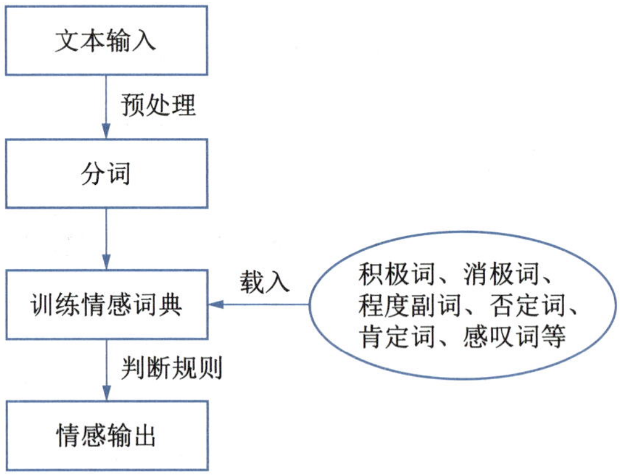


图 8-5　基于情感词典的情感分析方法一般流程

首先是将文本输入，通过对数据的预处理（包含去噪、去除无效字符等），接着进行分词操作，然后将情感词典中的不同类型和程度的词语放入模型中进行训练，最后根据情感判断规则将情感类型输出。

笔记

现有的情感词典大部分都是人工构造，按照划分的不同粒度，现有的情感分析任务可以划分为词、短语、属性、句子、篇章等级别。人工构建情感词典需要花费很大的代价，需要阅读大量的相关资料和现有的词典，通过总结概括含有情感倾向的词语，并对这些词语的情感极性和强度进行不同程度的标注。对于情感词典的构建需要花费很大代价，对词语，情感强度需要有不同程度的标注。最早有 SentiWordNet 情感词典，它根据 WordNet 将含义一致的词语合并在一起，同时赋予词语正反面的极性分值，以此来表示情感态度。与英文情感词典不同，中文情感词典主要有 NTUSD、How Net、情感词汇本体库组成。这三类情感词典中分别包含不同数量的褒义词和贬义词，许多情感分析研究者对这三类情感词典进行大量学习和使用。

基于情感词典的方法可以准确反映文本的非结构化特征，易于分析和理解。在这种方法中，当情感词覆盖率和准确率高的情况下，情感分类效果比较准确。但这种方法仍然存在一定的缺陷：基于情感词典的情感分类方法主要依赖于情感词典的构建，但由于现阶段网络的快速发展，信息更新速度的加快，出现了许多网络新词，对于许多类似于歇后语、成语或网络特殊用语等新词的识别并不能有很好的效果，现有的情感词典需要不断地扩充才能满足需要；情感词典中的同一情感词可能在不同时间、不同语言或不同领域中所表达的含义不同，因此基于情感词典的方法在跨领域和跨语言中的效果不是很理想；在使用情感词典进行情感分类时，往往考虑不到上下文之间的语义关系。因此对基于情感词典的方法还需要更多的学者进行充分的研究。

### （二）基于机器学习的情感分析

基于机器学习的情感分析，是指通过大量有标注的或无标注的语料，使用统计机器学习算法，特征抽取，情感分析输出。其主要分为三类：有监督、半监督、无监督的方法。

#### 1. 有监督方法

在有监督方法中，通过给定带有情绪极性的样本集，可以分类得到不同的情感类别。有监督的方法对数据样本的依赖程度较高，在人工标记和处理数据样本上花费的时间较多。常见的有监督方法有：KNN、朴素贝叶斯、SVM。在有监督的机器学习方法中，有研究表明通过大量的对比实验发现采

笔记

用 BiGrams 特征表示方法、信息增益特征选择方法和 SVM 方法时，在大量训练集和适量的特征选择时情感分类效果可以达到最优。

2. 半监督方法

在半监督方法中，通过对未标记的文本进行特征提取可以有效地改善文本情感分类结果，此方法在具有少量标记数据的情况下，可以有效地提高情感分析的准确度。

3. 无监督的方法

在无监督的方法中，根据文本间的相似性对未标记的文本进行分类，一般很少见。

### （三）基于深度学习的情感分析

基于传统机器学习的情感分类方法主要在于情感特征的提取以及分类器的组合选择，不同分类器的组合选择对情感分析的结果有存在一定的影响，这类方法在对文本内容进行情感分析时常常不能充分利用上下文文本的语境信息，因此其分类准确性有一定的影响。为了不忽略上下文语义问题，许多学者对基于深度学习的情感分析方法进行深入的研究。

基于深度网络的情感分析，在机器学习的基础上将初始的“低层”特征表示转化为“高层”特征表示，使用大量参数拟合输入文本和分类结果之间复杂的非线性关系。

基于深度网络的情感分类模型通常利用神经网络比如递归神经网络（recursive neural networks，简称 RNN）、长短期记忆网络（long short term memory network，简称 LSTM）、卷积神经网络（convolutional neural networks，简称 CNN）构建而来。

## 任务执行

### 一、支持向量机（LinearSVC）模型预测情感

旅游评论数据情感预测实操说明

本项目采用的是分类问题中比较常用的线性支持向量分类模型，将总数据集随机划分为训练集和验证集，训练集占 70% 的数据量，验证集占 30% 的数据量，其中 train_X 是经过 TF_IDF 算法向量化之后的特征词矩阵。

笔记

【操作步骤】

（1）切分训练集测试集，代码如下；

```
# 5. 情感分类模型（原代码）
import pandas as pd
from sklearn.feature_extraction.text import TfidfVectorizer
from sklearn.svm import LinearSVC
from sklearn.calibration import CalibratedClassifierCV
from sklearn.model_selection import train_test_split
from sklearn.metrics import classification_report,
accuracy_score
# 1. 数据预处理
minsu_copy=minsu.copy()
minsu_copy['level']=minsu_copy['level'].map({'好评':
1.0,'差评': 0.0})  # 更清晰的映射方式
# 2. 划分训练集和测试集
train_X,valid_X,train_y,valid_y=train_test_split(
    minsu_copy['comment'],
    minsu_copy['level'],
    test_size=0.3,
    random_state=24,
    stratify=minsu_copy['level']  # 保持类别比例
)
```

（2）训练模型，代码如下；

```
# 3. TF-IDF 特征提取（修正 smooth_idf 参数）
model_tfidf=TfidfVectorizer(
```

笔记

```
    min_df=5,              # 最小词频
    max_features=5000,     # 最大特征数
    ngram_range=(1,3),     # 1-3 元语法
    use_idf=True,          # 使用 IDF 权重
    smooth_idf=True        # 修正：使用布尔值，而不是 1
)
# 4. 训练 TF-IDF 并转换数据
train_vec=model_tfidf.fit_transform(train_X)
valid_vec=model_tfidf.transform(valid_X)
# 5. 训练分类模型（LinearSVC + 概率校准）
model_SVC=LinearSVC(dual=False,max_iter=10000)  # 避免收敛警告
clf=CalibratedClassifierCV(model_SVC,cv=3)      # 3 折交叉验证校准
clf.fit(train_vec,train_y)
```

（3）验证并统计结果，代码如下；

```
# 6. 预测并评估
pre_valid=clf.predict(valid_vec)
print('正例（好评）:',sum(pre_valid == 1))
print('负例（差评）:',sum(pre_valid == 0))
```

得出正例反例统计结果，即：正例为 28559；负例为 588。

步骤 4：查看准确率，代码如下：

```
print('\n分类报告：\n',classification_report(valid_y,pre_valid))
print('准确率：',accuracy_score(valid_y,pre_valid))
```

笔记

得出准确率结果为 0.8752187。

步骤 5：由于数据集中评论标签是不平衡数据，即负向评论少，正向评论多，所以接下来采用向下采样的方法，正负向评论各采集 12842 条，然后再用模型进行训练。优化处理向下采样。代码如下：

```
def under_sampling(data, target_col, balance_
rate, random_state):
    if target_col == 1:
        target_col="level"
    major, minor = data[target_col].value_counts
(sort=True,
                                         ascending=
False).index
    line_no=pd.Series(data[target_col].values,
                      index=range(data.shape[0]))
    minor_ln=line_no[line_no.eq(minor)].index
    major_ln=line_no[line_no.eq(major)]
    major_ln=major_ln.sample(n=int(minor_ln.size  *
balance_rate),
                          random_state=random_state).
index
    bingo_ln=minor_ln.append(major_ln)
    return data.iloc[bingo_ln, :]
data_u_s=under_sampling(minsu, target_col=1,
                          balance_rate=1, random_
state=1)
print(" 自定义函数结果 \n%s" % data_u_s["level"].value_
counts())
```

笔记

再次进行验证并统计结果，代码如下：

```
from sklearn.feature_extraction.text import
TfidfVectorizer
from sklearn.svm import LinearSVC
from sklearn.calibration import CalibratedClassifierCV
from sklearn.model_selection import train_test_split
from sklearn.metrics import classification_report,
accuracy_score
# 1. 数据预处理（确保 data_u_s['level'] 已经是数值型，如 1 和
0）
data_u_s['level']=data_u_s['level'].map({'好评': 1,'差
评': 0})  # 确保映射正确
# 2. 划分训练集和验证集（添加 stratify 保持类别平衡）
train_X,valid_X,train_y,valid_y=train_test_split(
    data_u_s['comment'],
    data_u_s['level'],
    test_size=0.3,
    random_state=24,
    stratify=data_u_s['level']  # 保持正负样本比例一致
)
# 3. TF-IDF 特征提取（修正 smooth_idf 和 use_idf 为布尔值）
model_tfidf=TfidfVectorizer(
    min_df=2,              # 最小词频
    max_features=5000,     # 最大特征数
    ngram_range=(1,5),     # 1-5 元语法
    use_idf=True,          # 使用 IDF 权重（必须是 True/False）
    smooth_idf=True,       # 平滑 IDF 权重（必须是 True/False）
    sublinear_tf=True      # 应用 sublinear TF 缩放（log(1
```

笔记

```
+ TF))
)
# 4. 训练 TF-IDF 并转换数据
train_vec=model_tfidf.fit_transform(train_X)
valid_vec=model_tfidf.transform(valid_X)
# 5. 训练分类模型（LinearSVC + 概率校准）
model_SVC=LinearSVC(dual=False,max_iter=10000)  # 避免
收敛警告
clf=CalibratedClassifierCV(model_SVC,cv=3)      # 3 折
交叉验证校准概率
clf.fit(train_vec,train_y)
# 6. 预测并评估
pre_valid=clf.predict(valid_vec)  # 预测类别
prob_valid=clf.predict_proba(valid_vec)  # 预测概率（可选）
print('正例（好评）:',sum(pre_valid == 1))
print('负例（差评）:',sum(pre_valid == 0))
print('\n 分类报告：\n',classification_report(valid_y,
pre_valid))
```

再次查看准确率，代码如下：

```
print('准确率：',accuracy_score(valid_y,pre_valid))
```

## 二、自定义情感倾向分析模型

为了更好地对采集数据进行情感倾向分析，本项目在使用支持向量机进行简单的分析后，采用自定义情感极性词典进行分析，情感分析词典主要包括正负面评价词语、正负面情绪词、否定词。

具体代码如下：

笔记

```
import pandas as pd
# 读取词汇文件
word=pd.read_csv("./word_zong.csv")
path="./情感分析用词"
# 读取情感词汇(修正了sep参数,应该是'\n'而不是'/n')
pos_comment=pd.read_csv(path+"/正面评价词语.txt",header=
None,sep='/n',encoding='utf-8',engine='python')
neg_comment=pd.read_csv(path+"/负面评价词语.txt",header=
None,sep='/n',encoding='utf-8',engine='python')
pos_emotion=pd.read_csv(path+"/正面情绪词.txt",header=
None,sep='/n',encoding='utf-8',engine='python')
neg_emotion=pd.read_csv(path+"/负面情绪词.txt",header=
None,sep='/n',encoding='utf-8',engine='python')
# 创建正负面词汇集合
positive=set(pos_comment.iloc[:,0]) | set(pos_
emotion.iloc[:,0])
negative=set(neg_comment.iloc[:,0]) | set(neg_
emotion.iloc[:,0])
# 去除正负面词汇的交集
intersection=positive & negative
positive=list(positive - intersection)
negative=list(negative - intersection)
# 创建DataFrame(修正了append为concat)
positive=pd.DataFrame({"word":positive,"weight":[1]*
len(positive)})
negative=pd.DataFrame({"word":negative,"weight":
[-1]*len(negative)})
# 合并正负面词汇(使用concat代替append)
```

笔记

```
posneg = pd.concat([positive, negative], ignore_
index=True)
# 合并主词汇表
data_posneg = posneg.merge(word, left_on='word', right_
on='word', how='right')
data_posneg = data_posneg.sort_values(by=['index_
content','word'])
data_posneg.tail(10)
import pandas as pd
import numpy as np
# 读取否定词文件
notdict=pd.read_csv(path + "/否定词.txt",header=None
,names=['word'])
# 构造新列
data_posneg['amend_weight'] = data_posneg['weight']
data_posneg['id'] = np.arange(0, len(data_posneg))
# 只保留有情感值的词语
only_inclination = data_posneg.dropna(subset=
['weight']).reset_index(drop=True)
# 确保存在必要的列
if 'index_word' not in only_inclination.columns:
   # 如果没有 index_word 列，需要创建（这里假设每个词在评论中
的位置）
   only_inclination['index_word'] = only_inclination.
groupby('index_content').cumcount() + 1
index = only_inclination['id']
for i in np.arange(0, len(only_inclination)):
   review_content = only_inclination['index_content']
```

笔记

```
[i]
    review=data_posneg[data_posneg['index_content'] ==
review_content].copy()
    review.index=np.arange(0,len(review))
    affective_pos=only_inclination['index_word'][i]
    # 检查否定词
    if affective_pos == 1:
        prev_word=review.iloc[affective_pos - 1]
['word']
        ne=1 if prev_word in notdict['word'].values
else 0
    else:
        prev_words=review.iloc[[affective_pos - 1,
affective_pos - 2]]['word']
        ne=sum(word in notdict['word'].values for word
in prev_words) % 2
    if ne == 1:
        data_posneg.loc[index[i],'amend_weight']=
-data_posneg.loc[index[i],'weight']
# 计算每条评论的情感值
value=data_posneg.dropna(subset=['amend_weight']).
groupby('index_content', as_index=False)['amend_
weight'].sum()
# 去除情感值为 0 的评论
value=value[value['amend_weight']!=0]
value['amend_level']=''
value['amend_level'][value['amend_weight'] > 0]='好'
value['amend_level'][value['amend_weight'] < 0]='差'
```

笔记

```
result=value.merge(word, left_on='index_content',
                   right_on='index_content',
                   how='left')
# 提取正向和负向评论信息
ind_pos = list(value[value['amend_level'] == '好']
['index_content'])
ind_neg = list(value[value['amend_level'] == '差']
['index_content'])
posdata=word[[i in ind_pos for i in word['index_
content']]]
negdata=word[[i in ind_neg for i in word['index_
content']]]
```

以上分析结果，为更直观地看到评论的倾向性，制作词云图，爱彼迎民宿评论数据正向评论词云图代码如下：

```
import matplotlib.pyplot as plt
from wordcloud import WordCloud
# 正向评论词云图
freq_pos=posdata.groupby('word')['word'].count()
freq_pos=freq_pos.sort_values(ascending=False)
wordcloud=WordCloud(font_path="msyh.ttf",scale=32,
                    max_words=100,
                    background_color='white')
pos_wordcloud=wordcloud.fit_words(freq_pos)
plt.subplots(figsize=(12,8))
plt.imshow(pos_wordcloud)
plt.axis('off')
```

笔记

```
plt.savefig(" 图 8-1-7  评论数据正向评论词云图 .jpg",dpi=
1300)
plt.show()
```

评论数据正向评论词云图，如图 8-6 所示。

图 8-6 评论数据正向评论词云图

爱彼迎民宿评论数据负向评论词云图代码如下：

```
# 负向评论词云图
freq_neg=negdata.groupby(by=['word'])['word'].count()
freq_neg=freq_neg.sort_values(ascending=False)
neg_wordcloud=wordcloud.fit_words(freq_neg)
plt.subplots(figsize=(12,8))
plt.imshow(neg_wordcloud)
plt.axis('off')
plt.savefig(" 图 8-1-8 评论数据负向评论词云图 .jpg",dpi=
1300)
plt.show()
```

评论数据负向评论词云图，如图 8-7 所示。

笔记

图 8-7 评论数据负向评论词云图

获取正、负向评论关键词并保存，代码如下：

```
freq_pos.head(20)
freq_neg.head(20)
posdata.to_csv("./posdata.csv", index = False,
encoding = 'utf-8')
negdata.to_csv("./negdata.csv", index = False,
encoding = 'utf-8')
```

正、负向评论关键词结果，如图 8-8 所示。

| word | 计数 | word | 计数 |
|---|---|---|---|
| 房间 | 31777 | 房间 | 1155 |
| 房东 | 27717 | 房东 | 944 |
| 干净 | 21874 | 房子 | 548 |
| 非常 | 19996 | 入住 | 518 |
| 房子 | 13774 | 位置 | 485 |
| 位置 | 12378 | 不好 | 422 |
| 入住 | 11126 | 晚上 | 409 |
| 舒服 | 10060 | 非常 | 389 |
| 热情 | 9248 | 体验 | 268 |
| 喜欢 | 7844 | 空调 | 263 |
| 体验 | 7749 | 声音 | 255 |
| 超级 | 7551 | 卫生间 | 246 |
| 交通 | 7363 | 小区 | 209 |
| 推荐 | 7193 | 隔音 | 207 |
| 下次 | 7000 | 厕所 | 205 |
| 很棒 | 6594 | 楼下 | 202 |
| 装修 | 6364 | 缺点 | 183 |
| 地理位置 | 6348 | 地理位置 | 164 |
| 满意 | 6186 | 性价比 | 164 |
| 整洁 | 6112 | 地铁站 | 161 |

图 8-8 爱彼迎民宿正向评论关键词、负向评论关键词

笔记

## 三、使用 LDA 主题分类模型进行数据分析

为了更好地分析影响积极评论和消极评论的因素，将正向评论中的词语和负向评论中的词语提取为 posdata 和 negdata，然后分别利用 TF-IDF 算法将词汇向量化，然后赋予字词各自的权重，使用 LDA 主题分类模型分别对正向评论中的词汇和负向评论中的词汇进行主题分析。

具体代码如下：

```
path ='停用词汇总 .txt'
f=open(path,"r",encoding='utf-8').read()  # 设置文件对象
stopwords=list(f)
# 计算 TF-IDF 值
from sklearn.feature_extraction.text import Tfidf
Vectorizer,CountVectorizer
n_features=2000
tf_vectorizer=TfidfVectorizer(strip_accents='unicode',
                              max_features=n_features,
                              stop_words=stopwords,
                              max_df=0.99,
                              min_df=0.002)  # 去除文档内
出现几率过大或过小的词汇
tf=tf_vectorizer.fit_transform(posdata['word'])
print(tf.shape)
print(tf)
# LDA 主题分类
from sklearn.decomposition import LatentDirichletAllocation
# 设置主题数
n_topics=3
lda=LatentDirichletAllocation(n_components=n_topics,
                              max_iter=100,
```

笔记

```
                              learning_method='online',
                              learning_offset=50,
                              random_state=0)
lda.fit(tf)
# 显示主题数
print(lda.components_)
# 主题数量对应行数，关键词数量对应列数
print(lda.components_.shape)
def print_top_words(model,tf_feature_names,n_top_
words):
    for topic_idx,topic in enumerate(model.components_):
        print('Topic #%d:' % topic_idx)
        print(' '.join([tf_feature_names[i] for i in
topic.argsort()[:-n_top_words - 1:-1]]))
        print("")
# 每个主题输出前 20 个关键词
n_top_words=20
tf_feature_names=tf_vectorizer.get_feature_names_
out()
print_top_words(lda,tf_feature_names,n_top_words)
```

正向积极评论 LDA 分类 TOP20 词汇结果，如图 8-9 所示。

```
Topic #0:
干净 房子 位置 热情 喜欢 体验 超级 下次 温馨 舒适 环境 风格 地铁 服务 机会 沟通 值得 老板 房源 建议

Topic #1:
房间 房东 推荐 很棒 地理位置 满意 齐全 性价比 楼下 地铁站 卫生 晚上 小区 好看 房主 开心 可爱 姐姐 距离 步行

Topic #2:
非常 入住 舒服 交通 装修 整洁 设施 便利 小姐姐 贴心 回复 很好 出行 朋友 适合 安静 好吃 住宿 布置 好找
```

图 8-9　正向积极评论 LDA 分类 TOP20 词汇结果

笔记

```
# 计算 TF-IDF 值
from sklearn.feature_extraction.text import Tfidf
Vectorizer,CountVectorizer
n_features=2000
tf_vectorizer=TfidfVectorizer(strip_accents='unicode',
                              max_features=n_features,
                              stop_words=stopwords,
                              max_df=0.99,
                              min_df=0.002) # 去除文档内
出现几率过大或过小的词汇
tf=tf_vectorizer.fit_transform(negdata['word'])
# LDA 主题分类
from sklearn.decomposition import LatentDirichletAllocation
# 设置主题数
n_topics=4
# Python 2.X: n_topics=n_topics
lda=LatentDirichletAllocation(n_components=n_topics,
                              max_iter=100,
                              learning_method='online',
                              learning_offset=50,
                              random_state=0)
lda.fit(tf)
# 显示主题数
print(lda.components_)
print(lda.components_.shape)
def print_top_words(model,tf_feature_names,n_top_
words):
    for topic_idx,topic in enumerate(model.components_):
```

```
        print('Topic #%d:' % topic_idx)
        print(' '.join([tf_feature_names[i] for i in
topic.argsort()[:-n_top_words - 1:-1]]))
        print("")
# 每个主题输出前 20 个关键词
n_top_words=20
tf_feature_names=tf_vectorizer.get_feature_names_outs()
print_top_words(lda,tf_feature_names,n_top_words)
```

负向积极评论 LDA 分类 TOP20 词汇结果，如图 8-10 所示。

```
Topic #0:
非常 声音 卫生间 隔音 地理位置 房源 厨房 地铁 麻烦 外面 电梯 设施 时间 总体 交通 窗户 行李 可惜 阿姨 环境

Topic #1:
房间 位置 不好 体验 空调 地铁站 洗澡 装修 整体 环境 一点点 干净 第二天 噪音 酒店 房主 失望 性价比 房东 缺点

Topic #2:
房东 房子 入住 小区 厕所 缺点 性价比 客厅 环境 体验 空调 酒店 第二天 房主 失望 干净 整体 洗澡 位置 房间

Topic #3:
晚上 楼下 唯一 建议 回复 照片 热水 味道 退房 距离 小姐姐 打扫 睡觉 沙发 早上 垃圾 卧室 沟通 楼上 分钟
```

图 8-10 负向积极评论 LDA 分类 TOP20 词汇结果

## 四、各城市评论数据比较

使用 SnowNLP 对 9 个地区的民宿评论分别打分，算出 9 个地区的平均分如图 8-11 所示。

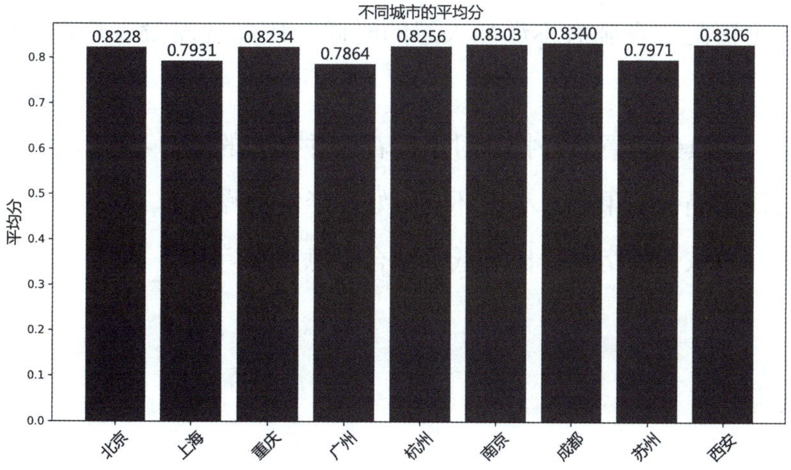


图 8-11 各地区情感均分

笔记

从图 8-11 可以看到，数据集中大部分的评论都是积极评论，各个地区的评论均分基本在 0.8 左右，其中成都的均分最高，为 0.834，而广州的均分最低，为 0.786 4，这与城市的人文环境、城市设施以及用户的出行目的有关。成都、北京、重庆、南京、西安和杭州都有大量且著名的旅游景点，以旅行为目的出行的用户，通常本身就带着愉悦的心情出发，所以更容易给出好评，而上海和广州作为现代化都市，以出差办公或是紧急事宜为出行目的的用户会相对较多，而在工作中的用户往往压力会更大，也就更容易给出差评。

## 任务小结

本任务通过民宿评论数据的分析结果可以看出，用户们喜欢的原因主要有以下几点：

（1）民宿地理位置好，交通便利或是位于景点周边，这主要是因为民宿基本位于居民区，周围往往会有地铁站、公交站等便民设施。

（2）房间的装修风格和陈设符合用户审美，例如有的民宿包含投影仪，符合爱看电影的用户的爱好。

（3）房间整洁干净，有温馨的氛围。

（4）房东热情贴心的服务。

而使民宿住户们留下差评的原因主要有以下几点：

（1）民宿厕所不卫生或是房间有异味。

（2）民宿配套设施有不尽如人意的时候，比如洗澡没有热水、床单清洗不彻底等。

（3）民宿具体位置不好找，对于带着大件行李的住户不友好。

（4）民宿隔音效果差，小区环境不好，经常有噪声。

（5）住户认为民宿性价比较低，不合心意。

## 任务拓展

根据前期分析结果，使用 Python 编程语言，ECharts 图表工具绘制出各地区酒店正向与负向评论数据占比情况。

笔记

## 任务测试

数据集：携程酒店评论数据

数据集介绍：数据集中共有 7 766 条评论，其中 5 322 条正向评论，2 444 条负向评论，已经带有评论标签，label 值为 1 是正向评论，0 为负向评论。

请使用 LDA 主题分析方法、支持向量机方法完成携程酒店评论情感分析，并绘制可视化图表展示。

笔记

# 主要参考文献


[1] 刘伟. 旅游概论[M]. 5版. 北京：高等教育出版社，2023.

[2] 王昆欣，饶华清. 中国旅游客源地与目的地概况[M]. 5版. 北京：高等教育出版社，2023.

[3] 戴斌，唐晓云. 旅游大数据理论、技术与应用[M]. 北京：高等教育出版社，2022.

[4] 林子雨. 大数据导论——数据思维、数据能力和数据伦理（通识课版）[M]. 北京：高等教育出版社，2020.

[5] 李四明，刘鹏. 大数据导论技术实训[M]. 北京：清华大学出版社，2024.

[6] 刘伟. 大数据分析与挖掘[M]. 北京：清华大学出版社，2024.

[7] 郭胜，张红英，曹培培. 旅游学概论[M]. 4版. 北京：高等教育出版社，2020.

[8] 王小宁. Python大数据分析——以旅游数据分析为例[M]. 北京：清华大学出版社，2023.

[9] 刘晖. 旅游市场营销[M]. 北京：中国人民大学出版社，2024.

[10] 王国栋. 旅游大数据及其应用[M]. 北京：旅游教育出版社，2022.

[11] 黎巎，张俊刚，张璐，等. 旅游大数据应用与实践[M]. 北京：中国旅游出版社，2021.

[12] 鲁力. 旅游大数据分析[M]. 武汉：华中科技大学出版社，2023.

[13] 林子雨. 大数据导论[M]. 北京：人民邮电出版社，2020.